U0450082

新工科×新商科·金融科技创新系列

数字货币概论

帅青红　李忠俊　主　编
王　宇　张　赟　副主编

电子工业出版社
Publishing House of Electronics Industry
北京·BEIJING

内 容 简 介

本书知识体系完整，内容涵盖了数字货币的理论、技术、应用、运行架构、影响及风险与监管，同时对我国数字人民币的研发、试点等情况进行了详细介绍。本书体例结构合理，每章均设有"学习目标""能力目标""思政目标""知识架构""思考题"等，以满足学校教学需要。全书共10章，分别为数字货币概述，数字货币技术，数字货币运行架构，区块链技术，数字货币与数字金融，法定数字货币与中央银行，数字人民币与商业银行，数字人民币与第三方支付，数字人民币与数字经济，数字货币风险与监管，中国数字货币实践。

本书适合作为高等学校金融学、金融科技、互联网金融、数字经济、电子商务等专业的教材，也适合相关从业人员阅读参考。

未经许可，不得以任何方式复制或抄袭本书之部分或全部内容。
版权所有，侵权必究。

图书在版编目（CIP）数据

数字货币概论 / 帅青红，李忠俊主编. —北京：电子工业出版社，2022.7
ISBN 978-7-121-43877-6

Ⅰ. ①数… Ⅱ. ①帅… ②李… Ⅲ. ①数字货币—研究 Ⅳ. ①F713.361.3

中国版本图书馆 CIP 数据核字（2022）第 120021 号

责任编辑：王二华
文字编辑：张天运
印　　刷：涿州市京南印刷厂
装　　订：涿州市京南印刷厂
出版发行：电子工业出版社
　　　　　北京市海淀区万寿路173信箱　　邮编：100036
开　　本：787×1092　1/16　印张：14.25　字数：364.8千字
版　　次：2022年7月第1版
印　　次：2023年11月第3次印刷
定　　价：45.00元

凡所购买电子工业出版社图书有缺损问题，请向购买书店调换。若书店售缺，请与本社发行部联系，联系及邮购电话：（010）88254888，88258888。
质量投诉请发邮件至 zlts@phei.com.cn，盗版侵权举报请发邮件至 dbqq@phei.com.cn。
本书咨询联系方式：wangrh@phei.com.cn。

前　言

自 2008 年比特币诞生以来，区块链技术引发了数字货币热潮，很多人因为比特币而知道了数字货币。2019 年 6 月 18 日，位于瑞士的 Facebook 子公司天秤座网络（Libra Network）联合 28 家企业共同发布了《天秤币白皮书》，天秤币这种基于区块链技术的新型加密货币——数字货币，将为数十亿人提供一种简单化货币和金融基础设施，理论上它打破了传统意义上的主权界限，不受任何主权国家的独立监管，并对用户不具有排异性。天秤币可能和传统银行存款业务竞争，进一步冲击现有金融市场和金融秩序，引起了各国中央银行（简称央行）、金融监管部门的高度重视。

我国是较早研究数字货币的国家之一。2014 年，我国央行——中国人民银行成立专门团队，开始对数字货币进行专项研究。一方面，从理论入手，梳理国内外学术界对数字货币的研究成果，构建中国法定数字货币的理论基础；另一方面，从现实入手，对运营中的各类典型的电子与数字货币系统进行深入分析，博采众长，构建中国法定数字货币的基础原型。2019 年，中国人民银行开始了我国法定数字货币——数字人民币的应用测试工作。截至 2021 年 12 月 31 日，数字人民币试点场景已超过 808.51 万个，累计开立个人钱包 2.61 亿个，交易金额达 875.65 亿元。至此，我国法定数字货币研发工作取得阶段性成果。

基于以上背景，我们组织编写了本书。本书在研究与分析国内外数字货币发展历史的基础上，阐述了数字货币的理论基础、技术基础、典型应用，介绍了数字货币的运行架构，分析了数字货币与中央银行、商业银行、第三方支付、数字经济的关系，以及数字货币的风险与监管。最后，本书介绍了中国数字货币实践，以增强读者对数字人民币的认识。本书适合作为高等学校金融学、金融科技、互联网金融、数字经济、电子商务等专业的教材，也适合相关从业人员阅读参考。

本书具有以下特色：

（1）知识体系完整。本书内容涵盖了数字货币的理论、技术、应用、运行架构、影响及风险与监管，形成一个完整的知识体系。

（2）体例结构设置合理。为方便学校教学，每章章前均设有"学习目标""能力目标""思政目标""知识架构"，章后还有"关键术语""思考题"。

（3）案例丰富。本书每章均有"导入案例""案例分析"，以增加读者的阅读兴趣，方便读者理解所学知识。

本书由帅青红、李忠俊担任主编，王宇、张赟担任副主编，由帅青红拟订提纲、统筹协调各章节内容和修改完善。在本书编写过程中，编者的研究生李梽、丁昊、刘文茹、肖锦玲、陈越、钟颖、鲜晓静、宋向阳、唐碧冉、陈玥熺、邓婉秋、李鹏鑫、罗前程在资料搜集、稿件整理等方面提供了很大帮助，特别是博士研究生邓婉秋协助完成了统稿与组织工作，在此向他们表示感谢。

本书的编写得到了金融界不少专家及金融科技行业同仁的大力支持与帮助，他们提供了部分材料，同时与他们的交流也使编者深受启发，在此表示衷心感谢！在本书的编写过程中，编者参考、借鉴了大量国内外的出版物与资料，在此谨向原作者表示由衷的敬意与感谢。

由于编写水平有限，以及数字货币具有时效性与技术性，书中难免存在不尽人意的地方，真诚地希望读者提出宝贵意见，也希望得到同行专家的批评与指正，以利于今后的修改和订正，使之日臻完善。编者的联系邮箱：3035216254@qq.com。

编 者
于光华园
2022 年 4 月

目 录

第1章 数字货币概述 ... 1
1.1 货币形态演化 ... 2
1.1.1 实物货币 ... 3
1.1.2 金属货币 ... 3
1.1.3 代用货币 ... 4
1.1.4 电子货币 ... 5
1.1.5 数字货币 ... 6
1.2 数字货币发展历程 ... 8
1.2.1 早期的电子货币实践 ... 8
1.2.2 比特币 ... 9
1.2.3 山寨币 ... 9
1.2.4 以太币 ... 11
1.2.5 稳定币 ... 12
1.2.6 央行数字货币 ... 13
1.3 数字货币的职能与分类 ... 17
1.3.1 数字货币的职能 ... 17
1.3.2 数字货币的分类 ... 18
1.4 数字货币的未来趋势 ... 20
1.4.1 法定数字货币取代私人数字货币 ... 20
1.4.2 监管执行落地 ... 21
1.4.3 世界货币竞争新格局出现 ... 22
1.4.4 合规 STO 开启序幕 ... 23
本章小结 ... 24
关键术语 ... 24
思考题 ... 24
案例分析 ... 24
参考文献 ... 25

第2章 数字货币技术 ... 27
2.1 密码学技术 ... 28
2.1.1 账户与签名数字化 ... 28
2.1.2 账本完整性保护 ... 29
2.1.3 私钥机密性保护 ... 31

2.2 区块链技术 ... 32
2.2.1 区块链的概念起源、类型及技术特点 ... 32
2.2.2 区块链的基本技术原理 ... 36
本章小结 ... 43
关键术语 ... 43
思考题 ... 43
案例分析 ... 43
参考文献 ... 44

第3章 数字货币运行架构 ... 46
3.1 私人数字货币的运行架构 ... 47
3.1.1 比特币运行架构 ... 47
3.1.2 以太币运行架构 ... 52
3.1.3 天秤币运行架构 ... 53
3.2 法定数字货币的运行架构 ... 57
3.2.1 中国数字货币运行架构 ... 57
3.2.2 英国数字货币运行架构 ... 59
3.2.3 加拿大数字货币运行架构 ... 61
3.2.4 日本与欧盟数字货币运行架构 ... 64
本章小结 ... 66
关键术语 ... 67
思考题 ... 67
案例分析 ... 67
参考文献 ... 68

第4章 区块链技术、数字货币与数字金融 ... 70
4.1 区块链基础应用：数字货币与数字资产 ... 71
4.1.1 数字货币1.0：概念及底层架构 ... 71
4.1.2 数字货币2.0：智能合约 ... 72
4.1.3 数字资产的概念及实现过程 ... 73
4.2 区块链资产证券化 ... 74
4.2.1 传统资产证券化业务模式存在的局限 ... 74
4.2.2 区块链+资产证券化业务的优势 ... 74
4.2.3 区块链证券型通证发行 ... 75
4.3 数字金融的主要场景 ... 77
4.3.1 数字货币与供应链金融 ... 77
4.3.2 数字货币与跨境支付 ... 78
本章小结 ... 80
关键术语 ... 80

思考题	81
案例分析	81
参考文献	82

第 5 章 法定数字货币与中央银行 … 83

5.1 央行发行数字货币的优势 … 84
- 5.1.1 发行方式上的优势 … 85
- 5.1.2 数据管理上的优势 … 85
- 5.1.3 用户使用上的优势 … 85
- 5.1.4 功能价值上的优势 … 85
- 5.1.5 政策执行上的优势 … 86
- 5.1.6 金融市场中的优势 … 86
- 5.1.7 监督管理中的优势 … 86

5.2 数字人民币与央行货币政策 … 87
- 5.2.1 货币政策工具 … 87
- 5.2.2 货币政策中介目标 … 88
- 5.2.3 货币政策最终目标 … 97

5.3 数字人民币与支付清算 … 101
- 5.3.1 中国现代化支付系统 … 101
- 5.3.2 数字人民币对支付清算体系的影响 … 105
- 5.3.3 数字人民币发行方式对支付清算机构的影响 … 105

本章小结 … 105
关键术语 … 106
思考题 … 106
案例分析 … 106
参考文献 … 108

第 6 章 数字人民币与商业银行 … 109

6.1 数字人民币与商业银行业务 … 110
- 6.1.1 现金管理 … 111
- 6.1.2 银行卡 … 112
- 6.1.3 电子银行 … 113
- 6.1.4 反洗钱 … 114
- 6.1.5 跨境结算 … 115

6.2 数字人民币与商业银行支付 … 116
- 6.2.1 支付的概念 … 116
- 6.2.2 支付的流程 … 117
- 6.2.3 数字人民币对商业银行支付的作用 … 119
- 6.2.4 数字人民币支付功能示例 … 121

  6.3 商业银行应对数字人民币的策略 ··· 122
    6.3.1 数字化转型 ·· 122
    6.3.2 应用场景打造 ··· 125
    6.3.3 应用场景推广 ··· 128
    6.3.4 助推普惠金融服务 ··· 131
  本章小结 ·· 133
  关键术语 ·· 133
  思考题 ··· 133
  案例分析 ·· 133
  参考文献 ·· 134

第 7 章　数字人民币与第三方支付 ··· 135
  7.1 典型的数字支付 ··· 136
    7.1.1 支付宝 ··· 136
    7.1.2 微信支付 ··· 140
    7.1.3 银联云闪付 ·· 143
  7.2 数字人民币带来的支付创新 ··· 146
    7.2.1 可获得性 ··· 146
    7.2.2 使用效率 ··· 147
    7.2.3 维护信息安全 ··· 148
    7.2.4 公平竞争 ··· 149
    7.2.5 可负担性 ··· 150
  7.3 数字人民币与账户 ··· 150
    7.3.1 银行账户 ··· 151
    7.3.2 网络账户 ··· 153
    7.3.3 商户账户 ··· 156
  本章小结 ·· 158
  关键术语 ·· 158
  思考题 ··· 158
  案例分析 ·· 159
  参考文献 ·· 159

第 8 章　数字人民币与数字经济 ··· 160
  8.1 数字人民币生态体系 ··· 163
    8.1.1 数字人民币生态体系概述 ··· 163
    8.1.2 内部交互 ··· 166
  8.2 数字金融生态体系 ··· 167
    8.2.1 数字化背景 ·· 167
    8.2.2 发展现状 ··· 168

8.2.3 数字金融生态体系概述 ·· 169
　　　8.2.4 数字金融生态体系构建 ·· 170
　8.3 数字人民币与数字经济建设 ··· 171
　　　8.3.1 数字经济概述 ·· 171
　　　8.3.2 数字经济的发展现状 ··· 172
　　　8.3.3 数字人民币与数字经济的关系 ··· 173
　　　8.3.4 数字人民币助力数字经济建设 ··· 174
　　　8.3.5 数字经济助推实现共同富裕 ·· 176
本章小结 ··· 178
关键术语 ··· 178
思考题 ··· 178
案例分析 ··· 178
参考文献 ··· 179

第9章 数字货币风险与监管 ··· 181
　9.1 数字货币风险 ··· 183
　　　9.1.1 风险类别 ·· 183
　　　9.1.2 风险特点 ·· 185
　　　9.1.3 货币职能风险分析 ·· 186
　　　9.1.4 风险防控理论 ·· 186
　9.2 全球监管实践 ··· 188
　　　9.2.1 中国 ·· 189
　　　9.2.2 美国 ·· 189
　　　9.2.3 英国 ·· 190
　　　9.2.4 日本 ·· 191
　　　9.2.5 其他国家 ·· 191
　9.3 应对策略 ··· 192
　　　9.3.1 制定法律法规 ·· 192
　　　9.3.2 构建立体监管体系 ·· 193
　　　9.3.3 加强国际合作 ·· 193
本章小结 ··· 194
关键术语 ··· 195
思考题 ··· 195
案例分析 ··· 195
参考文献 ··· 196

第10章 中国数字货币实践 ··· 197
　10.1 数字人民币试点应用 ··· 198
　　　10.1.1 前期准备阶段 ·· 198

  10.1.2 正式试点阶段 ... 199
  10.1.3 阶段应用思考 ... 201
 10.2 数字人民币应用案例 ... 202
  10.2.1 成都打造消费新场景 ... 202
  10.2.2 中国工商银行推进生态建设 ... 203
  10.2.3 京东助力试点应用 ... 204
  10.2.4 美团联动共享出行 ... 204
 10.3 数字人民币与国际化 ... 205
  10.3.1 近期 ... 206
  10.3.2 中期 ... 207
  10.3.3 远期 ... 208
 10.4 数字人民币应用前景 ... 209
  10.4.1 强化金融系统稳定 ... 209
  10.4.2 推动普惠金融发展 ... 210
  10.4.3 加快人民币国际化 ... 211
 10.5 数字人民币时代 ... 212
  10.5.1 产业生态 ... 212
  10.5.2 展望 ... 213
本章小结 ... 214
关键术语 ... 214
思考题 ... 214
案例分析 ... 215
参考文献 ... 215

第1章 数字货币概述

【学习目标】

1. 了解货币形态的演化过程。
2. 掌握数字货币的基本概念、要素和特征。
3. 了解数字货币的起源与发展历程。
4. 掌握数字货币的职能与分类。

【能力目标】

1. 能够分辨数字货币的不同职能。
2. 阐述数字货币未来的发展趋势。

【思政目标】

1. 尊重规律,理解数字货币是历史发展的必然选择。
2. 理解数字货币在推动社会发展中所起的作用。

【知识架构】

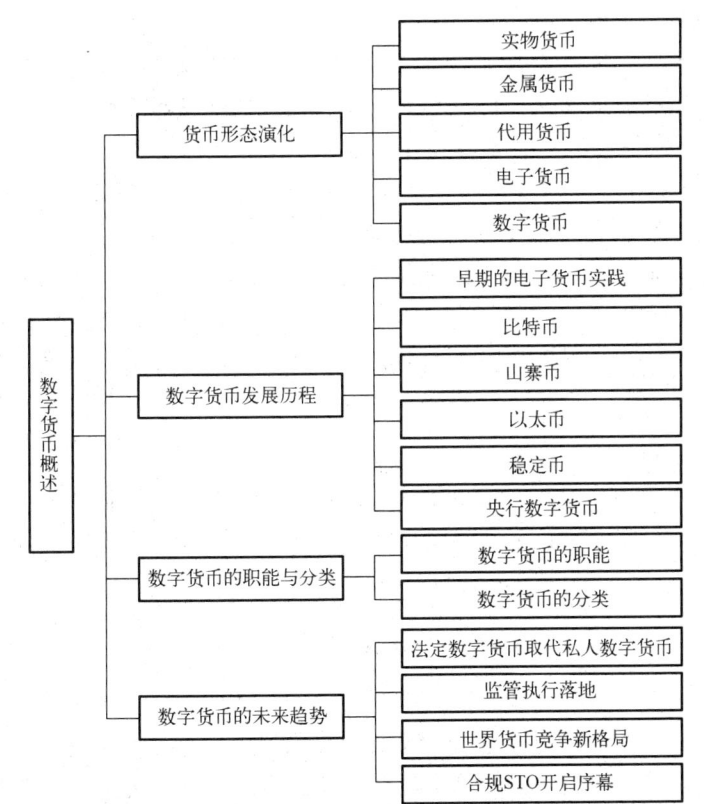

```
                            ┌─ 实物货币
                            ├─ 金属货币
             ┌─ 货币形态演化 ─┼─ 代用货币
             │              ├─ 电子货币
             │              └─ 数字货币
             │
             │                ┌─ 早期的电子货币实践
             │                ├─ 比特币
             │                ├─ 山寨币
数字货币概述 ─┼─ 数字货币发展历程 ─┼─ 以太币
             │                ├─ 稳定币
             │                └─ 央行数字货币
             │
             ├─ 数字货币的职能与分类 ─┬─ 数字货币的职能
             │                    └─ 数字货币的分类
             │
             │                  ┌─ 法定数字货币取代私人数字货币
             └─ 数字货币的未来趋势 ─┼─ 监管执行落地
                                ├─ 世界货币竞争新格局
                                └─ 合规STO开启序幕
```

【导入案例】

中国人民银行发布《中国数字人民币的研发进展白皮书》

随着网络技术和数字经济蓬勃发展，社会公众对零售支付便捷性、安全性、普惠性、隐私性等方面的需求日益提高。不少国家和地区的央行或货币当局紧密跟踪金融科技发展成果，积极探索法定货币的数字化形态，法定数字货币正从理论走向现实。

中国人民银行(在本案例以下简称人民银行)高度重视法定数字货币的研究开发。2014年，人民银行成立了法定数字货币研究小组，开始对发行框架、关键技术、发行流通环境及相关国际经验等进行专项研究。2016年，人民银行成立数字货币研究所，完成法定数字货币第一代原型系统搭建。2017年年末，经国务院批准，人民银行开始组织商业机构共同开展法定数字货币(即数字人民币，字母缩写按照国际使用惯例暂定为"e-CNY")研发试验。截至2021年7月中旬，研发试验已基本完成顶层设计、功能研发、系统调试等工作，正遵循稳步、安全、可控、创新、实用的原则，选择部分有代表性的地区开展试点测试。

为阐明人民银行在数字人民币研发上的基本立场，阐释数字人民币体系的研发背景、目标愿景、设计框架及相关政策考虑，听取社会公众对研发工作的意见和建议，加强与相关各方的沟通，共同推动建立面向数字经济时代、普遍惠及大众、通用创新开放的货币服务体系，人民银行于2021年7月16日发布《中国数字人民币的研发进展白皮书》，首次对外系统披露数字人民币研发情况。白皮书显示，数字人民币是人民银行发行的法定货币，主要定位于现金类支付凭证(M0)，将与实物人民币长期并存，主要用于满足公众对数字形态现金的需求，助力普惠金融。

继中国工商银行、中国农业银行、中国银行、中国建设银行、交通银行、中国邮政储蓄银行后，网商银行和微众银行已参与到数字人民币的研发和运营中。

白皮书显示，截至2021年6月末，数字人民币试点场景已超132万个，覆盖生活缴费、餐饮服务、交通出行、购物消费、政务服务等领域。开立个人钱包2087万余个、对公钱包351万余个，累计交易笔数7075万余笔、金额约345亿元。

人民银行有关领导表示，继续稳妥推进数字人民币研发试点，不预设推出时间表。人民银行将进一步扩大试点应用场景覆盖面，同时结合研发试点工作实际，扩大参研机构和试点测试地区范围。研究制定数字人民币相关管理办法，加强数字人民币个人信息保护。

资料来源：中国人民银行官方网站

数字货币逐渐步入公众视野，法定数字货币正从理论走向现实，数字人民币在不久的将来必定成为我国货币体系的重要组成部分。那么，什么是数字货币？数字货币的具体功能是什么？本章将介绍数字货币的相关知识，以解决上述种种问题，方便大家学习思考。

1.1 货币形态演化

回顾历史，从工业革命、电力革命到信息技术革命，历次重大的技术进步无不重塑人类的生产、生活方式，引起巨大的经济社会变革。技术是生产力进步的关键要素，是社会发展的主导动力。作为一种社会关系，货币亦不例外，它的历次形态演化和内涵扩展均受到科技进步的深刻影响。

理论上，货币应具备以下基本特性：容易标准化、可分性、携带方便、材料稳定和不易变质。在人类社会发展早期，限于技术水平的落后，人类只能选择不容易标准化、可分性差、材质不稳定的商品币(如贝壳、牲畜、布锦等)作为货币。金属采矿和冶炼技术的成熟，让货币形态第一次发生质的飞跃：商品币被真正具有货币形态和功能的青铜币所取代，并伴随着冶炼技术的发展，从青铜铸币、铁币到银币、金币，货币特性越趋完善。而造纸术、印刷术、材料技术和防伪技术的发展则为纸币的出现提供了重要动力和技术支撑，进一步降低了货币制作成本，使货币流通和储藏更趋方便、安全。到18世纪，以蒸汽机、珍妮纺纱机为标志的工业技术革命，引发社会生产从手工劳动到机器生产的巨大变革。19世纪的电力革命则将人类社会由机器化时代带入电气化时代，使社会生产力提升到新的高度。两次技术革命极大提高了货币的生产效率，为社会化大生产所要求的大规模货币流通创造了基本的技术条件。进入20世纪，在信息技术革命的推动下，货币在继商品币、金属货币、纸币之后出现了新的形态，即电子货币、数字货币。货币的"无形化"超越了物理形态上的限制，货币流通领域、速度、效率达到历史的巅峰。

1.1.1 实物货币

实物货币(Commodity Money)是在商品交换的长期发展过程中产生的最初的货币形式，是商品间接交换的一般价值形态的表现，最初被固定在某些特定种类的商品上。在中国，大致在新石器时代晚期开始出现牲畜、龟背、农具等实物货币。夏商周时期是中国实物货币发展的鼎盛期，同时也是衰落期，这时期的实物货币主要是由布帛、天然贝等来充当。在世界商品发展的历史上，牲畜(牛、羊和狗等)、贝壳、动物的牙齿、兽角、毛皮、盐巴、特殊的石块、金属都曾经先后充当过这种"中间人"，即货币的角色。

实物货币是货币形式发展的第一阶段，其作为货币用途的价值，与其作为非货币用途的价值相等。在世界各国的货币发展史上，可以说除去信用货币、纸币和金属货币，其他担任过货币角色的各种商品，都可以称之为"实物货币"。如众多的生产、生活资料，像农具、牛羊、石器、贝壳、棉花、粮食等都曾在不同的历史时期充当过货币。这些商品因其自身具有价值和使用价值，在特定的时期和区域为人们所共同认定而成为货币，它们都是实物货币。实物货币随着商品交换的发展，其局限性日益明显。一方面，许多实物货币自身的物理性能很不稳定，不易保管和计量；另一方面，出现了第二次社会大分工，手工业从农业中分离出来，随着商品生产和商品流通规模的扩大，就对充当交换媒介物的货币产生了新的要求，实物货币价值小、数量大，无法担任理想的交换媒介，难以满足交换的需要。而金属货币具有质地均匀、易于分割、体积小、价值量大、易于保存和携带等特点，所以随着商品经济的发展、交换的扩大，实物货币逐渐地被金属货币所取代。

1.1.2 金属货币

金属货币(Metallic Currency)指以金属作为货币材料，充当一般等价物的货币。此类货币坚固耐磨，不易腐蚀，既便于流通，也适合保存，且金属质地均匀，便于任意分割，分割后也可以再熔化恢复原形。因此金属货币在流通使用中逐渐取代了自然物货币和其他商品货币，成为世界各国货币发展的必然趋势。

金属货币经历了由贱金属到贵金属的演变。货币金属最初是贱金属，多数国家和地区使用的是铜。贱金属与初步发展起来的商品经济是相适应的，但后来存在货币材料与生产资料、生活资料争夺原材料的问题，而且由于价值量的降低，不适应大宗交易。随着贵金属的开采和冶炼技术的提高，于是币材由铜向银和金过渡。到19世纪上半期，世界上大多数国家进入金银复本位货币制度时期。

金属货币经历了从称量货币到铸币的演变。金属货币最初是以条块状流通的，每次交易时要称其重量、估其成色，这时的货币称作称量货币。英镑的"镑"，五铢钱的"铢"都是重量单位，从中可以看出称量货币的踪迹。称量货币在交易中很不方便，难以适应商品生产和交换发展的需要。随着社会第三次大分工——商人阶层的出现，一些信誉好的商人就在货币金属块上打上印记，标明其重量和成色，进行流通，于是出现了最初的铸币，即私人铸币。当商品交换突破区域市场的范围后，金属块的重量和成色就要求有更权威的证明，于是国家便开始管理货币，并凭借其政治权力开始铸造货币，于是经国家证明的、具有规定重量和成色的、铸成一定形状的国家铸币出现了。

1.1.3 代用货币

代用货币又称表征货币（Representative Money），货币面值与币材价值不等，但可以进行兑换，并可以代表实质货币在市场上流通。一般来说，代用货币主要是指政府或银行发行的、代替金属货币执行流通手段和支付手段职能的纸质货币。

代用货币是代表金属货币进行流通的货币，代用货币的特征是其所包含的价值低于货币面值，但可以和所代表的金属货币自由兑换，并同时与金属货币参加流通。如我国宋代发行的"交子""会子"，以及资本主义银行发行的"银行券"等。其作用在于节约制造、运输、保管等方面的流通费用。同时，金属货币在日常流通过程中通常会发生一定的磨损，这种磨损构成社会资源的净损失，代用货币进入流通领域，就有效地避免了稀缺资源的日常磨损。更为重要的是一些人将重量、成色十足的铸币进行剪削、切割、熔擦后再推入流通领域，造成货币流通体系混乱，而代用货币避免了这种现象的发生。但由于代用货币要以贵金属作保证，其发行量受到限制，又不一定与需要相符，所以大量贵金属保证金的闲置实际上仍然是一种浪费。英国在16世纪就产生了代用货币。最初这些代用货币是由伦敦的金匠业发行的，作为保管凭证或借据，承认其相当于一定数量的金币或银币的债权，持有人提出要求即可以收回相应数量的金币或银币。代用货币的随时可兑换性使得其迅速成为一种与金属货币一样被广泛接受的支付手段。美国在1900—1933年间的代用货币则采取了黄金券的形式，这种代用货币代表对金币的法定债权，其持有者有权要求美国财政部将其兑现为金币。

代用货币比较完善的形式是纸币。纸币具有以下优点。(1)成本低。印刷纸币的成本比铸造金属货币的成本低得多。纸币本身的价值是微乎其微的，但可以代表任意数量的金属货币。(2)便于携带和运输。(3)可以避免金属货币流通中所产生的问题。如在金银复本位制度下，由金和银两种铸币同时充当价值尺度，如果金属货币的法定价值和实际价值发生偏差，人们往往把实际价值较高的货币收藏、熔化或输出国外，流通中剩下的则是实际价值较低的金属货币，造成劣币驱逐良币的现象。

1.1.4 电子货币

电子货币(Electronic Money)，是指用一定金额的现金或存款从发行者处兑换并获得的代表相同金额的数据，可以通过银行及第三方推出的快捷支付服务，使用某些电子化方法将该数据直接转移给支付对象，从而能够清偿债务。严格意义上，电子货币是指消费者向电子货币的发行者使用银行的网络银行服务进行储值和快捷支付，通过媒介(二维码或硬件设备)以电子形式进行交易的货币。

电子货币主要包括发行、流通及回收三个流程，如图 1-1 所示。

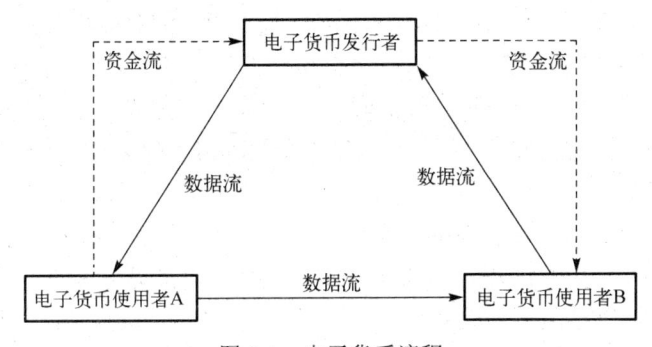

图 1-1 电子货币流程

电子货币以计算机技术为依托，进行储存、支付和流通，可广泛应用于生产、交换、分配和消费领域。电子货币具有使用简便、安全、迅速、可靠的特征，融合转账结算、储蓄、兑换及消费贷款等多种功能于一体，现阶段电子货币的使用通常以银行卡(磁卡、智能卡)为媒体。

电子货币的种类主要包括储值卡、信用卡、电子支票、电子现金(数字现金)和电子钱包。

(1)储值卡：某一行业或公司发行的可代替现金用的 IC 卡或磁卡，如电话充值卡等。

(2)信用卡：银行或专门的发行公司发给消费者使用的一种信用凭证，是一种把支付与信贷两项银行基本功能融为一体的业务，同时具备信贷与支付两种功能。

(3)存款利用型电子货币：即电子支票，是一种电子货币支付方法，其主要特点是通过计算机通信网络安全移动存款以完成结算。无论个人或企业，负有债务的一方，签发支票或其他票据，交给有债权的一方，以结清债务，当约定的日期到来时，持票人将该票据原件提交给付款人，即可领取到现金。

(4)现金模拟型电子货币：即电子现金，是一种表示现金的加密序列数，它可以用来表示现实中各种金额的币值。随着基于纸张的经济向数字经济的转变，电子现金已成为主流。电子现金主要有两种：一种是基于 Internet 网络环境使用的且将代表货币价值的二进制数据保管在微机终端硬盘内的电子现金；一种是将货币价值保存在 IC 卡内并可脱离银行支付系统流通的电子钱包。电子现金具有匿名性、节省交易费用、节省传输费用、持有风险小、支付灵活方便、防伪造及防重复性、不可跟踪性等特点。

(5) 电子钱包：电子商务活动中网上购物顾客常用的一种支付工具，是在小额购物或购买小商品时常用的新式钱包。

1.1.5 数字货币

数字货币（Digital Currency，DC），是电子货币形式的替代货币。数字金币和密码货币都属于数字货币，可以认为是一种基于节点网络和数字加密算法的虚拟货币。数字货币是一种不受管制的、数字化的货币，通常由开发者发行和管理，被特定虚拟社区的成员所接受和使用。欧洲银行业管理局将虚拟货币定义为：价值的数字化表示，不由央行或当局发行，也不与法定货币挂钩，但由于被公众所接受，因此可作为支付手段，也可以电子形式转移、存储或交易。在央行数字货币出现之前，数字货币的核心特征主要体现在以下三个方面：(1) 由于来自某些开放的算法，数字货币没有发行主体，因此没有任何人或机构能够控制它的发行；(2) 由于算法解的数量确定，所以数字货币的总量固定，这从根本上消除了虚拟货币滥发导致通货膨胀的可能；(3) 由于交易过程需要网络中的各个节点的认可，因此数字货币的交易过程足够安全。

比特币（Bitcoin）的出现对已有的货币体系提出了一个巨大挑战。虽然它属于广义的虚拟货币，但与网络企业发行的虚拟货币有着本质区别，因此称它为数字货币。表 1-1 从发行主体、适用范围、发行数量、储存形式、流通方式、货币价值、信用保障、交易安全性、交易成本等方面将早期数字货币与电子货币和虚拟货币进行了对比。

表 1-1 早期数字货币、电子货币与虚拟货币对比

主要要素	早期数字货币	电子货币	虚拟货币
发行主体	无	金融机构	网络运营商
适用范围	不限	一般不限	网络企业内部
发行数量	数量一定	法定货币决定	发行主体决定
储存形式	数字	磁卡或账号	账号
流通方式	双向流通	双向流通	单向流通
货币价值	与法定货币不对等	与法定货币对等	与法定货币不对等
信用保障	网民	政府	企业
交易安全性	较高	较高	较低
交易成本	较低	较高	较低
运行环境	开源软件及 P2P 网络	内联网、外联网、读写设备	企业服务器与互联网
典型代表	比特币、莱特币	银行卡、公交卡	Q 币、论坛币

在实践中，数字货币的概念非常宽泛。英格兰银行（BOE）认为，数字货币是仅以电子形式存在的支付手段。与传统货币类似，数字货币可以用于购买实物商品和服务。在不同语境下，数字货币有着不同的内涵和外延。目前，狭义的数字货币主要指纯数字化、

不需要物理载体的货币；而广义的数字货币等同于电子货币，泛指一切以电子形式存在的货币。根据发行者的不同，数字货币可以分为央行发行的数字货币和私人发行的数字货币。其中，央行发行的数字货币，是指央行发行的、以代表具体金额的加密数字串为表现形式的法定货币。它本身不是物理实体，也不以物理实体为载体，而是用于网络投资、交易和储存、代表一定量价值的数字化信息。私人发行的数字货币，也称虚拟货币（Virtual Currency），是由开发者发行和控制、不受政府监管、在一个虚拟社区的成员间流通的数字货币，如比特币等。有时候，采用密码学技术的数字货币又被称为加密货币（Crypto Currency）。数字货币更强调价值以数字形式表现，虚拟货币更强调价值以虚拟形式存在，而非以实物形式存在。当数字货币、虚拟货币的发行和交易确认使用到密码学时，则被称作加密货币。

最早的数字货币理论由 David Chaum 于 1982 年提出，这种名为 E-Cash 的电子货币系统基于传统的"银行-个人-商家"三方模式，具备匿名性、不可追踪性。2008 年，中本聪（Satoshi Nakamoto）提出比特币的概念，即一种通过点对点技术实现的电子现金系统，可以让交易双方在第三方（如央行）不知情的情况下直接转账。显然，数字货币以数学理论为基础，运用密码学原理来实现货币的特性，其用到的主要加密算法有对称性密码算法、非对称性密码算法及单向散列函数（哈希函数）等；常用的技术有数字签名、零知识证明和盲签名技术等。对比 E-Cash 和比特币，可以发现近 40 年来数字货币理论在支付模式和技术发展上均出现了很大的变化。

理想的数字货币以精巧的数学模型为基础，模型中包含了发行方、发行金额、流通要求、时间约束，甚至智能合约等信息。理想的数字货币应具备以下特性。一是不可"双花"（Double Spending）。理想的数字货币不能像数字电影那样被反复复制，即使被重复花费，也可以被系统迅速查出。二是匿名性。若非持有者本人意愿，即便银行和商家相互勾结也无法追踪数字货币的交易历史和用途。这一点目前尚存争议，其实质是在用户隐私和打击违法犯罪行为之间找到一个平衡点。三是不可伪造性。伪造人民币是犯罪行为，但在数字货币领域，这还是法律空白地带。四是系统无关性。数字货币应具有更好的普适性和泛在性，能够在多种交易介质和支付渠道上完成交易，可以利用现有的金融基础设施。五是安全性。用户在交易时无法更改或非法使用数字货币，并应通过密码技术来保障超越物理层面的货币安全。六是可传递性。数字货币可以像普通商品一样在用户之间连续转让，且不能被随意追踪。七是可追踪性。可追踪性应该是用户自身的权利，而不是商家或银行的特权。监管者可在司法允许的条件下获得这个权利，但不能滥用。八是可分性。数字货币不仅能作为整体使用，还应能被分为更小的部分使用。比如，10 块钱可以分割为 10 个一块钱、2 个五块钱等。九是可编程性。数字货币应可附加用户自定义的可执行脚本，为基于数字货币的数字经济提供智能化助力。可编程数字货币自身的定义与用户敏感信息收集等功能应由发行方控制，而支付路径和支付条件等应用功能应交给市场，但底层得做相应的支持并设定一系列的应用规范。十是公平性。支付过程是公平的，要么保证双方交易成功，要么回退，双方都没有损失，防止某一方在交易中占有不恰当的优势。

1.2 数字货币发展历程

数字货币不是凭空出现的，它源自电子支付，由电子货币、虚拟货币演化而来，并逐渐与电子货币和虚拟货币分离。随着近 30 年来密码技术的发展，数字货币方案也得到了不断优化。主流数字货币大致分为两种类型：一是在 E-Cash 系统基础上进行扩展的未使用区块链技术的数字货币；二是以比特币的诞生为起点，使用区块链技术的分布式记账数字货币。

1.2.1 早期的电子货币实践

学术界普遍认为电子支付发源于荷兰，在 20 世纪 80 年代末期，荷兰偏远地区的加油站经常发生抢劫现金的事件，安保人员工作危险大，而且对于加油站来说聘用成本过高。后来，有人将钱储存在新型智能卡上，提供给卡车司机消费，避免了卡车司机使用现金从而面临被抢劫的风险。与此同时，荷兰当时最大的零售商 Albert Heijn 推动银行发明了一种新的支付方式，可以让购买者直接用银行账户来支付，这就是现在 POS(Point of Sale)机的前身。在电子支付的依托下，部分学者和研究机构持续开展了对数字货币的理论探索和实践应用的研发工作。

Chaum 首先提出了电子货币的概念，并在其论文中构造了一个具有匿名性、不可追踪等特性的货币系统，该系统被认为是最早的数字货币方案，其构造原理采用了密码学技术——盲签名。盲签名技术可以使签名者在不获取所签署具体内容信息的情况下完成签名。在该电子货币方案中，货币发行方使用盲签名技术对付款方的支付信息进行签名，签名后付款方可以进行验证，并将支付信息发往收款方完成收款，从而实现了电子货币的匿名性和不可追踪性。由此，密码学的原理和方法可被认为是构造电子货币系统的基础。Chaum 随后创建了 DigiCash 公司，并将其技术产业化为 E-Cash 系统。这种不可追踪的现金引起了媒体前所未有的关注。但是，E-Cash 系统采用中心化的架构，从而导致了其应用范围较小，一旦中心化的公司、中央服务器崩溃，该系统就不可维持。

1996 年出现的 E-gold 电子货币系统完全独立于常规金融机构，E-gold 软件保证支付过程的安全和高效。E-gold 的发明者力求创建一个私人黄金货币体系，包括基于互联网的交易，其表现优于国家货币。然而 E-gold 最后演化成一种被犯罪分子利用的传销手段，已经被各国政府封杀。1997 年，Adam Back 发明了 HashCash，用到了工作量证明(PoW)。Szabo 所发明的 BitGold，利用工作量证明将困难问题解答结果用加密算法串联在一起公开发布，构建出一个产权认证系统。Dai 提出了匿名的、分布式电子现金系统：B-money。1998 年还曾出现过两个生命十分短暂的数字货币：BEENZ 和 FLOOZ，二者十分相似，它们都声称将创造一种用于网络消费的统一货币，并且要挑战传统货币。然而，在与信用卡的竞争中，它们败下阵来，在 2001 年宣布失败。在比特币出现之前的所有数字货币中，Q 币比较特殊，它一开始是作为腾讯公司开发的仅能用于购买腾讯内部虚拟商品和服务的虚拟货币被大家熟知的。但是随着 Q 币被越来越多人接受，许多线下的商品和服务也开始接受 Q 币支付，Q 币的使用范围大大超越了虚拟货币的范畴。随之而来的是，市场的混乱和被不法分子的利用，使得 Q 币最终被政府限制了使用范围，恢复了虚拟货币的身份。

1.2.2 比特币

比特币的概念最初由中本聪在 2008 年 11 月 1 日提出，并于 2009 年 1 月 3 日正式诞生。根据中本聪的思路设计发布了开源软件以及构建了其上的 P2P(Peer to Peer，点对点) 网络。比特币是一种 P2P 形式的虚拟的加密数字货币。与所有的货币不同，比特币不依靠特定货币机构发行，它依据特定算法，通过大量的计算产生，比特币经济使用整个 P2P 网络中众多节点构成的分布式数据库来确认并记录所有的交易行为，并使用密码学的设计来确保货币流通各个环节的安全性。P2P 的去中心化特性与算法本身可以确保无法通过大量制造比特币来人为操控币值。基于密码学的设计可以使比特币只能被真实的拥有者转移或支付。这同样确保了比特币所有权与流通交易的匿名性。比特币与其他虚拟货币最大的不同是，其总数量非常有限，具有稀缺性。

比特币是由系统自动生成一定数量的比特币作为"矿工"奖励来完成发行过程的。"矿工"在这里充当了货币发行方的角色，他们获得比特币的过程又称为"挖矿"。所有的比特币交易都需要通过"矿工挖矿"记录在这个账本中。"矿工挖矿"实际上就是通过一系列算法，计算出符合要求的哈希值，从而争取到记账权。这个过程实际上就是试错的过程，一台计算机每秒产生的随机哈希碰撞次数越多，先计算出正确哈希值的概率就越大。最先计算出正确数值的"矿工"可以将比特币交易打包成一个区块，然后记录在整个区块链上，从而获得相应的比特币奖励。这就是比特币的发行过程，同时它也激励着"矿工"维护区块链的安全性和不可篡改性。设计者在设计比特币之初就将其总量设定为 2100 万枚。最开始每个争取到记账权的"矿工"都可以获得 50 枚比特币作为奖励，之后每 4 年减半一次。预计到 2140 年，比特币将无法再继续细分，从而完成所有货币的发行，之后不再增加。

根据比特币的产生原理与性质，其货币特征主要表现为以下几点。(1) 去中心化：比特币是第一种分布式的虚拟货币，整个网络由用户构成，没有央行。去中心化是比特币安全与自由的保证。(2) 全世界流通：比特币可以在任意一台接入互联网的计算机上管理。不管身处何方，任何人都可以挖掘、购买、出售或收取比特币。(3) 专属所有权：操控比特币需要私钥，它可以被隔离保存在任何存储介质。除用户自己之外无人可以获取。(4) 低交易费用：可以免费汇出比特币，但最终对每笔交易将收取约 1 比特分的交易费以确保交易更快执行。(5) 无隐藏成本：作为由 A 到 B 的支付手段，比特币没有烦琐的额度与手续限制。知道对方比特币地址就可以进行支付。(6) 跨平台挖掘：用户可以在众多平台上挖掘不同硬件的计算能力。

2021 年 6 月，萨尔瓦多成为世界上第一个赋予数字货币法定地位的国家，比特币在该国成为法定货币。

1.2.3 山寨币

随着比特币被爆炒，带火了中国国产虚拟货币，它们在业内被统一称为"山寨币"，高达 30 余种，如无限币、夸克币、泽塔币、红币、隐形金条等。一些币种在面市后，交易

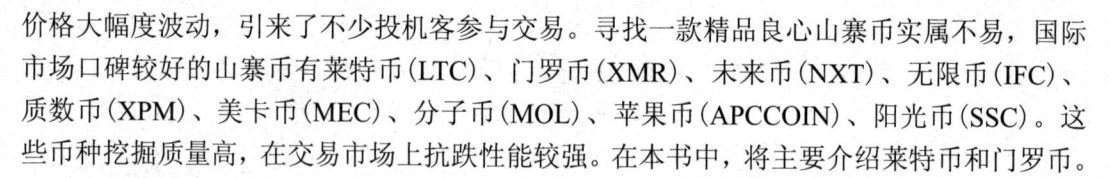

价格大幅度波动，引来了不少投机客参与交易。寻找一款精品良心山寨币实属不易，国际市场口碑较好的山寨币有莱特币(LTC)、门罗币(XMR)、未来币(NXT)、无限币(IFC)、质数币(XPM)、美卡币(MEC)、分子币(MOL)、苹果币(APCCOIN)、阳光币(SSC)。这些币种挖掘质量高，在交易市场上抗跌性能较强。在本书中，将主要介绍莱特币和门罗币。

1. 莱特币

莱特币(Litecoin，LTC)是受比特币的启发而推出的改进版数字货币。莱特币与比特币在技术上具有相同的实现原理，但莱特币的创造和转让基于一种开源的加密协议，不受到任何中央机构的管理。莱特币是一种基于 P2P 技术的网络货币，也是 MIT/X11 许可下的一个开源软件项目。莱特币可以帮助用户即时付款给世界上任何一个人。莱特币由一名曾任职于谷歌的程序员(李启威)设计并编程实现，2011 年 1 月 9 日发布运行。莱特币的技术原理与比特币相同，采用去中心化的架构、无任何中心机构控制、新币发行和交易支付转让都基于开源的加密算法等，这些都模仿了比特币的设计原理。但是，莱特币尽量改进了比特币之前已经表现出的缺点，如交易确认太慢、总量上限偏少、工作量证明机制导致大矿池的出现等。

莱特币旨在改进比特币，与比特币相比，莱特币具有三个显著优势。第一，莱特币网络每 2.5 分钟(而不是 10 分钟)就可以处理一个块，因此可以提供更快的交易确认。第二，莱特币网络预期产出 8400 万个莱特币，是比特币网络发行货币量的 4 倍之多。第三，莱特币在其工作量证明算法中使用了由 Colin Percival 首次提出的 Scrypt 加密算法，这使得相比于比特币，在普通计算机上进行莱特币挖掘更为容易。每一个莱特币可被分成 100 000 000 个更小的单位，通过 8 位小数来界定。

2. 门罗币

门罗币(Monero，代号 XMR)是一个创建于 2014 年 4 月的开源加密货币，它着重于隐私、分权和可扩展性。与自比特币衍生出的许多加密货币不同，门罗币基于 CryptoNote 协议，并在区块链模糊化方面有显著的算法差异。门罗币的模块化代码结构得到了比特币核心维护者之一的 Wladimir J. van der Laan 的赞赏。门罗币于 2014 年 4 月推出，原名为 BitMonero，意指 Bit(如 Bitcoin)和 Monero(字面意思是"世界语"中的"硬币")。门罗币是一个公平的、预先宣布的 CryptoNote 参考代码。门罗币自推出以来，已经做了几次大的改进。首先，门罗币将区块链迁移到不同的数据库结构，以提供更高的效率和灵活性；其次，门罗币设置最小的环签名大小，以便所有事务都是私有的，并实现了用 RingCT 来隐藏事务量。

门罗币给自己的定义就是一个匿名的数字加密货币，其采用 CryptoNote 协议，通过多层可链接自发匿名群签名(M-LSAGS)实现混合。门罗币的发行为用户提供更强的隐私性，通过使用隐蔽地址(Stealth Address)来隐藏交易数据和关键画像，以防止双花攻击。门罗币在混合协议中使用环签名，门罗币中每笔交易都使用环签名方案生成一个关键画像，关键画像是针对给定用户的私钥执行单向函数的结果。关键画像中包含的信息可以让第三方知道该交易已被正确地形成而且没有试图双花攻击。在门罗币中，环签名与隐蔽地址相结合使用，隐蔽地址是一次性使用的地址，且与任何用户不相关。门罗币的接收方通过使用私

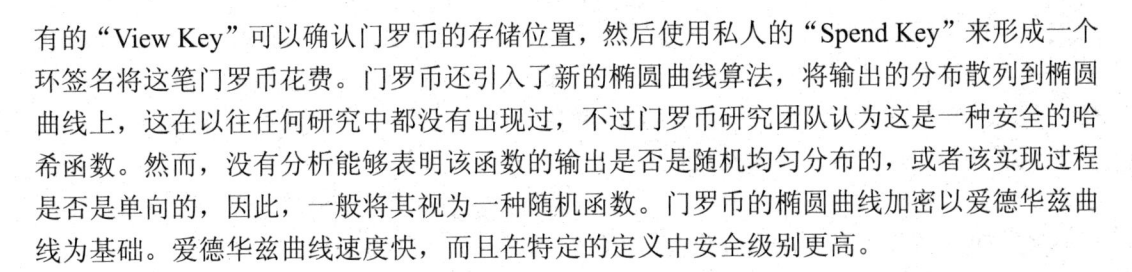

有的"View Key"可以确认门罗币的存储位置，然后使用私人的"Spend Key"来形成一个环签名将这笔门罗币花费。门罗币还引入了新的椭圆曲线算法，将输出的分布散列到椭圆曲线上，这在以往任何研究中都没有出现过，不过门罗币研究团队认为这是一种安全的哈希函数。然而，没有分析能够表明该函数的输出是否是随机均匀分布的，或者该实现过程是否是单向的，因此，一般将其视为一种随机函数。门罗币的椭圆曲线加密以爱德华兹曲线为基础。爱德华兹曲线速度快，而且在特定的定义中安全级别更高。

1.2.4 以太币

以太币(ETH)是以太坊(Ethereum)的一种数字代币，被视为"比特币 2.0 版"，采用与比特币不同的区块链技术——以太坊。以太坊是一个开源的有智能合约成果的民众区块链平台，是由全球成千上万的计算机构成的共鸣网络。开发者需要支付以太币(ETH)来支撑应用的运行。和其他数字货币一样，以太币可以在交易平台上进行买卖。

以太币的系统是使用最广泛的、支持完备应用开发的公有区块链系统。与比特币相比，以太币的系统以太坊属于区块链 2.0 的范畴，是为了解决比特币网络的一些问题而重新设计的一个区块链系统。比特币的设计只适合加密数字货币场景，不具备图灵完备性，也缺乏保存实时状态的账户概念，而且存在工作量证明机制带来的效率和资源浪费的问题。比特币的区块链网络存在着扩展性不足的缺陷。随着比特币吸引越来越多开发者和技术人员的注意，一些用户尝试将比特币网络用于其他数字货币或其他应用。但随着互联网的发展，独立开发出区块链应用的难度比较大(需要用户掌握非常多的软硬件开发技能和加密算法)，这使得区块链的应用对于一些用户来说并没有那么容易。

以太坊可以帮助用户更容易地利用区块链技术进行应用设计。按照巴特林的说法，以太坊的目的是创造一个更为一般化的区块链平台，这一平台允许用户很容易地创造基于区块链的应用，避免用户为创建一个新的应用而不得不建立一个区块链。通俗地讲，此前的区块链(如比特币)只是一个单一的工具或最多是一个多功能的工具组合，而以太坊则是区块链的"智能手机"，用户可以利用"智能手机"建立所需要的任何"应用"。因此巴特林表示，以太坊的应用并不仅限于加密货币，它有着巨大的潜力，适用于各行各业，能为各企业和各种规模的组织带来显著好处。通过提供这样一个高度泛化的平台，以太坊允许用户在不需要创建自有区块链的同时，建立使用广泛的应用程序。以太坊的愿景是成为"世界计算机"：用户就像使用计算机一样简单快捷地建立基于区块链的应用，享受区块链所带来的分散化和安全好处。这使得以太坊的应用前景广阔。理论上，以太坊是一个通用的平台，可以用于各种各样的应用，但到目前为止大部分的应用都与金融有关。不过，除金融应用程序之外，任何需要信任、安全和永久存储的环境都可能受以太坊平台的巨大影响，如资产注册、选举、政府管理及物联网等。

相较于大多数其他加密货币或区块链技术，以太币具有下列特点。(1)编程语言：Gavin Wood 写的《以太坊黄皮书》中定义了以太虚拟机的运作流程。智能合约可以由专门为此开发的 Solidity 编程语言写成，或是 Python 的一个变体 Serpent，或是 LLL。以太虚拟机也可以在 Mutan 上运行。智能合约会被编译成字节码，然后发布在以太坊区块链上。(2)运行效率：将所有智能合约存在区块链上每个节点的做法有好有坏。主要的缺点是所有的节点都同时要运算所有的智能合约，因此速度较慢。开发人员正研究将数据切分(Sharding)的技术套用至以太坊。2016 年 9 月 Buterin 发表了改善可扩展性的方案。截至 2016 年 1 月，以太坊每秒可以处理 25 个交易。(3)区块多样：存在一种区块——叔块(Uncle Block)，用于归纳那些因为速度较慢而未及时被收入母链的较短区块链。叔块的产生是因为以太币的区块时间是 20 秒左右，相对于比特币，更容易出现临时分叉。而且较短的区块时间，也使得区块在整个网络中更难以充分传播，尤其是对那些网速慢的"矿工"，这是一种极大的不公平。为了平衡各方利益，大家设计了这样一个叔块机制。叔块在全部挖掘出来的区块中占的比例叫叔块率。

1.2.5 稳定币

稳定币从本质上来说是一种具有"锚定"属性的加密货币，其目标是锚定某一链下资产，并与该资产保持相同的价值。为了保持价格稳定，稳定币可以由链下资产做抵押(即抵押稳定币)，或采用某种算法在某个时间点调节供需关系(即算法稳定币)。

目前存在两种类型的稳定币，即中心化稳定币和去中心化稳定币。中心化稳定币通常有法定货币做抵押，法定货币抵押在链下银行账户中，作为链上通证的储备金。这通常需要对托管方有一定的信任，不过现在托管方通过 Chainlink 储备金证明等解决方案在一定程度上提升了透明性。另外，中心化稳定币通常还可以用链上加密货币进行超额抵押，并需要保证充足的抵押率(如要求用户的抵押资产价值超过贷款总值的 150%)。而去中心化稳定币在设计上灵活性和透明度都更高，因为其不由任何一方控制，而且任何人都可以在链上审核协议的抵押率。另外一种越来越受到大家认可的稳定币是央行数字货币(CBDC)。央行数字货币与中心化稳定币有一定相似之处，但不同点是它是由央行发行的，因此无须与链下银行账户的法定货币挂钩。央行数字货币是政府认可的法定货币，可用于个人间大额零售支付及银行间批发支付。

主流稳定币采用了各种不同的锚定机制维持价值稳定。其中最常见的机制是抵押债仓(Collateralized Debt Position)、套利及弹性供应。在本书中，将主要介绍泰达币和天秤币。

1. 泰达币

泰达币是 Tether 公司推出的基于稳定价值货币美元(USD)的代币——Tether USD(简称 USDT)，1 泰达币=1 美元，用户可以随时使用泰达币与美元进行 1:1 兑换。Tether 公司严格遵守 1:1 的准备金保证，即每发行 1 个泰达币，其银行账户都会有 1 美元的资金保障。用户可以在 Tether 平台进行资金查询，以保障透明度。泰达币是一种将加密货币与法定货币美元挂钩的虚拟货币。每一枚泰达币都会象征性地与政府支持的法定货币关联。泰达币是一种保存在外汇储备账户、获得法定货币支持的虚拟货币。该种方式可以有效地防止泰达币出现价格大幅波动。

泰达币主要包括以下特点。(1)稳定：泰达币将现金转换成数字货币，锚定或与美元的价格挂钩。(2)区块链技术：Tether 平台建立在区块链技术基础之上，利用了区块链技术提供的安全性和透明性。(3)广泛集成：泰达币是目前最广泛的数字法定货币。在 Bitfinex、shapUNK、GoCoin 和其他交易所中都可以使用泰达币。(4)安全：泰达币的区

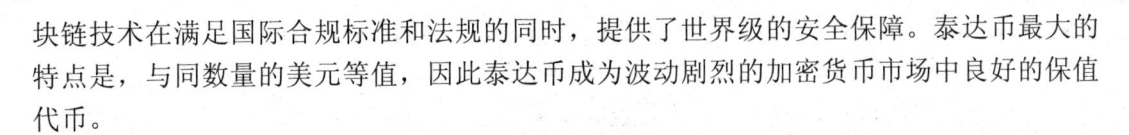

块链技术在满足国际合规标准和法规的同时，提供了世界级的安全保障。泰达币最大的特点是，与同数量的美元等值，因此泰达币成为波动剧烈的加密货币市场中良好的保值代币。

2. 天秤币

天秤币(Libra，现称 Diem)是 Facebook 发布的虚拟加密货币。通过机构运营、设立普通货币储备金进行在线存管等方式，确保储备金的稳定，避免"天秤币"出现现有虚拟加密货币价值不稳定的现象。2020 年 12 月 1 日晚，Facebook 官网发布了将 Libra 更名为 Diem 的信息。

2019 年 6 月 18 日，Facebook 发布了天秤币白皮书。天秤币最初由以美元、英镑、欧元、日元这四种法定货币计价的一篮子低波动性资产作抵押物。天秤币是一种采用拜占庭共识算法的联盟链，采用了拜占庭共识算法和 Move 编程语言，吸取了比特币没有强大倍数劣势的经验，天秤币通过和行业知名企业组成强大联盟形成了较为可靠的信用背书能力，又通过数字资产抵押解决了价值波动问题。天秤币向 Facebook 全球 24 亿用户开放，平台庞大的用户体量解决了天秤币活跃用户问题。天秤币白皮书(1.0 版本)也明确提到：在未来，Facebook 会推出数字钱包服务。数字钱包既可以独立运行，也可以 SDK 形式嵌入服务中。天秤币的愿景是作为一种全球性的数字原生货币，集稳定性、低通货膨胀性、全球化、可互换性于一体，其目的是参与跨境支付服务，它的诞生具有深刻的时代意义。

1.2.6 央行数字货币

央行数字货币(Central Bank Digital Currencies，CBDC)是由国家央行直接发行或授权商业机构发行的数字化货币，是一种电子化、面向一定人群或机构的现金替代品或补充品。英国央行英格兰银行在其关于 CBDC 的研究报告中给出这样的定义：CBDC 是央行货币的电子形式，家庭和企业都可以使用它来进行付款和储值。CBDC 的发行方是央行，也就意味着任何机构都必须接受，也在理论上更愿意接受(CBDC 的发行难点是基于分布式账本还是中心化的数据库、谁有权限写入和修改数据、这些数据应该是公开还是匿名)。国际清算银行(BIS)与支付和市场基础设施委员会(CPMI)两个权威国际组织联手在 2018 年和 2019 年对全球 60 多家央行进行了两次问卷调查。问卷调查内容包括各国央行在数字货币上的工作进展、研究数字货币的动机及发行数字货币的可能性。70%的央行都表示正在参与(或将要参与)数字货币的研究。当前诸多国家都在央行数字货币领域进行了不同的尝试。

2021 年 1 月，BIS 发布的一份调查报告显示，截至 2020 年年末，全球 65 家央行积极从事 CBDC 工作的占比已达到 86%，比四年前的水平增长了 30%以上。不仅如此，各国央行对 CBDC 的研发也逐步迈向更高阶段，约 60%的央行正在进行概念验证或实验，这一占比在 2019 年年末尚为 42%，并且 14%的央行已经在推进试点工作。

2020 年 10 月 20 日，全球第一个在其全境范围内落地的 CBDC——巴哈马央行发行的"沙元"(Sand Dollar)正式推出。巴哈马"沙元"试点采用持有量上限规则，以防止对传统银行产生大量的存款替代。2021年3月31日，东加勒比央行(ECCB)启用其央行数字货币DCash，从而成为首个发行CBDC的货币联盟央行。

除小型经济体以外，世界主要央行也在探索自己的选择。中国人民银行发行的数字人民币在其中走在前列。数字人民币的快速发展引起了国际社会特别是美国和欧盟的重视和警惕。在新冠肺炎疫情的冲击下，2020年6月，美国民主党和共和党分别提出了"美联储账户"(FedAccount)和"数字美元项目"(Digital Dollar Project)两项美国版CBDC方案。美联储波士顿储备银行与麻省理工学院也正在合作进行CBDC的研究。2020年10月9日，BIS与英国、加拿大、日本、瑞典、瑞士、欧元区、美国的央行共同发布了一份名为《中央银行数字货币：基础原则与核心特征》的研究报告。该报告从支付(包括跨境支付)、货币政策、金融稳定和央行目标之间的平衡等方面阐述了央行发行CBDC的动机及其中存在的风险和挑战，并提出了CBDC的核心特征值和应遵循的基本原则。虽然该报告表示参与的各家央行并非确定要发行CBDC，但它仍然提供了一些CBDC的设计思路和技术选择，并表达了这7家央行继续合作的意愿。

2020年10月2日，欧洲中央银行(简称欧央行)发布了《数字欧元报告》，详细论述了数字欧元发行所需要的情境、隐含的要求，分析了其可能对银行业、支付行业、货币政策、跨境使用，以及欧央行自身盈利能力和风险承担等方面的影响，并提出了在准入、隐私保护、限制机制、离线应用、计息、基础设施等方面的功能设计，这是一个对数字欧元详尽的阐述。

此外，一些国际合作项目也在推进过程中，包括欧央行和日本央行的"星云项目"(Project Stella)、BIS创新中心、瑞士国家银行和基础设施提供商SIX的Helvetia项目，以及BIS创新中心与中国、泰国、阿联酋等央行合作运营的"多边央行数字货币桥"(Multiple CBDC Bridge)项目等。"多边央行数字货币桥"项目将通过共同研究分布式账本技术(Distributed Ledger Technology，DLT)在CBDC跨境支付中的解决方案，开发概念验证原型(POC)，以支持全天候、实时的跨境CBDC交易等。下文将对个别国家和地区的央行数字货币进行详细介绍。

1. 中国

数字人民币(Digital RMB)，字母缩写按照国际使用惯例暂定为"e-CNY"，是由中国人民银行发行的数字形式的法定货币，由指定运营机构参与运营并向公众兑换，即"数字货币电子支付"(Digital Currency/Electronic Payment，DC/EP)。中国人民银行数字货币研究所对数字人民币的定义为：数字人民币是由中国人民银行发行的数字形式的法定货币，由指定运营机构参与运营并向公众兑换，以广义账户体系为基础，支持银行账户松耦合功能，与纸钞和硬币等价，具有价值特征和法偿性，支持可控匿名。

数字人民币是中国人民银行推出的一种全新加密电子货币，主要用于小额、高频零售业务场景，采用双层运营体系，即中国人民银行不直接对公众发行和兑换数字人民币，而是先把数字人民币兑换给指定的运营机构，如商业银行或其他商业机构，再由这些机构兑换给公众。运营机构需要向中国人民银行缴纳100%准备金，这就是1:1的兑换过程。这种双层运营体系和纸钞发行基本一样，因此不会对现有金融体系产生大的影响，也不会对实体经济或金融稳定产生大的影响。数字人民币不是虚拟货币,也不是网络支付或电子钱包,而是基于国家信用、由央行发行的法定数字货币。简单地说,数字人民币可以看作是数字化的人民币现金。其概念有两个重点:一个是数字人民币是数字形式的法定货币;另一个是和纸钞、硬币等价,数字人民币主要定位于 M0,也就是流通中的现钞和硬币。

从 2019 年年底开始,数字人民币相继在深圳、苏州、雄安新区、成都及北京冬奥会会场启动试点测试,到 2020 年 10 月增加了上海、海南、长沙、西安、青岛、大连 6 个试点测试地区。2021 年 7 月 16 日,数字人民币指定运营机构扩容,招商银行获准加入。

2. 英国

英国央行在 2015 年率先提出 CBDC 的理念、构想和模型,英国央行和伦敦大学的研究人员合作开发了央行数字货币模型 RSCoin,并对其进行了初步测试。RSCoin 是一种加密货币的模型,由央行控制货币的供应,并依赖多个被授权的商业机构(如商业银行)来验证交易,称之为 Mintette,以防止出现"双花"问题。RSCoin 不仅创建了一种独立的加密货币,还提供了一个加密货币平台,供用户整合各种已存在的加密货币,以实现多种用途。

RSCoin 实际上是一个基于类似区块链的模型,而不是基于传统区块链的模型。传统区块链有多份独立拷贝,多拷贝之间使用拜占庭将军协议来保证一致性。但 RSCoin 没有使用这个设计,而是使用一个中心的节点来维护所有数据,Mintette 只维护部分数据。这也是 RSCoin 存在争议的一个原因,采用类似设计的系统还有 Bigchain DB,这些系统的相同性便是交易速度快、可扩展性好,却是一个中心化的系统,对于这一问题,学者们有不同的看法。

英国央行希望 RSCoin 能被更广泛地接受。RSCoin 能随着经济增长而扩张,而其他加密货币的流通则有限。英国央行能直接影响 RSCoin 的货币供应量,并且能更好地解决 RSCoin 的相关问题。英国央行能随着经济增长提高 RSCoin 的货币供应量,且英国央行认为 RSCoin 的高效性能够增加交易量。

3. 新加坡

新加坡的 CBDC 项目育碧计划(Ubin)于 2016 年发起,目前已完成前四个阶段,正在进行第五个阶段:研究跨境与多币种支付,致力于提高国际支付清算效率。Ubin 早在 2016 年就已通过实践测试,并运行 6 周以验证使用数字新加坡元(SGD)进行银行间支付和分布式账面结算的技术可行性。这可能是最早研究、探索和实践分布式账本技术的监管机构。Ubin 专家认为,分布式账本技术提供了保持数据完整性的能力,数字新加坡元不再是一项远程技术。2019 年,加拿大 Jasper 项目和新加坡 Ubin 合作,完成了一项跨境、跨币种支付的试验。

Ubin 的第一阶段试验表明,去中心化的分布式账本技术与现有成熟的中央主导的金融基础设施并不排斥,完全可以相互融合、相互补充;第二阶段试验表明,不同的分布式账本技术和方案设计,可以实现支付队列处理、交易隐私、清算最终性和流动性优化等传统实时全额支付系统(Real Time Gross Settcement,RTGS)的关键功能,并能通过分布式处理,避免传统集中式系统的单点故障风险,还可以发挥分布式账本技术本身的优势,如密码安全性和不变性;第三阶段试验显示,基于分布式账本技术的新型券款对付(DVP)流程可以灵活压缩结算周期,简化交易后结算流程,如支持证券业缩短结算周期,从而降低潜在风险敞口,此外,DVP智能合约可以使权利和义务得到一致和连贯的执行,从而增加投资者的信心、降低市场合规成本;第四阶段试验成功演示了基于哈希时间锁定技术(HTLC)的跨境、跨货币、跨平台的原子交易,且无须双方司法管辖区共同信任的第三方存在;第五阶段试验显示,基于Ubin支付网络原型,可以开展多种货币的跨境支付、外币兑换、外币计价证券的结算,以及与其他区块链平台的集成,实现了跨多个行业的端到端数字化用例,验证了分布式账本技术具有降本提效、开发新场景等方面的优势,同时具有在非金融领域的巨大应用潜力。

Ubin旨在通过试验帮助新加坡金融监管机构和整个行业更好地理解分布式账本技术,因为分布式账本技术可以使金融交易和流程更透明、更灵活和更便宜。Ubin的最终目标是帮助开发由央行发行的数字货币,并提供比当前系统更简单、更有效的解决方案。与中国人民银行进行的数字人民币研究相比,虽然两者都基于区块链技术,但新加坡金融监管机构选择了一条更开放、更透明的路径,甚至为相关报告和一些程序代码开辟了来源,让更多人可以基于这些宝贵的公共数据进行进一步研究。

4. 欧盟与日本

迄今为止,欧央行与日本央行联合开展的Stella项目共开展了三个阶段。第一阶段是2017年9月,探索分布式账本技术在大额支付场景中的应用;第二阶段是2018年3月,在分布式账本技术环境中实现DVP;第三阶段是2019年6月,探索基于分布式账本技术的跨境支付解决方案。

第一阶段的具体试验包括测试交易节点数量、节点间距离、有无流动性节约机制(LSM)、节点故障、格式错误对系统性能的影响,主要得到以下结论。一是基于分布式账本技术的解决方案可以满足实时全额支付系统的性能需求,且常规的流动性节约机制在分布式账本技术环境下是可行的。二是网络规模和性能之间存在"此消彼长"的关系,增加节点数量将延长支付执行时间。至于节点距离对性能的影响,则取决于网络的设置条件。如果达成共识所必需的最少数量节点足够接近,那么节点距离对反应时间的影响有限;反之,影响较大。三是分布式账本技术网络可以较好地应对验证节点故障和数据格式错误的问题。

第二阶段探讨了两种基于分布式账本技术的DVP模式,单链DVP和跨链DVP,得到以下主要结论。一是DVP能够在分布式账本技术环境中运行,但受不同的分布式账本技术平台的特性影响。二是分布式账本技术的"跨链原子交换"功能为分类账之间的DVP提供了一种新实现方法,可以确保(相同或不同分布式账本技术平台的)分类账之间的互操作性,而不必要求它们之间的连接和制度安排。三是跨链DVP安排可能会带来一定的复杂性,并可能引发额外的挑战,如影响交易速度、流动性和结算风险,这些额外的风险和挑战需要妥善处理。

第三阶段提出了一种泛账本协议,即在不同种类的账本之间通过协议实现支付的同步性,同时评估了不同跨账本支付方式的安全和效率影响。项目根据"每笔付款是在账本上结算还是在账本外结算""资金是否被锁定或被保管""付款是否在预先设定的条件下自动执行""是否需要特定的账本功能来进行转账"四个标准,将跨境支付方式区分为"授信""账本上保管""第三方保管""简单支付通道""有条件的支付通道"五类支付方式。试验结果认为,"账本上保管""第三方保管""简单支付通道""有条件的支付通道"支付方式具有自动执行机制,可以确保完全满足转账条件的转账方不会面临本金风险;在流动性效率方面,由高往低的排序为"授信""账本上保管""第三方保管""简单支付通道""有条件的支付通道"。

1.3 数字货币的职能与分类

1.3.1 数字货币的职能

数字货币的出现会影响和改变货币职能的表现吗?不会,数字货币依然会执行价值尺度、流通手段、支付手段、贮藏手段和世界货币这五个方面的职能。货币作为一种信用工具规避了信息不对称和信息不可监测问题,也解决了双重耦合难题。基于区块链技术、分布式记账技术及时间戳技术的数字货币,能够解决信息不对称和交易者不可监测问题,将交易标的价值标准化,点对点的交易无须第三方信用支持,真正实现了交易的去信用化。去信用化和去中心化的实现就不需要数字货币的流通手段职能了吗?即使是点对点的去中心化也只是交易方式的变化,使用数字货币的一方需要购买另一方商品,而另一方只想将该商品转为货币,至于需要哪些其他商品可能是以后的事。所以,没有数字货币,这样的交易依然无法实现。

但是,为什么很多情况下比特币等数字货币被视为数字资产,而不被认为是真正意义上的货币呢?是因为它的货币职能还没有完全和充分实现。价值尺度和流通手段是货币的两项基本职能,也是人类对某样物品充当货币的基本要求。但是,数字货币由于存在群体信任度不高、普遍接受性不强、运行成本较高、币值波动大等问题,因此还无法很好地实现价值尺度甚至是流通手段这些货币应有的基本职能。虽然比特币等数字货币也可以用来购买一些商品以及对商品进行标价,但还没有实现普遍性,尚不能广泛用于普遍性商品。因此,从货币职能角度可以解释当前的数字货币还不是真正的货币,而是数字资产。数字货币职能能否顺利地全面实现是数字货币成为完全意义货币的关键。

关于数字货币职能的全面实现,最重要的条件就是数字货币具有可靠的信用,能够得到使用群体的普遍信任。例如,美元成为国际货币是由于在布雷顿森林体系下各国协议授予的信用背书,以及布雷顿森林体系崩溃后由于美元石油计价机制的存在而使各国在美元网络外部性和使用惯性的基础上继续储备美元。相对于流通手段职能或者是派生的支付手段职能,数字货币的价值尺度职能对货币信用的要求更高。因此,数字货币更容易体现为一种交易货币或支付货币,而不是计价货币。数字货币对支付体系的革命性冲击要远远高于对计价体系的影响。

从目前来看，数字货币仅通过使用交易网络性的空间扩展，而使数字货币从支付手段职能或流通手段职能上升到价值尺度职能依然缺乏根本层面的推动力。在货币的支付体系或交易媒介层面，数字货币能够得到较为充分的发展。但是，当前各种商品和服务仍使用各国的法定货币进行标价，在一定时期内很难看到大多数商品和服务会脱离法定货币的计价媒介而独立地进行数字货币标价。

当前，数字货币已经发展到了第三个阶段。如图1-2所示，第一阶段为比特币类数字货币，币值不稳定并缺乏信用支持，严重影响了它价值尺度职能的发挥。第二阶段，稳定币类的数字货币主要是以中心化资产为依托或抵押，币值相对稳定。为实现价值尺度职能，稳定币数字货币的信用是建立在其他资产或主权货币基础之上的，但由于使用范围有限，所产生的影响力亦十分有限。第三阶段，央行发行的法定数字货币，由于与法定货币是价值等价的关系，并能够得到主权国家的支持，所以，法定数字货币具备能够体现出价值尺度职能的基础和条件。

第一阶段：比特币类 莱特币、瑞波币等 → 第二阶段：稳定币类 泰达币、天秤币等 → 第三阶段：法定数字货币 数字人民币等

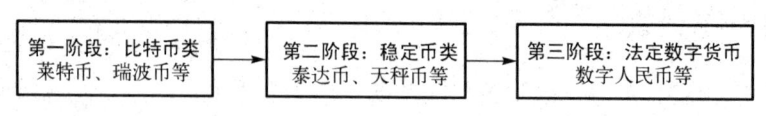

图1-2 数字货币发展的三个阶段

此外，市场上还存在大量投机者投机于诸如比特币的数字货币，使其价值波动幅度较大，而且，各国对于数字货币的监管制度尚不完善，数字货币尚停留在民间自发性的信任层面。大量的数字货币交易存在于洗钱、敲诈勒索等犯罪活动中，相关融资活动也容易存在大量欺诈行为等违法现象。因此，即使是使用数字货币的群体，也没有形成对数字货币的完全信任，他们更多地将获取到的数字货币进行变现，兑换成各国的法定货币。可见，现有的数字货币能否广泛地独立承担价值尺度的职能将成为数字货币发展过程中面临的重要挑战。

1.3.2 数字货币的分类

将货币的四个不同要素进行组合，可以得出不同的货币分类，即货币之花(见图1-3)。货币的四个要素分别为发行方(央行或其他机构)、货币形式(数字或实物)、可获得性(广泛或受限)、技术(基于代币或账户)。许多数字货币都是基于代币的，而准备金和大多数形式的商业银行资金是基于账户的。基于代币或账户的货币的区别在于货币交换时所需要的验证方式。基于代币的货币依赖于收款方验证付款方的有效性，如对于比特币等货币，收款方担心代币是否真实，付款方是否在不同的交易中使用同一货币进行二次支付。同样，基于账户的货币主要在于验证账户持有人是否拥有合法权利，最主要的问题在于身份盗用，未经合法拥有人授权，犯罪分子私自从账户提取或转移资金。

央行数字货币处于货币之花的中心，代表了三种不同的央行数字货币。其中两种基于代币模式，一种基于账户模式。两种基于代币模式的央行数字货币最大的区别在于其可获得性不同，其中一种是通用型央行数字货币，主要用于零售市场交易；另一种是批发型央行数字货币，用于批发市场交易。

除此之外，数字货币也可以根据不同的性质分为以下五类。

图 1-3 货币之花

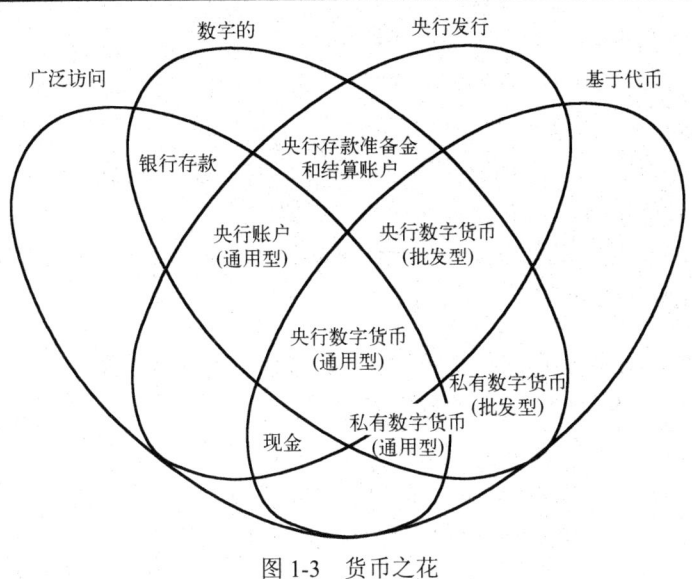

1. 主权数字货币

(1) 特征：主权数字货币又可以称为法定数字货币(或央行数字货币)，它的本质是法定货币的数字化，其特征和法律地位与法定货币等同，由政府信用背书。

(2) 代表币种：数字人民币。

(3) 发展前景：主权货币的根本是建立在信用基础之上的，作为主权货币，其信用基础来源于稳定的国家和负责任的政府。从近年来，特别是新冠肺炎疫情暴发以来的情况来看，中国政府与中国制度在维护社会稳定与担当社会管理责任中表现突出，因此中国的主权货币——人民币，应当也可以在全球扮演更为重要的角色。数字人民币作为全球首个基于区块链核心技术架构的主权数字货币，凭借技术上的领先性，加上人民币的良好信用，有望使全球众多尚未享受到现代金融便利的国家与地区，跨越性地走进数字金融时代。

2. 资产类数字货币

(1) 特征：以计算机科学与加密数学为基础，以算力形式凝结的、难以篡改的算力凭证，这些凭证由于人们的共识而产生价值，从而具备资产属性。这些数字资产的价值形成过程，与黄金、白银、宝石等价值的形成过程基本一致。

(2) 代表币种：比特币、莱特币。

(3) 监管与征税：人们通常将比特币视为"数字黄金"，这一称谓是有道理的。回顾人类历史，贝壳、动物羽毛、石头等，都曾经被当作过价值锚定物。黄金、白银等贵金属，抛开其有限的使用价值，本质上只是自然界的存在，金银的价值使命也仅仅限于一个历史阶段。身处智能时代、计算时代初期的人们，应当用历史的大局观去看待价值的变迁——代表计算、算法、算力之美的比特币，由于其首创性，因此具有一定的时代价值。

3. 燃料类数字货币

(1) 特征：在"数字工业体系"中，充当"燃料"且为系统内智能合约的运转提供动力的数字货币，其可以类比为传统工业体系中的"煤""石油"。这一类型的数字货币，通常具备较大的实际使用价值。

（2）代表币种：以太币、树图币(CFX)。

（3）监管与征税：从监管与征税的角度来看，与以上资产类数字货币基本等同。然而，由于这些类型的数字货币通常有着更高的使用价值和使用频率，在征税方面应当享受一定程度的优惠和减免，以利于促进数字工业体系的运转。

4．股权类数字货币

（1）特征：此类数字货币的本质是数字化的股权，通常这类数字货币的发行方会承诺通过分红、参与治理等形式，为这些数字货币赋权。

（2）代表币种：币安币(BNB)、火币(HT)。

（3）监管与征税：从监管上来看，应当参考股票的形式，由证券监督部门进行监管，从信息披露、资金募集与使用等方面从严监管，对发行"空气币""圈钱跑路"的行为依法予以打击。数字股权形式的股票发行方式，有望成为资本市场的重要补充。同时，从征税的角度来看，可以考虑在股权类数字货币上试点开征资本利得税。

5．数字货币名义的违法犯罪活动

（1）特征：以数字货币为载体，通过许诺高额回报组织和发展人员，对被发展人员以其直接、间接发展的人员数量或业绩为依据计算和给付报酬，或者要求被发展人员以交纳一定费用为条件取得加入资格等。

（2）代表币种：Plustoken、MMM。

（3）监管：这些类型的数字货币其本质就是传销与诈骗；发展多层层级关系、许诺高额回报的形式，实际上就是"庞氏骗局"。以 Plustoken 为例，该平台存续期间共发展会员200 余万人，层级关系多达 3000 余层，累计收取会员比特币、以太币等数字货币数百万个，涉案金额达 400 余亿元。随着区块链技术的日益发展，打着区块链旗号，以数字货币为载体的违法犯罪活动也日益猖獗。面对新形势，公安、网信、中国人民银行、金融监管、税务等相关部门，有必要研究和形成新的机制，从技术、法规、制度等方面，对以数字货币为载体的各类违法犯罪行为进行坚决打击。

1.4　数字货币的未来趋势

数字货币的未来发展趋势主要体现在以下几个方面。

1.4.1　法定数字货币取代私人数字货币

私人数字货币在后金融危机时代全球货币竞争性超发的背景下迅速发展，但私人数字货币的先天缺陷使其无法成为真正意义上的货币。BIS 和国际货币基金组织均指出，以比特币为代表的私人数字货币虽然有助于解决电子支付的信任问题，但其背后缺乏强大的资产支撑，难以解决资产价值信任问题。这一先天缺陷导致私人数字货币普遍存在价值不稳定、公信力较弱、可使用范围受限等问题，使得公众持有这些私人数字货币的意愿较弱。具体而言私人数字货币的主要缺陷为：(1)私人数字货币无法稳定履行货币职能；(2)私人数字货币影响金融稳定且难以得到有效监管。

私人数字货币是存在于现行货币体系之外的"影子货币"，其先天缺陷及其导致的问题给现行货币体系带来了较大的冲击，同时也倒逼着法定数字货币的推出和发展。央行发行法定数字货币也是传统银行制度创新发展的现实需求。

1. 法定数字货币使货币政策的制定和实施更为有效

法定数字货币可以充分运用区块链、大数据、可控云计算等科技手段，为货币政策的制定提供更加充分而准确的依据，同时法定数字货币的点对点支付结算特性将加快货币的流通速度，从而为金融市场创造高流动性，使得利率期限结构更为平滑、货币政策传导机制更为顺畅。

2. 法定数字货币使金融监管更为精准

当前，社会公众的小额交易主要通过第三方支付工具进行，第三方支付机构积累了数量可观的支付大数据，央行失去了部分货币流通数据的控制权。法定数字货币从功能上能够替代第三方支付的电子货币，且其拥有国家信用的支持，将使货币流通大数据的控制权重回央行。货币流通大数据可为央行提供不同频率、不同层次的完整、真实的交易记录，使央行资金流监测和管理更为有效，并为宏观审慎政策和微观金融监管措施的制定、实施提供依据。

发行法定数字货币，不仅是央行和监管机构执行金融政策、实施有效监管的现实需求，而且企业和个人也将从中受益。一是法定数字货币能够降低流通成本。如商业银行不再需要大额运钞而只需通过电子传送方式即可完成货币转移，整个过程的损耗成本及维护成本将会大幅降低。二是法定数字货币能够提高资金结算效率。法定数字货币使用区块链技术构造点对点的支付方式，支付结算过程的实现不再需要第三方清算机构或支付中心，企业与个人的支付结算过程更加便捷，结算手续费用大幅降低，资金结算和管理效率有望得到显著提升。因此法定数字货币取代私人数字货币是数字货币发展的必然趋势。

1.4.2 监管执行落地

2019年来，主要国家的"牌照+沙盒监管"的监管体系已经成形，开始从讨论和搭建框架阶段进入执行落地阶段。尤其在Facebook提出全球非主权稳定币——天秤币事件的刺激下，各国监管机构不得不面对数字货币带来的巨大挑战。监管成为主导数字货币市场方向的决定性力量。与此同时，数字货币行业协会和非营利性研究学术组织，开始发挥越来越重要的作用。

现有的数字货币金融监管体系在数字货币应用领域不断扩大、场景不断深化的背景下已经难以匹配当前的数字货币金融市场，如何完善数字货币金融监管体系已成为央行数字货币推行进程中不可或缺的一环，对我国而言，具体可以从数字货币法律体系的健全、多元监管体系的建立、国际监管合作入手。

1. 数字货币法律体系的健全

现有的《中华人民共和国中国人民银行法》《中华人民共和国人民币管理条例》《中华人民共和国反洗钱法》对于数字货币的金融纠纷因缺乏细化性职责划分难以做出权威解释，并且相应的系统性、可操作性数字货币交易相关标准也没有具体说明，导致法律滞后的问题存在。首先，立法将数字人民币纳入人民币框架体系，并且明确其法律地位、市场地位以及法偿性。其次，出台关于数字货币发行、数字货币流通、数字货币安全、数字货币管理等具体问题的规章、规范性文件。例如，数字货币交易平台对于大额交易需要对客户身份进行视频验证、现场验证，并且及时将无法识别的可疑交易信息报送中国人民银行反洗钱中心备案。最后，建立数字货币危机应对机制以及应急预案，防范可能出现的商业银行挤兑风险、货币信用扩张风险等，规避系统性的金融风险。

2. 多元监管体系的建立

数字人民币具备显著的数字化、电子加密特性，未来的发展趋势必然是与区块链、互联网、大数据、云计算、物联网、人工智能等技术深度融合。因此，多元监管体系体现在中国人民银行监管部门、地方政府监管部门、商业银行监管部门、金融机构监管部门等跨部门的常态化共治监管，需要各监管部门依据自身监管方面的比较优势细化各自的职责权限，以实现彼此之间的相互配合及相互协调，保障数字人民币流通环境的安全可靠。此外，多元监管体系应对数字人民币的新型监管框架可以采取"沙盒监管"模式，在数字人民币的试点测试中大力推进金融监管创新，通过不断丰富数字人民币场景应用来进行不断的试错及迭代，选取成熟的监管框架来逐渐完善数字人民币的多元化监管。

3. 国际监管合作

数字货币跨越国界、地域分布在全球通用账本的各个角落，其可疑交易现金流的追踪需要不同国家及主体共同协作监管。中国的支付宝、微信等在全球电子支付领域处于领先地位，可以考虑准许有实力的中国企业加入国际数字货币协会，进一步加强数字货币领域的交流及合作，通过共享相关技术及经验实现互利共赢，也有助于加强我国在制定数字货币国际监管标准方面的话语权。

1.4.3 世界货币竞争新格局出现

当前世界货币竞争的核心聚焦于主权数字货币，也就是央行数字货币的竞争。这将从更深层次上推动货币体系变革，重构货币竞争格局，重塑金融生态。有着数字身份和数字货币领域的思想领袖之称的 David Birch 在《货币冷战》中特别指出，现阶段全球政治、经济和技术的变化，推动了货币之间的一种新的竞争——这个竞争主要来自私人的数字美元天秤币与公共数字人民币之间。其实，美国不仅有私人的数字美元天秤币，还全面启动了央行数字货币布局。福布斯认为，各种迹象表明美国已经正式进入"全球多国央行竞争推出首款央行数字货币的火热战局"。

2020年5月29日，数字美元项目发布 *The Digital Dollar Project Exploring a US CBDC* 白皮书，为创建美国央行数字货币提出框架，第一次明确了数字美元的推进计划，进一步申明美国希望一步到位实现支持数字美元的批发和零售双重场景。美国权威人士公开表示，美国需通过保持数字货币领域技术研发和政策制定"两条战线"的领先地位，维持美元在全球经济中的霸权地位。

尽管央行数字货币已经有个别国家率先推出落地，但实际应用效果和影响力十分有限。也有更多国家和经济体正在积极谋划中，据 BIS 2020 年调查结果显示，全球范围内，已经有 10% 的央行一改之前犹豫观望、反对禁止的态度，考虑在短期内发行央行数字货币。现在世界各国更加关注中国和美国的举动，因为主权货币数字化需要有强大经济体系来支撑。同样，依托强大经济体系的央行数字货币一旦推出落地，也会对整个经济体系带来牵动性影响，甚至会重构全球金融体系和经济格局。所以，其他国家央行数字货币都在积极筹划，蓄势待发，但谁也没有迈出关键的第一步。

央行数字货币竞争的实质是货币主权之争，是货币国际化地位之争。特别是在数字化大背景下，原有的硬边界已经打通，世界成为互联互通的共同体，数字化创造了新的机会空间，央行数字货币使各国站在同一起跑线上，通过竞争合作共同打造国际货币体系新格局。央行数字货币的出现使货币竞争发生根本性变化。从技术上，可以在线和离线支付；从功能上，支付领域可延展至更广领域和更深层次；从定位上，作为主权数字货币将全面提升国际竞争力。更重要的是央行数字货币完全超出货币本身意义，它是以国家信用为基础的主权货币数字化，具有超强信誉度并直接挑战现有货币体系。尤其是随着一国数字货币的规模化应用，将会改变世界储备货币结构，从而提升国家竞争力。正如英国央行前行长 Mark Carney 指出的，"合成霸权数字法币可以取代美元成为世界储备货币"。这的确是一场"新型货币战争"，并且已经在多维度全面开始。

1.4.4 合规 STO 开启序幕

应监管而生的证券型通证发行(Security Token Offering，STO)[①]为资本市场领域带来了新气象，也为乱象频生的 ICO(Initial Coin Offering)市场找到了出路。可以说，STO 为监管部门入场带来了机会，也为投资者提供了一种相对可靠的投资方式。

STO 能够在一个合法合规的监管框架下，将现有的传统资产，如股权、债权、权证等作为担保物进行通证化(Tokenize)，通过区块链上链后变成证券型通证，并且适用于各国的证券法监管。从最终标的物形式来看，通证化的对象为房产所有权、房地产投资基金、黄金、碳信用额、石油、美术作品、音乐版权等。

合法的 STO 发行越来越多。2019 年 7 月，美国证券交易委员会(SEC)首次批准区块链初创公司 BlockStack 用 RegA+方式公开对外发行数字货币 BlockStack Token，掀开了合规 STO 交易的序幕，给苦等很久的数字货币行业带来一线曙光。美国区块链项目 BlockStack 通过 STO 筹集了 2300 万美元，Aspen Resort 通过代币化和出售房地产筹集了 1900 万美元。随着 STO 的顺利进行，美国金融机构对此进行了进一步的讨论。STO 所代表的资产已经存在于"现实世界"中，是传统金融和区块链世界之间的桥梁。自从各国监管把 ICO 和类似 ICO 的一切通证发行都规定为证券发行后，数字货币发行者开始胆战心惊，害怕触碰到证券法的界限。

---

① STO 目前在我国是禁止的，这里主要介绍国外情况。

值得一提的是，在各类 STO 中，有资产背书的 STO 将更加受欢迎。2017—2018 年市面上发行的通证，主要以纯数字货币为基础，随着数字货币市场的巨幅波动，投资人对没有资产背书的数字货币开始产生不信任，因此有资产背书的数字货币逐渐吸引大家的目光。加上 SEC 对 STO 的支持和引导，相信今后越来越多的通证将以资产背书类通证（Asset Back Token）的形式发行，然后再注册成为合规的 STO，进入监管下的金融市场。

本章小结

数字货币是一种基于节点网络和数字加密算法的虚拟货币，是电子货币形式的替代货币，具有价值尺度、流通手段、支付手段、贮藏手段和世界货币的职能。主流数字货币大致分为在 E-Cash 系统基础上进行扩展的未使用区块链技术的数字货币和使用区块链技术的分布式记账数字货币。数字货币也可以根据不同的性质分为主权数字货币、资产类数字货币、燃料类数字货币、股权类数字货币和数字货币名义的违法犯罪活动五种。数字货币的未来发展趋势主要体现在：法定数字货币取代私人数字货币、监管执行落地、世界货币竞争新格局出现及合规 STO 开启序幕四个方面。

关键术语

数字货币；虚拟货币；数字人民币；区块链技术

思考题

1. 什么是数字货币，具有什么职能？
2. 试简述数字货币的起源与发展历程。
3. 数字货币具有什么特性？根据不同的性质可以分为哪几种类型？
4. 谈谈对数字货币未来发展趋势的看法。
5. 电子货币、数字货币及法定数字货币三者之间有什么区别与联系？
6. 谈谈为什么数字货币是历史的必然选择。

案例分析

北京法定数字货币试验区正式揭牌

2021 年 9 月 10 日，2021 中国（北京）数字金融论坛顺利举行，中国人民银行数字货币研究所与北京丰台丽泽金融商务区共同设立的国家数字金融技术检测中心正式揭牌。

为进一步加快建设全球数字经济标杆城市和首都现代化数字金融体系，在本次论坛上，北京市地方金融监督管理局向丽泽金融商务区授牌"北京法定数字货币试验区"，助力丰台丽泽拓展特色金融科技应用场景，打造数字人民币技术与应用生态。丽泽金融商务区作为新兴金融产业集聚区、首都金融改革试验区，将围绕支付清算、登记托管、征信评级、资产交易、数据管理等环节，支持数字金融重点机构和重大项目落地，提升金融基础设施数字化水平。

北京市领导在现场表示，北京市将打造面向未来的现代化数字金融体系，在央行的指导下加快推进法定数字货币实验区和数字金融体系建设，稳步推进数字人民币全场景试点。

中国人民银行有关领导就数字人民币的设计理念、制度规范等方面进行了深刻的阐述。他提出，"要充分发挥数字人民币结算效率高、隐私保护强等优势，既不能完全按照账户去管理，也不能照搬纸币去要求，该打破的要打破，该约束的要约束"。

据了解，丽泽金融商务区数字人民币试点将加快推动数字金融科技示范园建设，探索"5G+金融"创新试点，丽泽室外5G基站布局方案编制已完成并启动建设实施，年内将实现在丽泽南区建成区域基站体系规模化部署和信号全覆盖。

北京市丰台区推进数字人民币试点工作，已实现餐饮购物、旅游消费、绿色消费、消费扶贫四类线下消费场景覆盖，多个领域首创性应用场景陆续铺开，在全国首创财政非税收入收缴业务数字人民币应用、打造全市首个数字人民币应用场景测试点，落地全市首张数字人民币保单、搭建全市首个政务服务领域数字人民币应用场景，全区数字人民币生态建设初见成效。

此外，在活动现场，中国工商银行、中国农业银行、中国银行、中国建设银行、交通银行、中国邮政储蓄银行等国有商业银行在"数字人民币体验区"集中展示数字人民币成果及应用场景。

资料来源：经济观察报

参 考 文 献

[1] 姚前. 法定数字货币的理论与技术逻辑：货币演化与央行货币发行创新[EB/OL]. [2017-9-27]. https://www.hxedu.com.cn/hxedu/w/inputVideo.do?qid=5a79a01881d257e50181d67b1af137cd.

[2] 李伟民. 金融大辞典[M]. 哈尔滨：黑龙江人民出版社，2002.

[3] 李文增. 数字货币与无现金社会[J]. 世界文化，2017(11)：4-8.

[4] 朱阁. 数字货币的概念辨析与问题争议[J]. 价值工程，2015，34(31)：163-167.

[5] 姚前，汤莹玮. 关于央行法定数字货币的若干思考[J]. 金融研究，2017(07)：78-85.

[6] 李建军，朱烨辰. 数字货币理论与实践研究进展[J]. 经济学动态，2017(10)：115-127.

[7] 任丽梅，黄斌. 块创新[M]. 北京：首都经济贸易大学出版社，2018.

[8] 何洪亮. 莱特币与Scrypt算法[J]. 经贸实践，2016(11)：86.

[9] 刘滋润，王点，王斌. 区块链隐私保护技术[J]. 计算机工程与设计，2019，40(06)：1567-1573.

[10] 邱月烨. 以太坊联合创始人Joseph Lubin区块链的技术先机[J]. 21世纪商业评论，2018(07)：20-21.

[11] 熊爱宗. 以太坊，发展前景广阔[J]. 世界知识，2017(13)：13.

[12] 郭亚宁,尹亚丽. 比特币、天秤币两种加密货币解析[J]. 数字技术与应用,2021,39(06):186-188.

[13] 杨东,马扬. 天秤币(Libra)对我国数字货币监管的挑战及其应对[J]. 探索与争鸣,2019(11):75-85+158+161.

[14] 蔡维德,赵梓皓,张弛,等. 英国央行数字货币RSCoin探讨[J]. 金融电子化,2016(10):78-81.

[15] 姚前. 全球央行数字货币研发的基本态势与特征[J]. 中国经济报告,2021(01):53-61.

[16] 穆杰. 央行推行法定数字货币DCEP的机遇、挑战及展望[J]. 经济学家,2020(03):95-105.

[17] 冯永琦,刘韧. 货币职能、货币权力与数字货币的未来[J]. 经济学家,2020(04):99-109.

[18] 白津夫,白兮. 货币竞争新格局与央行数字货币[J]. 金融理论探索,2020(03):3-9.

[19] 搜狐网. 蔡凯龙:经济学家眼中的数字货币系列之共创未来[EB/OL]. 2019[2019-07-25]. https://www.hxedu.com.cn/hxedu/w/inputVideo.do?qid=5a79a01881d257e50181d67b1af137cd.

[20] 尹釜,衣保中. 全球数字货币的发展趋势及我国的实践创新[J]. 经济体制改革,2021(04):166-172.

[21] 乔海曙,王鹏,谢姗珊. 法定数字货币:发行逻辑与替代效应[J]. 南方金融,2018(03):71-77.

[22] 张伟,董伟,张丰麒. 中央银行数字货币对支付、货币政策和金融稳定的影响[J]. 上海金融,2019(01):59-63+77.

[23] 星空如是说. 数字货币分类及监管与征税的建议[EB/OL]. 2020[2020-11-10]. https://www.hxedu.com.cn/hxedu/w/inputVideo.do?qid=5a79a01881d257e50181d67b1af137cd.

[24] 李重阳,胡志浩. 全球央行数字货币发展进展及其影响[EB/OL]. 2021[2021-8-24]. https://www.hxedu.com.cn/hxedu/w/inputVideo.do?qid=5a79a01881d257e50181d67b1af137cd.

[25] 张荣丰,董媛. 关于数字货币的发行与监管初探[J]. 华北金融,2017(01):36-38.

[26] LEEKHA S. Book Review: Don Tapscott and Alex Tapscott, Blockchain Revolution: How the Technology Behind Bitcoin Is Changing Money, Business, and the World[J]. FIIB Business Review, 2018, 7(4).

[27] GEORGE A. Selgin and Lawrence H. White. How Would the Invisible Hand Handle Money?[J]. Journal of Economic Literature, 1994, 32(4):1718-1749.

[28] JESÚS F V, DANIEL S, LINDA S, HARALD U. Central bank digital currency: Central banking for all?[J]. Review of Economic Dynamics, 2020(prepublish).

[29] MARTIN C. China, the United States, and central bank digital currencies: how important is it to be first?[J]. China Economic Journal, 2021, 14(1):102-115.

[30] RUPINO C P, PAULO M, HELDER S. From Bitcoin to Central Bank Digital Currencies: Making Sense of the Digital Money Revolution[J]. Future Internet, 2021, 13(7).

第2章　数字货币技术

【学习目标】

1. 了解数字货币技术中密码学技术的主要内容。
2. 了解区块链技术的概念、分类及特点。
3. 了解区块链的基本技术原理。

【能力目标】

1. 掌握密码算法的应用原理。
2. 领会区块链中安全机制的设计思想,并运用到其他行业。

【思政目标】

1. 正确认识区块链如何利用其技术优势统筹经济运行中政府与市场的关系。
2. 从国家战略层面理解区块链的重要意义。

【知识架构】

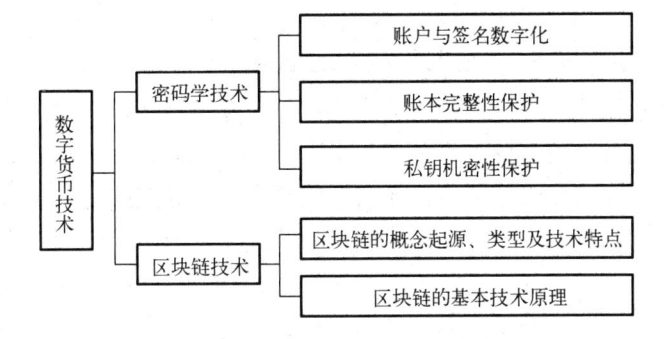

```
                    ┌─── 账户与签名数字化
          ┌─ 密码学技术 ─┼─── 账本完整性保护
          │         └─── 私钥机密性保护
数字货币技术 ─┤
          │         ┌─── 区块链的概念起源、类型及技术特点
          └─ 区块链技术 ─┤
                    └─── 区块链的基本技术原理
```

【导入案例】

中国人民银行数字货币研究所加入多边央行数字货币桥研究项目

中国香港金融管理局、泰国央行、阿拉伯联合酋长国央行及中国人民银行数字货币研究所宣布联合发起多边央行数字货币桥研究项目(m-CBDC Bridge),旨在探索央行数字货币在跨境支付中的应用。该项目得到了国际清算银行香港创新中心的支持。

多边央行数字货币桥研究项目将通过开发试验原型,进一步研究分布式账本技术,实现央行数字货币跨境交易全天候同步交收(PvP)结算,便利跨境贸易场景下的本外币兑换。

多边央行数字货币桥研究项目将进一步构建有利环境,让更多亚洲及其他地区的央行共同研究提升金融基础设施的跨境支付能力,以解决跨境支付中的效率低、成本高及透明度低等难题。根据研究成果,各参与方将评估多边央行数字货币桥在跨境资金调拨、国际贸易结算及外汇交易中应用的可行性。

资料来源:中国人民银行官方网站

数字货币已经开始涉及经济社会的方方面面,成为我国货币体系的重要组成部分。那么,数字货币技术包括哪些?什么是区块链技术?本章将介绍数字货币技术的相关理论,以解决上述种种问题,方便大家学习思考。

2.1 密码学技术

在互联网时代背景下,人们高度重视信息系统的安全,使用各种密码算法来对信息进行加密、签名等,保证其机密性、完整性和不可否认性,不被轻易篡改和窃取。对于数字货币而言,密码学技术更是实现技术安全和可信的关键要素。本节详细讨论账户与签名数字化、账本完整性保护及私钥机密性保护等内容。

2.1.1 账户与签名数字化

账户与签名数字化是一项重要的计算机安全技术,它的基本作用是保证传送的信息不被篡改和伪造,并确认签名者的身份。盲签名是一种特殊的数字签名。

1. 盲签名

本节以盲签名为例来阐述账户与签名数字化的概念、原理及应用。1983 年,D.Chaum 首先提出了盲签名的概念,盲签名是指签名者并不知道所签文件或消息的具体内容,而文件或消息的所有者又可以签名得到签名人关于真实文件或消息的签名。D.Chaum 曾给出了关于盲签名更通俗易懂的说明:所谓盲签名,就是先将要隐蔽的文件放入信封,再将一张复写纸也放入信封,签名的过程就是签名者将名字签在信封上,他的签名便透过复写纸签到了文件上。

一般来说,一个好的盲签名应该具有以下性质。

(1)不可伪造性:除签名者本人以外,任何人都不能以他的名义生成有效的盲签名。

(2)不可抵赖性:签名者一旦签署某个消息,他无法否认自己对消息的签名。

(3)盲性:签名者虽然对某个消息进行了签名,但他不能得到消息的具体内容。

(4)不可跟踪性:一旦某个消息的签名公开后,签名者不能确定自己何时签署了这条消息。

2. RSA 盲签名方案

1983 年,D.Chaum 设计了基于 RSA 签名体制的盲签名方案。下面为了叙述方便,用 m 代表待签署的消息,Jack 代表签名者,Mary 代表签名的接收者。RSA 盲签名由以下几个部分组成。

(1) 初始化阶段

步骤 1：Jack 随机选取两个大素数 p、q，计算 $n = p \cdot q$，$\phi(n) = (p-1) \times (q-1)$。

步骤 2：Jack 随机选取一个大整数 e，使得 $(e, \phi(n)) = 1$。

步骤 3：Jack 用扩展欧几里得算法计算 d，使之满足 $ed = 1 \bmod (\phi(n))$，即 $d = e^{-1} \bmod (\phi(n))$。$(e, n)$ 是 Jack 的公开密钥，d 是 Jack 的私钥，两个大素数 p、q 由 Jack 秘密保存。

(2) 签名阶段

步骤 1：Mary 选择待签名的消息 $m \in Z_n^*$，随机数 $r \in Z_n$，计算 $m' = mr^e \bmod n$，将 m' 发送给 Jack。

步骤 2：Jack 计算 $s' = (m')^d \bmod n$，将 s' 发送给 Mary。

(3) 脱盲阶段

Mary 计算 $s = s'r^{-1} \bmod n$，s 就是消息 m 的签名。

(4) 验证阶段

判断验证等式 $m = (s)^e \bmod n$ 是否成立，由此可确定签名是否有效。

3. 盲签名技术的应用

盲签名是当前账户与签名数字化技术的重要组成部分之一，有着重要的应用价值和长远的应用前景。现今，已经提出的应用主要集中在电子支付和电子现金两方面。同时，在交易合同的签署、公平电子投票协议方面也有重要的应用。

2.1.2 账本完整性保护

一般来说，区块链的本质是一个分布式存储系统，即所有节点都是存储完整信息的分布式数据库。账本的完整性保护基于区块链共识机制和工作量证明机制。

1. 区块链共识机制

所谓共识机制，就是区块链通过节点的投票，在短时间内完成对交易的验证和确认；对于一笔交易，如果几个利益无关的节点能够达成共识，就可以认为全网都能达成共识。区块链的自信任主要体现在分布在区块链中的用户不必依赖交易的其他部分或集中组织。他们只需要信任区块链协议下的软件系统来执行交易，这种信任的前提是区块链的共识机制，即在相互不信任的市场中，使各节点达成协议的充分必要条件是每个节点应自发、诚实地尊重协议的既定规则，并从自身利益最大化的角度判断交易登记的真实性，最后，判断为正确的记录被记录在区块链中，在确保每一笔记录的真实性后，自然保护了账本的完整性。

就像按时间顺序存储数据的数据结构一样，区块链可以支持不同的共识机制。共识机制是区块链技术的重要组成部分。区块链共识机制的目标是让所有诚实的节点保持一致的区块链视图(总账)，同时满足两个属性。

(1) 一致性：我们所有人保存的区块链前缀部分完全相同。

(2)有效性：一个诚实的节点发布的信息最终会被其他所有诚实的节点记录在自己的区块链中。

比特币之所以采用共识机制，是因为区块链是一个分布式数据库，信息通过 P2P 传输。由于网络延迟(一个节点向不同节点传输信息的时间不一致)的问题，即各个节点观测(数据)顺序(接收)不能完全一致，为避免在窗口时间(新区块从信息中释放出用于最终社区身份验证的时间)因错误信息导致的数据分歧(两个不同的新区块同时在同一区块链数据库中形成)，需要有人验证每个人收到的信息。整个网络(社区)的工作量越大，受益的可能性就越大。最后，发布正确的信息并从整个网络获得认证。

2. 工作量证明机制

比特币的发行(比特币区块链中新区块的创建)意味着我们在争夺"记账"的权力。简言之，这意味着每个人都在一起挖掘。最后，这取决于哪个节点("矿工"或"矿藏")能够获得最快的记账权力。"挖掘"过程是基于区块链——工作量证明技术的共识机制。无论谁拥有较大的工作负载，都将获得更多的好处，并且这个过程需要由整个网络的大多数节点进行身份验证。

工作量证明最初是一种处理拒绝服务攻击和其他滥用服务行为的经济对策。它要求发起者执行一定量的计算，这意味着它需要消耗一定量的计算机时间。简言之，比特币"挖掘"中使用的工作量被证明是占卜数(随机数)。谁先猜，谁就可以发布整个网络的信息。经过社区认证(达成共识后)，最终确定新区块的形成，"矿工"将获得相应奖励。

例如，给定一个基本文本"Hello，world!"，给出的工作负载要求是，可以在此链之后添加一个名为 Nonce 的整数值，以便在更改的链中执行 SHA256 哈希操作。如果结果(以十六进制数形式表示)以"0000"开头，则验证通过。为了实现目标，我们需要不断增加整数并将 SHA256 哈希为新字符串。根据此规则，需要通过 4251 计算来找到前四位为 0 的哈希散列。

如果比特币网络中的任何节点想要生成一个新的区块并将其写入区块链，则必须解决比特币网络产生的工作量测试的数学问题。解决这个问题的关键要素是工作量测试函数，劳动试验函数是计算这一问题的方法，区块确定此问题的输入数据，难度值确定此问题所需的计算量。

(1)比特币系统中使用的工作量证明机制是哈希函数 SHA256。

(2)比特币的区块由区块头及该区块所包含的交易列表组成。在工作量证明过程中，哈希函数 SHA256 的输入数据就是拥有 80 字节固定长度的区块头，即用于比特币工作量证明的输入字符串。因此，为了使区块头能体现区块所包含的所有交易，在区块的构造过程中，需要将该区块要包含的交易列表，通过默克尔树算法生成默克尔树根哈希值，并以此作为交易列表的摘要存到区块头中。

(3)难度值(Difficulty)是"矿工"在挖矿时的重要参考指标，它决定了"矿工"大约需要经过多少次哈希运算才能产生一个合法的区块。比特币的区块大约每 10 分钟生成一个，在不同的全网算力条件下，新区块的产生基本保持这个速率，难度值必须根据全网算力的变化进行调整。简单地说，难度值被设定在无论挖矿能力如何，新区块产生速率都保持在 10 分钟一个。

工作量证明需要有一个目标值。比特币工作量证明的目标值(Target)的计算公式如下：

$$目标值=最大目标值/难度值$$

目标值与难度值成反比。比特币工作量证明的达成就是矿工计算出来的区块哈希值必须小于目标值。

简单来说，比特币"挖矿"的工作量证明机制，就是通过不停地变换区块头——尝试输入不同的随机数(Nonce)以进行 SHA256 哈希运算，找出一个特定格式哈希值的过程(要求有一定数量的前导 0)，而要求的前导 0 的个数越多，难度越大。

2.1.3 私钥机密性保护

私钥机密性保护基于非对称加密过程。现以比特币为例，阐述比特币的非对称加密过程。

所谓的非对称加密(Asymmetric Encryption)是针对对称加密(Symmetrical Encryption)而言的。对称加密采用单钥密码系统的加密方法，同一个密钥可以同时用作信息的加密和解密，也称为单密钥加密。对称加密算法在加密和解密时使用的是同一个秘钥，而非对称加密算法需要两个密钥来进行加密和解密，这两个密钥是指公钥和私钥。

非对称加密的工作过程如下：

(1) B 生成一对密钥(公钥和私钥)并将公钥向其他方公开；

(2) 得到该公钥的 A 使用该密钥对机密信息进行加密后再发送给 B；

(3) B 再用自己保存的另一个专用密钥(私钥)对加密后的信息进行解密，B 只能用其专用密钥(私钥)解密由对应的公钥加密后的信息。

在传输过程中，即使攻击者截获了传输的密文，并得到了 B 的公钥，也无法破解密文，因为只有 B 的私钥才能解密密文。同样，如果 B 要回复加密信息给 A，那么需要 A 先公布 A 的公钥给 B 用于加密，然后 A 再用自己保存的私钥对其进行解密。

为了便于识别和验证信息的完整性，比特币系统通过调用操作系统底层的随机数生成器来生成 256 位随机数作为私钥，由于私钥数量巨大，攻击者无法通过遍历算法获得，因而在密码学上是安全的。

比特币的非对称加密过程如图 2-1 所示。

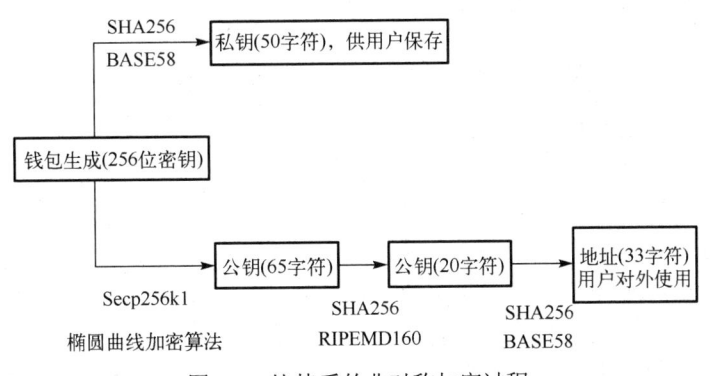

图 2-1 比特币的非对称加密过程

256 位二进制形式的比特币密钥，通过 SHA256 哈希算法和 BASE58 编码转换，形成 50 字符长度、容易识别和书写的私钥供用户保存；而以数字开头的 33 字符长度的比特币地址，以 256 位二进制的比特币密钥开始，先经过椭圆曲线加密算法生成 65 字符长度的随机数公钥，然后将 65 字符的公钥进行 SHA256 和 RIPEMD160 函数的双哈希函数运算生成 20 字符长度的摘要结果——公钥哈希，再经过 SHA256 哈希算法和 BASE58 编码转换形成 33 字符长度的比特币地址。

2.2 区块链技术

区块链是数字货币领域的领先技术之一。近年来，对这一技术的关注和研究呈现出爆炸式增长趋势，一些学者认为这是继大型机、个人计算机、互联网和移动互联网之后计算范式的第五次颠覆性创新，区块链有望彻底重塑互联网等人类社会活动的形式，实现从当前信息互联网到价值互联网的转型。

本章首先总结和分析了区块链的概念起源、类型及技术特点，然后深入分析了区块链的基本技术原理，如共识协议、安全与隐私保护机制、可扩展性与效率、系统(协议)的安全分析与评估。

2.2.1 区块链的概念起源、类型及技术特点

1. 区块链的概念起源

区块链的概念起源于 2008 年由化名为 Nakamoto 的学者在密码学邮件组发表的一篇论文《比特币：一种点对点电子现金系统》，目前，业界还没有公认的区块链定义。从狭义角度来讲，区块链是一种按照时间顺序将数据区块以链条的方式组合成特定数据结构，并以密码学方式保证的不可篡改和不可伪造的去中心化共享总账(Decentralized Shared Ledger)，能够安全存储简单的、有先后关系的、能在系统内验证的数据。广义的区块链技术则是利用加密技术来验证与存储数据，利用分布式公式算法来新增和更新数据，利用运行在区块链上的代码(智能合约)来保证业务逻辑的自动强制执行的一种全新的多中心化基础架构与分布式计算范式。

2. 区块链的类型

现在国际上对于区块链类型的划分并没有明确标准，通常按照三种方法进行划分。
(1) 按照节点准入规则

区块链系统根据应用场景和设计体系的不同，一般分为公有链、联盟链和私有链。三种区块链的区别主要在于节点的准入规则。

公有链的各个节点可以自由加入或退出网络，并参与链上数据的读写，网络中不存在任何中心化的节点。联盟链的各个节点通常有与之对应的实体机构组织，通过授权才能加入与退出网络。各机构组织组成利益相关的联盟，共同维护区块链的正常运转。私有链的各个节点的写入权限由内部控制，而读取权限可视需求有选择性地对外开放。私有链仍然

具备区块链多节点运行的通用结构，适用于特定机构的内部数据管理与审计。上述三种类型的区块链特性如图 2-2 所示。

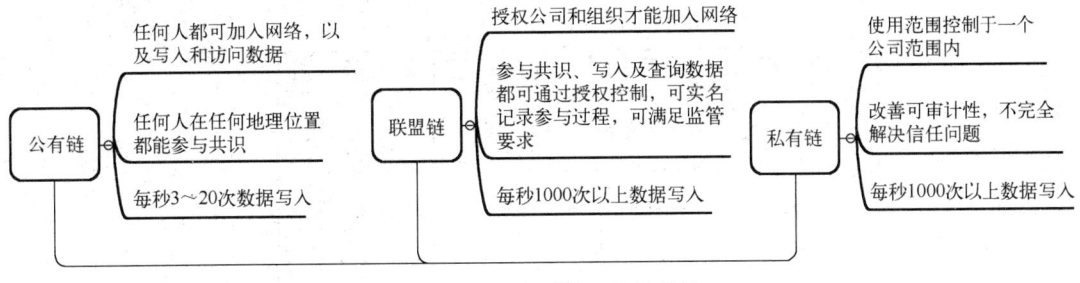

```
                任何人都可加入网络，以          授权公司和组织才能加入网络         使用范围控制于一个
                及写入和访问数据                                                  公司范围内
                                              参与共识、写入及查询数据
                                              都通过授权控制，可实名
        公有链    任何人在任何地理位置    联盟链   记录参与过程，可满足监管   私有链   改善可审计性，不完全
                都能参与共识                  要求                              解决信任问题

                每秒3~20次数据写入           每秒1000次以上数据写入           每秒1000次以上数据写入
```

图 2-2 三种类型的区块链特性

(2) 按照共享目标划分

根据共享目标，区块链可以分为两类：共享账本和共享状态机。比特币是一种典型的共享账本。这个区块链系统在各个节点之间共享一本总账，因此可以方便地对接金融应用。在另一大类区块链系统中，各个节点都共享可完成图灵完备计算的状态机，如以太坊和 Fabric。它们都通过改变状态机共享的状态来执行智能合约，从而完成各种复杂的功能。

(3) 按照核心数据结构划分

根据核心数据结构，区块链分为 DAG(有向无环图)和分布式总账，区块链在系统中实现了以一条区块链作为核心数据结构，如比特币、以太坊、Fabric 等。在 DAG 系统中，新提交的交易需要指向多个旧交易，所有历史交易形成一个有向无环图作为系统的核心数据结构。分布式总账仅基于区块链设计思想，没有真正使用区块链作为核心数据结构。这两种结构在不同的场景和应用中各有优、缺点，技术本身没有高低之分。

3．技术特点

以区块链应用比特币为例，一个完整的区块链系统由数据层、网络层、共识层、激励层、合约层和应用层组成(如图 2-3 所示)。数据层包括底层数据区块和相关技术，如时间戳；网络层包括分布式网络机制、数据传播机制和数据验证机制；共识层主要包括多个共识性算法和协议，以保证节点数据的一致性；激励层将经济因素整合到区块链技术体系中，主要包括经济激励的发行机制、分配机制和相关惩罚机制；合约层主要对各个智能脚本、算法和合约进行分组，它们是区块链可编程特性的基础；应用层包括多个应用场景和区块链案例。

与传统技术相比，区块链具有以下四个优势。

(1) 它很难被篡改，也很安全。在传统的信息系统安全方案中，安全性依赖于一层一层地增强访问机制。高价值数据受到由专用机房、专有网络和全方位的安全软件组成的盾牌的严密保护，API/访问接口是盾牌中打开的一个特殊访问通道，任何人必须通过身份认证才能通过特殊访问通道进入数据库，读取或写入数据，并留下历史记录。

通常有两种方法来保护财产的安全：一是把财产藏起来，只有所有者才能得到它，就像金子一样；二是申报财产并依法背书，作为不动产。传统的安全方案是第一种方法，区块链是第二种方法。通过区块链技术，任何人都可以共享数据库交易。由于巧妙的设计，加上密码学和公式算法，区块链数据日志模式使得修改给定数据记录和更改所有后续数据记录变得非常困难，实践证明，这样的数据库能够保证比特币在全球黑客攻击下稳定运行。

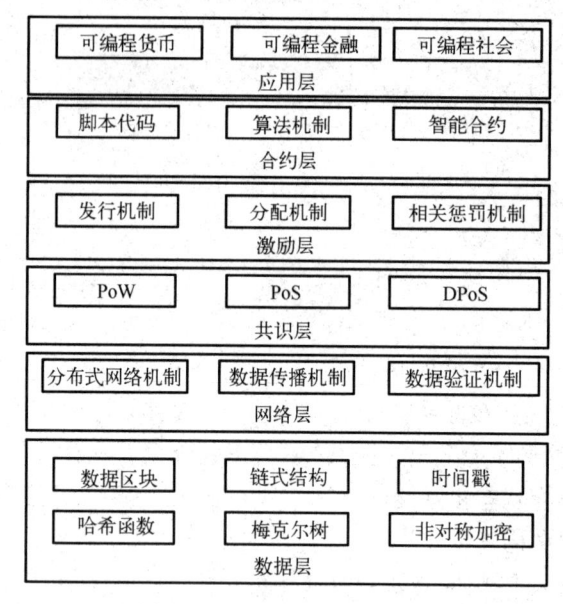

可编程货币	可编程金融	可编程社会
应用层		
脚本代码	算法机制	智能合约
合约层		
发行机制	分配机制	相关惩罚机制
激励层		
PoW	PoS	DPoS
共识层		
分布式网络机制	数据传播机制	数据验证机制
网络层		
数据区块	链式结构	时间戳
哈希函数	梅克尔树	非对称加密
数据层		

图 2-3　区块链系统架构模型

(2) 异构、多活动、高可靠性。从区块链系统的架构来看，每个系统参与方都是一个异地多活节点，远远优于"两地三中心"的冗余，是一个天生的多活系统：每一个全节点将保留数据的完整副本，并且这些数据副本受不同实体控制，通过共识算法，数据保持高度一致。

如果某个节点遇到网络问题、硬件故障、软件错误或受黑客控制，都不会影响系统和其他参与节点。问题节点恢复正常后可以随时加入系统继续工作，正因为整个系统的正常运行不依赖于单个节点，所以每个节点可以有选择地离线进行日常系统维护，同时保证整个系统每天 24 小时的正常运行。

此外，区块链节点通过通信协议逐点进行交互。在保证通信协议一致性的条件下，可以使用不同的编程语言和不同的体系结构处理交易。由此产生的软件的异构环境确保了即使某个软件版本出现故障，区块链的整体网络也不会受到影响，这也是其高可用性的基石。

(3) 满足智能合约和自动执行。智能合约具有透明度和可信度、自动执行和强制执行的优点。然而，正如尼克萨博在 1993 年提出的，智能合约一直停留在概念层面，重要的原因是没有环境支持可靠的代码长时间工作，无法自动强制执行，区块链首次实现了智能合约的理念。

本质上，智能合约是在区块链中工作的一段代码，与服务器上运行的代码没有太大区别。唯一的区别是它具有更高的可靠性。首先，可信是因为智能合约的代码是透明的。对于用户来说，只要他们能够访问区块链，就可以看到已编译的智能合约，并对代码进行验证和审核。其次，智能合约实施环境的可靠性也会受到影响。程序运行的结果不仅与程序的代码有关，还与提供给程序处理的数据有关，因此，除透明度之外，还需要确保数据的一致性和不可篡改性，这是区块链的优势。

因此，一旦区块链实现智能合约，程序代码和数据是公开透明的，不会被篡改，将按照预定义的逻辑执行，产生预期的结果。如果基于代码的智能合约能够被法律系统认可，那么根据程序自动化的优势，就可以通过组合和连接不同的智能合约来实现不同的目标，从而使我们加快向更高效的商业社会迈进。

(4) 网状直接协作机制更加透明。对于大规模多边合作，在应用于区块链之前通常有两种解决方案。

第一种解决方案是在多个主体之间找到一个共同"上级"组织，并通过一个共同的信任中心协调整个组织。这种方法的局限性在于，在某些情况下，很难找到一个所有市场参与者都认可的信任中心。对于一个中心来说，协调问题必须优先考虑，可能无法及时有效地满足所有协作需要。

第二种解决方案是所有参与者通过转让部分权力和共同建立第三方组织来补充合作。这种方法的局限性在于第三方组织往往是独立的。如果第三方组织的营利和管理需求在系统中得不到满足，那么第三方组织可以跨过系统成为所有参与者的真正权力中心。第三方组织成立后，如何吸引新成员，以及如何随着形势的发展调整所有参与者的角色和权力取决于大量的谈判和交易。

区块链提供了不同于传统方法的方法：以点对点的方式连接参与者，由参与者共同维护一个系统，通过共识机制和智能合约表达合作规则，并实施更灵活的合作模式。由于参与者的责任明确，因此无须将权力转移给第三方组织，也无须维持第三方组织信任的成本。作为信任机器，区块链有望成为一种低成本、高效率的新型合作模式，形成范围更广、成本更低的新型合作机制。

区块链作为近年来快速发展的新技术，不断发展和完善，其不足之处主要包括以下三个方面。

(1) 性能低下，需要突破。从目前来看，区块链的性能问题主要体现在产量与存储带宽的矛盾上。

以比特币为例，在公有链中，每秒7笔交易的处理能力远远不能满足整个公司的支付需求；与此同时，随着时间的推移，比特币已经积累了越来越多的交易数据，这对于普通存储的计算机来说是一个巨大的负担。如果我们只是简单地增加数据块大小来提高产量，比特币将很快成为一个只有少数几家大公司可以运行的系统，与去中心化的初衷相反。在比特币、以太坊等公共连锁系统中，上述矛盾是系统设计中最大的挑战。

在联盟链中，由于参与的核算是可选的、可控的，所以最薄弱节点的容量上限不会很低，可以通过投入资源来提高，然后作为共识算法指导更换组件。但是，作为智能合约的基本支撑，联盟链还有其他测试：当智能合约执行时，联盟链会互相调用并读写块数据。因此，交易处理时间尤为重要。节点无法处理或验证并行交易，只能逐个处理或验证，这将限制处理能力。

(2) 必须加强访问控制机制。在现有的公有链中，所有参与者都可以获得完整的数据备份。所有数据应对参与者透明,不允许参与者仅获取特定信息。比特币通过隔断交易地址和地址持有人真实身份的关联,达到匿名效果。所以虽然能够看到每一笔转账记录的发送方和接收方的地址,但是无法对应到现实世界中的具体某个人。对于比特币而言,这样的解决方案也许够用。但如果区块链需要承载更多的业务,如登记实名资产,又或者通过智能合约实现具体的借款合同,这些合同信息如何保存在区块链上,验证节点在不知晓具体合同信息的情况下如何执行合同等,目前业内尚未有成熟方案。而这些问题在传统信息系统中并不存在。

(3)必须利用升级和修复机制。与中心化系统的升级方法不同,在公有链中,由于节点数量很大,参与者的身份是匿名的,因此不可能关闭系统集中升级。公有链社区已经开发了"硬分叉"和"软分叉"等现代化机制,但仍存在一些问题需要观察。此外,由于公有链无法"关停",因此其错误修复也极为困难。如果存在问题,特别是安全漏洞,那么将是非常致命的。

通过放松去中心化的限制,可以解决许多问题。例如,在联盟链这样的多中心系统中,通过关闭系统来升级区块链的底层,或者在必要时提供紧急干预、回滚数据等手段。这些手段有助于控制操作系统风险和纠正错误。对于传统的代码升级,智能合约的可控替换是通过将代码和数据分离,并将智能合约的结构从各个层面结合起来来实现的。

近年来互联网的快速发展及其与物理世界的深度耦合,从根本上改变了现代社会生产、生活和决策管理的方式。可以预见,在未来的中心化和去中心化两极之间将有一个新的领域。几个区块链系统具有不同程度的非中心化程度,将满足不同场景的特定需求。

2.2.2 区块链的基本技术原理

1. 共识协议

共识协议用于在分布式系统中实现可用性和一致性,这是区块链的关键技术。共识协议的主要指标包括共识协议的强壮性(容错能力和容恶意节点的能力)、高效性(收敛速度,即系统达成一致性或"稳态"的速度)和安全性(协议抽象理论模型的安全边界)。代表性协议包括以 PBFT 为代表的 BFT 类共识、以工作量证明/权益证明为代表的中本聪共识、混合共识等。

(1)BFT 类共识

拜占庭容错(Byzantine Fault-Tolerant,BFT)算法是 20 世纪 80 年代为解决所谓的拜占庭将军问题而提出的,最著名的 BFT 算法是 PBFT。PBFT 是一种基于消息传递的一致性算法。在弱同步网络下,PBFT 可以在三个阶段实现一致性,复杂性为 $O(n^2)$。当无法达成一致时,将重复这些步骤,直到合适的时刻。不允许超过 1/3 的恶意节点,即总节点数为 $3k+1$,当超过 $2k+1$ 时,算法可以正常工作。

安德鲁·米勒等人提出的 Honey Badger BFT 改进了 PBFT。其过程由两部分组成:它先使用 N 个二进制协议实例计算结果,再根据结果确定一个公共子集。Honey Badger BFT 可以在不依赖任何关于网络环境的时间假设的情况下达成一致。

随着参与共识节点数量的增加，过热的通信将急剧增加，达成共识的速度将急剧下降，难以支撑规模达数万人的分布式系统。此外，必须首先获得投票权节点才能参与共识。因此，有必要为节点的耦合和退出过程设计额外的机制，这增加了协议的复杂性和实现的难度。

(2) 中本聪共识

比特币通过引入经济激励以共识的方式改变了投票过程，并将账本数据中的所有变化都转变为无限期投票：任何人都可以生成包含交易的区块（增加账本数据）并进行传输。如果其他人同意将区块包括在分类账中，那么他们将把区块的哈希作为自己区块数据的一部分，"确认"区块；对区块的"确认"还包括对该区块之前所有区块的"确认"。投票权重由工作量决定，具有额外工作量/链长的区块获胜。此类共识机制的安全性取决于工作量证明提供的经济激励。

如今，主要的加密货币大部分是纯工作量证明机制（如比特币、莱特币、门罗币等）。工作量证明机制表明，矿工们需要不断计算哈希值并获得合格的输出，然后才能获得创建区块的能力。矿工们需要消耗大量能源才能找到符合条件的哈希，但检查哈希是否正确非常简单和快速，这是设计各种工作量证明算法时要考虑的首要特征。

比特币之后的虚拟币项目为了避免出现专用矿机，开始设计反 ASIC 算法。一种想法是将不同的哈希函数串联起来。例如，DASH 采用的 X11 算法，即从 SHA-3 标准的 24 个候选算法中选取 11 个进行串联使用。然而，串联只会增加 ASIC 芯片设计的难度，而且该算法不具备抗 ASIC 的能力，如已经出现 Scrypt 和 X11 的专属 ASIC 芯片。

另一种想法是设计一种与内存相关的算法，如基于 DAgger-Hashimoto 的 Ethash、基于广义生日悖论的 Equihash 等。这种算法在计算中需要大量内存，内存是一个成熟的产品，没有优化的余地。因此，ASIC 专用芯片与 GPU 或 CPU 相比几乎没有优势。

为了克服工作量证明的高资源消耗和高运营成本问题，还出现了权益证明（Proof of Stake，PoS）共识协议。根据权益证明共识协议，节点获得区块创建权的概率取决于该节点在系统中的权益比例。

PeerCoin 最早提出并实施了权益证明共识协议。PeerCoin 并没有完全抛弃工作量证明机制。每个节点都有自己的工作量证明难度值，币龄是该难度值的计算参数。币龄越大，工作量证明难度越小，计算满足难度的哈希值就越容易。

权益证明共识协议需要用户随时在线，这给应用带来了重大挑战。为了解决这个问题，衍生出了委任权益证明（Delegated Proof of Stake，DPoS）共识。它的主要思想是从整个网络中选择一些节点，以确保这些节点的有效性，然后将权益证明共识引入子节点集合。

BitShares 是第一个采用 DPoS 的区块链。在 BitShares 中，全网节点投票选出 101 名代表，来负责生成区块。此外，这些代表还可以组成一个自治组织，就区块链相关的问题进行投票和表决。

也有一些项目，如 Decred 和 DASH 等使用工作量证明+权益证明共识协议，这允许矿工和货币持有者都参与系统共识，增加 51%攻击的难度，最终进一步提高了系统的安全性和灵活性，增强了系统的共识性和抗自私性。

权益证明共识协议也引起了学术界的极大兴趣，康奈尔大学的 Elaine Shi 等人提出了基于睡眠模型(Sleep Model)的权益证明共识模型,并进行了正式描述和安全性分析。爱丁堡大学的 Aggelos Kiayias 等还设计了一个名为 Ouroboros 的权益证明共识模型,该成果发表在密码学顶级国际会议 Crypto 2017 上。

(3) 混合共识

Elaine Shi 等提出了将中本聪共识与 BFT 类共识有机结合的混合共识方案。在该方案中,通过工作量证明机制形成委员会中心(负责交易验证和区块创建),而该委员会中心的成立最终能否被通过需要 PBFT 和区块共识确认,这就是将中本聪共识与 BFT 类共识有机结合的混合共识方案。

从另一个角度来看,Silvio Micali 等人提出的基于可验证随机函数(VRF)的 Algorand 协议则从另一个角度出发,通过加密抽签的方式随机决定区块创建者后,用加权拜占庭协议达成全网共识,这可以看作是动态多级 BFT 类共识和权益证明验证的混合方案。Algorand 达成共识共有三种情况,以大概率保证了只有唯一的输出,相比基于睡眠模型的权益证明共识模型和 Ouroboros 权益证明共识模型,确定性更好,不容易分叉。

2. 安全与隐私保护机制

安全与隐私保护机制是分布式账本系统中最为核心与关键的组成部分,而密码原语与密码方案是安全与隐私保护机制的支撑技术。在公有链中,安全与隐私保护机制主要包括隐私保护、共识协议安全性、智能合约安全性、数字账户安全(钱包私钥保护)、离链交易安全机制、密码算法的实现安全及升级机制等;在联盟链中,除了上述安全与隐私保护机制,还需包括身份认证与权限管理、可监管性与授权追踪等。下面对隐私保护、数字账户安全、密码算法的实现安全及升级机制、身份认证与权限管理、后量子密码进行详细介绍。

(1) 隐私保护

在公有链中,交易数据、地址、身份等敏感信息必须得到保护,记账节点可以验证操作的合法性;对于联盟链,在建立隐私保护体系的同时,有必要考虑跟踪/监管授权。交易的身份和内容隐私的保护可以通过使用原始有效的密码和方案来实现,如零知识证明、承诺和不可区分证明;基于加密方案的隐私保护机制(如环签名和群签名)和基于分层证书机制的隐私保护机制也是可选方案。可采用高效同态加密方案或安全多方计算方案来实现交易内容的隐私保护,还可采用混合货币机制(混币技术)实现简单的隐私保护。下面具体介绍零知识证明、环签名、混币技术。

① 零知识证明。

Zcash 采用了一种零知识证明技术,称为 zk-SNARK,以确保发送方、接收方和交易金额的机密性,发送方通过全网广播承诺和废弃值进行转账操作。它用于证明承诺和废弃值的合法性,而不透露发送方的身份。

zk-SNARK 有两大特点:简洁性,即验证人只需少量计算即可完成验证;非交互性,也就是说,验证者和验证者之间只需要交换少量信息。zk-SNARK 可以证明所有多项式验证问题。它提供了一种系统方法,可以将任何验证程序转换为多项式验证问题。因此任何复杂的验证问题都可以用 zk-SNARK 解决。

② 环签名。

门罗币使用独特的签名技术来确保交易的隐私,这有两个特点:不可链接性和不可追溯性。

在门罗币中,用户有两对公钥和私钥对,用于生成多个一次性密钥对。这些一次性密钥对用于交易,不能与主要公钥和私钥相关联。进行交易时,发送方需要使用一次性密钥对计算唯一的 key image,然后为环签名选择一个公钥集。验证者可以验证签名的有效性,但无法知道签名者的公钥。节点需要持有一张表来保存历史 key image,否则会出现双花问题。环签名可以增强匿名性,无须与任何第三方的合作。但是,与椭圆曲线签名相比,环签名的长度显著增加,而且签名生成和验证的复杂性也大大增加,这将给网络带来冗余负担。

③ 混币技术。

混币技术是指在混合后产生多个不相关的输出,使外界无法识别数字货币的流向,这是最朴素的匿名技术。

CoinJoin 是一种独立的匿名货币混合技术。用户需要信任第三方来构建具有多个混合条目的交易。Dash 引入了主节点,将 CoinJoin 作为协议的一部分。除了维护网络安全,主节点还提供 CoinJoin 隐私服务。用户可以从主节点请求一轮或几轮混合货币服务。CoinJoin 没有安全风险,即用户资金不会被第三方窃取。但是,该技术不完全匿名,即第三方服务提供商可能知道混币交易的流程。TumbleBit 协议是另一种混币技术。该协议是一种链外渠道的混合货币协议,也需要第三方参与,但是第三方不知道交易的细节,只提供服务。TumbleBit 分为两个子协议:Puzzle Promise Protocol 和 RSA Solver Protocol,这需要发送方、接收方和第三方之间进行多次交互。

(2)数字账户安全

钱包私钥直接关系到数字账户的安全,需要得到充分的保护。数字账户安全可以采用无密钥加密方案和代码混淆技术来实现,攻击者无法提取主要加密算法和密钥信息;或者使用基于口令、身份、生物特征和其他身份验证因素的加密算法来加密和存储密钥;基于可信执行环境的技术方案和辅助硬件也是确保数字账户安全的选项之一。

(3)密码算法的实现安全及升级机制

需确保分布式账本系统中密码算法的实现安全,实现加密算法的安全性包括软件实现的安全性和硬件实现的安全性,以避免密码误用和有效抵抗旁路攻击。

(4)身份认证与权限管理

在联盟链中,需要为不同的节点分配不同的权限,并满足一定程度的监管要求。因此,有必要建立一个安全、高效的身份认证和权限管理机制,可以采用基于生物特征技术的认证机制,也可以采用生物特征与密码学有机结合的高效认证系统,还可以采用基于高效实用的、身份/属性的密码方案实现对节点/用户的细粒度访问控制/权限管理。

(5)后量子密码

量子计算机的出现将对基于传统公钥密码的分布式账本系统构成重大的安全威胁。需要及时采取预防措施,而后量子密码能有效抵抗量子计算。

主要的后量子密码方案包括:基于哈希函数的后量子密码的安全性取决于防碰撞哈希

函数；基于多变量二次方程的后量子密码的安全性依赖于有限域上的多变量二次多项式映射；基于编码理论的后量子密码的安全性依赖于纠错码理论；基于格理论的后量子密码的安全性基于格上的难题。

目前，将后量子密码签名方案应用于分布式账本系统的主要困难是公钥和系统签名的长度太长，这将极大地影响分布式账本系统的性能和效率。此外，基于 LWE 的签名方案中使用的 DGS(离散高斯采样)模块容易受到旁路攻击，因此有必要开发一种安全有效的保护方案。再者，还没有实用的抗量子计算隐私保护机制(如抗量子计算环签名方案、抗量子计算的零知识证明方案等)。

3. 可扩展性与效率

扩展旨在基于分布式账本协议提高区块链整体性能和效率，增加容量或扩展功能。在提高性能和效率方面，常用的方法包括缩短区块生成范围、增加区块大小、采用双层链结构、引入闪电网络、改变区块+链的基本结构、在不影响安全的情况下对数据进行修剪等。就扩展而言，可采用原子交易、侧链协议、链中继协议(如 BTC Relay)等方法。

(1) 性能和效率提升

① 闪电网络。

闪电网络是比特币的链下扩容方案，旨在扩大比特币的交易规模和交易速度。闪电网络的基础在于双方建立的双向微支付通道。HTLC (Hashed Time Lock Contact)定义了该双向微支付通道的基本工作方式。双方转账时，发起人冻结一笔钱并提供一个哈希值。在一定的时间段内，如果有人能给出哈希原像，他们就可以使用这笔钱。在此基础上，两两各自建立一个链下微支付通道，最终可以扩展到链下支付网络，一旦链下网络达到一定规模，用户可以在找到一个拥有大量通道的节点后连接到其他用户，由于不需要上链，因此闪电网络中的交易会立即完成，只有最终清算需要上链。

目前，比特币和莱特币均已支持闪电网络。然而，在闪电网络方案中，链下网络的建立及路由协议还存在较大不足，伊利诺伊大学香槟分校 Andrew Miller 等提出了一种新型的闪电网络协议，进一步优化提升了闪电网络在链下建立网络及路由方面的性能和效率。

② 采用 DAG 数据结构。

比特币将交易批量打包成块，块间以哈希指针串联成链，这样的区块+哈希链式的数据结构为后续大多数区块链项目所借鉴。

当比特币面临处理能力有限、存储负担重、确认时间长等扩展性瓶颈时，业界提出的方案除在区块链的基础结构上引入分层分片的架构调整外，也有一部分方案将目光瞄准了区块链这一基础数据结构，尝试引入 DAG 并匹配相应的共识机制解决交易安全问题。

DAG 方向上的典型项目包括 IOTA 和 ByteBall。

在 IOTA 中，每个交易在被创建之前，交易创建者需验证系统中的两笔交易(且将这两笔交易的哈希值包含在新产生的交易中)，并计算一个比较简单的工作量证明问题(根据问题的解答可确定该交易的权重)。IOTA 共识机制是基于交易累计权重(交易权重加上直接和间接验证该交易的所有交易权重之和)的，当某个交易的累积权重超过某个阈值时，便可认为该交易获得了确认。

在 ByteBall 中,每个交易在创建时,需引用系统中的两笔或多笔交易(验证并将这些交易的哈希值包含在新产生的交易中,被引用的交易称为父节点)。ByteBall 共识机制通过确定交易节点的主链(MC)、确定系统的当前主链(Current MC)、确定系统的稳定点(稳定点之前的交易获得了确认)三个步骤来完成,共识协议基于少量可信节点和稳定点推进策略。

基于 DAG 技术的共识机制虽然可以较大程度地提升系统性能,但是该技术尚未经过较为充分的理论与实践论证,且其共识机制尚存在安全问题(例如,在 IOTA 中,系统的安全性较大程度依赖于交易频率;在 ByteBall 中,其"共识机制"中的稳定点推进策略尚存在算法漏洞,且 ByteBall 系统过于依赖少量的 Witness 节点,等等)。

③ 采用双层链结构。

Bitcoin-NG 采用了双层链结构,其主要思想是:矿工解决哈希难题并由此创建的区块称为 keyBlock,创建 keyBlock 的矿工在下一个 keyBlock 出现之前每隔一小段时间可以发布一个 microBlock。系统的安全性和健壮性建立在 keyBlock 的工作量证明机制上,而系统的交易吞吐量则通过 microBlock 的频繁发布得以显著提高。

然而,在 Bitcoin-NG 中存在两个安全隐患:一是不能有效阻止自私挖矿,二是当某个矿工创建 keyBlock 之后,他可以在短时间内发布大量的 microBlock,从而引发系统大量分叉并最终对共识机制的收敛性造成很大影响,同时也大大加重了系统的通信负荷。

④ Mimble Wimble。

Mimble Wimble 技术删除交易中所有已花费的输出,可以有效压缩区块数据的大小。Mimble Wimble 使用单向聚合签名(OWAS)对金额进行隐藏,其隐藏公式为 $C = r \times G + v \times H$,其中 C 是 Pedersen Commitment,G 和 H 是与椭圆曲线加密函数(ECDSA)生成的无关的固定值,v 是金额,而 r 是一个秘密的随机盲密匙(Random Blinding Key)。此后,需要通过 Range Proof 证明输出在正常的取值范围内。用户不需要遍历整个区块链,只需要验证整个区块链的输入之和与未花费的输出之和是否相等,依次证明整条区块链是正确的。因此,用户可以删除所有已花费的输出,来有效压缩区块数据的大小。除此之外,Mimble Wimble 还提供一定的隐私和扩展性,但该方案无法支持复杂的比特币脚本。

(2) 系统扩容或功能扩展

由于不同区块链的结构设计基本是不同的,因此它们无法互通。当不同区块链上的数字货币需要进行交换时,就需要一种公平的协议保证此过程的进行。原子交易正是这样一种协议,它不需要对原链协议进行修改或扩展。只要两条链都支持 HTLC,那么就可以使用原子交易进行数字货币的公平交换。在原子交易中,两条链上各有两笔交易,总共有四笔交易来保证交换的进行。双方各自使用一个 HTLC 合约。将数字货币输出到一个分支输出中。当一方揭露分支输出中所设置的哈希值原像后,另一方就可以马上使用另一笔输出。如果哈希值原像迟迟没有被揭露,那么到达时间后,双方都可以从该输出取回数字货币。在原子交易里没有对手风险,交易要么成功,要么失败,没有任何一方会损失或获益。

4．系统(协议)的安全分析与评估

在区块链系统(协议)的安全分析与评估中，一方面，需要对已有的共识协议建立抽象理论模型，并基于该模型研究共识协议的安全性；另一方面，需要研究在不同攻击方法(或场景)下区块链系统的安全性。例如，分别在高同步性、高异步性网络条件下，基于合理的困难问题假设、攻击者的计算能力、攻击类型及方法等建立相应的统计分析模型，给出共识协议能有效抵抗相应攻击的安全界；需分析在激励机制失效下系统的安全性；需对系统中密码方案的软硬件实现进行安全分析等。

(1) 自私挖矿

传统观点认为比特币是有激励相容机制的，即没有人可以通过损害集体利益去实现自己利益的最大化。但自私挖矿(Selfish Mining)的提出证明了这种观点是不完全正确的。在矿工是追求最大化利益的理性者的条件下，只要矿池能控制全网超过 1/3 的算力，就能发起自私挖矿攻击，获取更大的收益，并对网络安全造成威胁。我们将矿工分成自私矿池中的自私矿工和诚实矿工。自私挖矿策略大致如下。

① 自私矿工不公开挖到的块，产生秘密分支。这时诚实矿工还会基于较短的公开分支挖矿。

② 自私矿工选择性地公开秘密分支上的区块，从而导致诚实矿工抛弃较短的公开分支，基于秘密分支计算最新的块，通过这样的做法来浪费诚实矿工花费在公开分支的算力，使得自私矿池获得高于全网算力比例的收益。当自私矿工所在的矿池占总网算力的 1/3 时，其获得的收益会大于相对算力。于是理性矿工会源源不断地加入自私矿池，最终导致矿池算力超过总网络的 50%。

自私挖矿的分析基于理性者条件的假设，但现实中人往往不是完全理性的，且存在多方博弈，因此实现自私挖矿攻击还存在一定的难度。

(2) 分区攻击

在 P2P 网络里，只要控制一定数量的节点，就可以进行日食攻击(Eclipse Attack)，从而发起 51% 攻击，控制整个网络。这是一种分区攻击。假设网络中只有三个节点在挖矿，其中两个分别拥有 30% 的全网算力，剩余一个拥有 40% 的全网算力。如果攻击者可以控制拥有 40% 算力的节点，则他可以隔离其他两个节点，使其无法达成共识。最终的结果是，攻击者所生成的链会经共识成为最终的区块链。因此在分区攻击下，攻击者不需要拥有超过一半的算力，就可以发起 51% 攻击。发起这种攻击的前提条件是，被隔离节点链接到的所有节点都受攻击者控制。在网络规模不大时，这比较容易实现。

(3) 大数据分析

区块数据在全网都是公开的，因此可以很容易地对它们进行分析。Kumar Amrit 等通过对门罗币历史区块数据的分析，得到了如下结果。

① 65% 以上的输入会产生级联影响，22% 的交易会被追踪到。

② 来自同一交易的输出在下次交易时通常会聚合在一起。

③ 匿名集中最近发生的输出很可能就是真实被花费的输出。

因此，尽管门罗币具有良好的匿名特性，但通过数据分析，还是有超过半数的交易被追踪并分析出来。这说明系统的参数选择和用户的使用习惯也会导致隐私暴露。

(4) 共识协议的抽象理论模型的安全性分析

Aggelos Kiayias 等构建了比特币的工作量证明协议的抽象理论模型，并借鉴密码学中可证明安全的思想证明了该抽象理论模型的安全性；Elaine Shi 等提出了基于睡眠模型的权益证明共识模型，并对其进行了形式化描述和安全性分析，证明了该共识模型在分布式环境下有良好的健壮性。

本 章 小 结

数字货币是一种不受管制的、数字化的货币，由开发者发行和管理，被特定虚拟社区的成员所接受和使用。数字货币已经开始涉及经济社会的方方面面，成为货币体系的重要组成部分，其主要涉及密码学技术和区块链技术。其中，密码学技术讲述了账户与签名数字化、账本完整性保护及私钥机密性保护，而区块链技术主要讲述了它的概念起源、类型、技术特点以及基本技术原理。正是由于区块链具有去中心化、分布式点对点交易账本、不可篡改、可溯源、公开透明、匿名性等特性，数字货币才成为最成功的依靠其技术本身落地的应用之一。

近年来，数字货币快速发展并在全世界形成热潮，超越了电子货币和虚拟货币的成就，创造了许多的造富神话，这是全世界有目共睹的，能够有如此不凡的成就，与数字货币本身的特征有非常大的关系，如其具有全球性、专属所有权、无隐藏成本、跨平台、交易费用低、非中心化等特征。

关 键 术 语

数字货币技术；密码学技术；区块链技术

思 考 题

1. 什么是数字货币？数字货币技术包括哪些？
2. 简述 RSA 盲签名的生成过程，并说明盲签名可应用于哪些领域。
3. 分别阐述区块链技术的概念起源、类型及技术特点。
4. 简述区块链的基本技术原理。
5. 根据区块链的特点及技术原理，试分析区块链技术可以应用于哪些领域。

案例分析

央行数字货币：货币体系的新机遇

货币体系的基础源自人们对货币的信任。由于央行能提供最终的记账单位，所以这种信任是人们对央行的信任。正如法律体系和其他基础性国家职能一样，央行产生的这种信任具有公共产品的属性，且是整个货币体系的基础。央行在批发和零售的支付系统中都发挥着重要作用。央行通过银行储备为银行提供最终的支付手段，为公众提供高度便利的支付手段。

央行在货币体系中的主要职能为如下四种：第一，央行在货币体系中提供记账单位；第二，央行以自己的资产负债表作为最终的结算手段，确保批发支付的终结性手段；第三，保证支付系统的顺畅运转；第四，监督支付系统的完整性，同时维护一个公平竞争的环境。

各国央行位于金融部门和支付系统快速转型的中心。加密货币、稳定币和大科技公司的"围墙花园生态系统"等创新都倾向于与支撑支付系统的公益要素相对抗。它产生的最终结果不仅取决于技术水平，也取决于基础市场结构和数据治理的框架。

当前，世界各地的央行都在努力保障公众对货币和支付的信任。为了塑造未来的支付系统，它们正在全力开发零售型和批发型央行数字货币（Central Bank Digital Currency，CBDC）。CBDC具有终结性、流动性和完整性的特点，它可以构成一个高效的新数字支付系统的基础，因为它可以实现广泛的访问，并能够提供完善的数据治理和隐私标准。为了充分发挥CBDC的潜力，实现更有效的跨境支付，国际合作是至关重要的。在CBDC设计上的合作也将为央行在对抗外汇替代并加强本国货币的货币主权上开辟新的路径。

参 考 文 献

[1] 姚前. 法定数字货币的理论与技术逻辑：货币演化与央行货币发行创新[EB/OL]. [2017-9-27]. https://www.hxedu.com.cn/hxedu/w/inputVideo.do?qid=5a79a01881d257e50181d67b1af137cd.

[2] 姚前，汤莹玮. 关于央行法定数字货币的若干思考[J]. 金融研究，2017(07)：78-85.

[3] 姚前. 全球央行数字货币研发的基本态势与特征[J]. 中国经济报告，2021(01)：53-61.

[4] 姚前. 数字货币初探[M]. 北京：中国金融出版社，2018.

[5] 龙白滔. 数字货币：从石板经济到数字经济的传承与创新[M]. 北京：东方出版社，2020.

[6] 钟伟. 数字货币：金融科技与重构[M]. 北京：中信出版社，2018.

[7] 黄光晓. 数字货币[M]. 北京：清华大学出版社，2018.

[8] 刘志洋. 区块链发展现状及安全风险防范策略研究[J]. 信息记录材料，2021，22(06)：213-215.

[9] 尹婷，赵思佳. 区块链关键技术及其应用研究[J]. 经济师，2021(08)：43-45.

[10] 雷元娜，徐海霞，李佩丽，等. 区块链共识机制中随机性研究[J]. 信息安全学报，2021，6(03)：91-105.

[11] 陈丽燕. Hash-RSA盲签名的数字货币方案[J]. 计算机时代，2021(06)：52-56.

[12] 李朝阳. 基于区块链的分布式系统隐私保护方法研究[D]. 北京：北京邮电大学，2021.

[13] 高昊昱，李雷孝，林浩，等. 区块链在数据完整性保护领域的研究与应用进展[J]. 计算机应用，2021，41(03)：745-755.

[14] 段思琦. 区块链信息安全关键技术研究[D]. 北京：北方工业大学，2021.

[15] 郭上铜，王瑞锦，张凤荔. 区块链技术原理与应用综述[J]. 计算机科学，2021，48(02)：271-281.

[16] CLARK J, MEIKLEJOHN S, RYAN P Y A, et al. Financial Cryptography and Data Security[M]. Berlin: Springer, 2016.

[17] SAUVERON D, MARKANTONAKIS K, BILAS A, et al. Information Security Theory and Practices. Smart Cards, Mobile and Ubiquitous Computing Systems[M]. Berlin: Springer, 2007.

[18] SAINI K, KHARI M. Handbook of Green Computing and Blockchain Technologies[M]. Boca Raton: CRC Press, 2021.

[19] ALAM N, ALI S N. Fintech, Digital Currency and the Future of Islamic Finance[M]. New York: Palgrave Macmillan, 2021

[20] YEUNG B. Digital Currency Economics And Policy[M]. Singapore: World Scientific Publishing Company, 2020.

[21] HU X M, CHEN F S, MA C T, et al. Comment on Security and Improvement of Partial Blind Signature Scheme and Revocable Certificateless Signature Scheme[J]. Journal of Physics, 2021, 1827(1).

[22] HAUNTS S. Applied Cryptography in .NET and Azure Key Vault[M]. Berkeley: Apress, 2019.

第3章 数字货币运行架构

【学习目标】

1. 了解比特币、以太币和天秤币等私人数字货币的运行架构。
2. 了解国外法定数字货币的实验成果,包括英国、加拿大、日本与欧盟。
3. 了解中国数字货币的运行架构,熟悉双层架构和"一币、两库、三中心"具体指什么。

【能力目标】

1. 掌握国外法定数字货币推行成功的经验。
2. 运用国外成功经验,推动我国数字货币发展。

【思政目标】

1. 理解国外法定数字货币的实验成果对我国数字货币发展的启示。
2. 理解数字货币在我国"一带一路"倡议中发挥的重要作用。

【知识架构】

```
                    ┌─ 私人数字货币的运行架构 ─┬─ 比特币运行架构
                    │                         ├─ 以太币运行架构
                    │                         └─ 天秤币运行架构
数字货币运行架构 ───┤
                    │                         ┌─ 中国数字货币运行架构
                    │                         ├─ 英国数字货币运行架构
                    └─ 法定数字货币的运行架构 ─┤
                                              ├─ 加拿大数字货币运行架构
                                              └─ 日本与欧盟数字货币运行架构
```

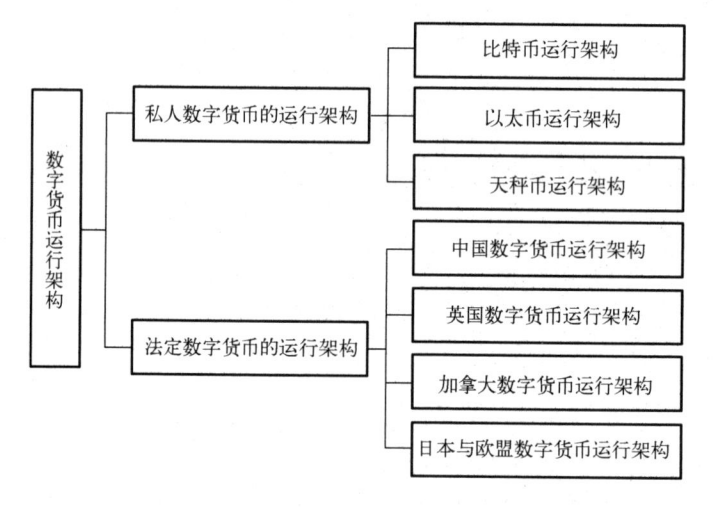

【导入案例】

中国人民银行数字货币研讨会在京召开

2016年1月20日,中国人民银行数字货币研讨会在北京召开。来自中国人民银行、花旗银行和德勤公司的数字货币研究专家分别就数字货币发行的总体框架、货币演进中的国家数字货币、国家发行的加密货币等专题进行了研讨和交流。有关国内外科研机构、重要金融机构和咨询机构的专家参加了会议。

会议指出，随着信息科技的发展以及移动互联网、可信可控云计算、终端安全存储、区块链等技术的演进，全球范围内支付方式发生了巨大的变化，数字货币的发展正在对央行的货币发行和货币政策带来新的机遇和挑战。中国人民银行对此高度重视，从2014年起就成立了专门的研究团队，并于2015年年初进一步充实力量，对数字货币发行和业务运行框架、数字货币的关键技术、数字货币发行流通环境、数字货币面临的法律问题、数字货币对经济金融体系的影响、法定数字货币与私人发行数字货币的关系、国际上数字货币的发行经验等进行了深入研究，已取得阶段性成果。

会议认为，在我国当前经济新常态下，探索央行发行数字货币具有积极的现实意义和深远的历史意义。发行数字货币可以降低传统纸币发行、流通的高昂成本，提升经济交易活动的便利性和透明度，减少洗钱、逃漏税等违法犯罪行为，提升央行对货币供给和货币流通的控制力，更好地支持经济和社会发展，助力普惠金融的全面实现。未来，数字货币发行、流通体系的建立还有助于我国建设全新的金融基础设施，进一步完善我国支付体系，提升支付清算效率，推动经济提质增效升级。

会议要求，中国人民银行数字货币研究团队要积极吸收国内外数字货币研究的重要成果和实践经验，在前期工作基础上继续推进，建立更为有效的组织保障机制，进一步明确央行发行数字货币的战略目标，做好关键技术攻关，研究数字货币的多场景应用。数字货币的设计应立足经济、便民和安全原则，切实保证数字货币应用的低成本、广覆盖，实现数字货币与其他支付工具的无缝衔接，提升数字货币的适用性和生命力。

中国人民银行在推进数字货币研究工作中，与有关国际机构、互联网企业建立了沟通联系，与国内外有关金融机构、传统卡基支付机构进行了广泛探讨。参与研讨的国内外人士高度重视此项工作，并就相关的理论研究、实践探索及发展路径与中国人民银行系统的专家进行了深入交流。

资料来源：中国人民银行官方网站

目前，各国积极投身于数字货币的研究工作中，对此，中国人民银行也给予了高度重视。那么，私人数字货币的运行架构是什么？法定数字货币的运行架构又是什么？本章将具体介绍数字货币的运行架构，以解决上述种种问题，方便大家学习思考。

3.1 私人数字货币的运行架构

3.1.1 比特币运行架构

2009年1月3日，中本聪开发出首个实现了比特币算法的客户端程序，并进行了首次"挖矿"，在位于芬兰赫尔辛基的一个小型服务器上，创建了比特币区块链的第一个区块——后被人们尊称为创世区块（Genesis Block），并获得了 50 个比特币的奖励。创世区块是比特币区块链里所有区块的共同祖先，这意味着比特币系统中任何一个区块，循链向后回溯，最终都将到达创世区块。

创世区块的创建标志着数字货币金融体系的正式诞生。比特币从诞生之日起，就不断引起全球货币金融体系的关注，比特币的技术基础、发行方式和交易方式等都构成了数字货币发展的基础架构，而比特币的市场行情则成为全球数字货币发展的一个风向标。

比特币的区块链业务流程就是在创世区块的基础上，通过交易、认证和挖矿记账的三大环节搭建起来，并不断增长发展的。

交易环节就是比特币区块链的不同"节点"间的交易行为，通过非对称加密算法赋予的"公钥"（Public Key）和"私钥"（Private Key）等一套加密体系来确定比特币的归属和流通。

认证环节就是比特币区块链的各个"节点"通过对交易数据进行验证，来确定交易的完成，并等待全网节点进行挖矿记账确认。

挖矿记账环节就是通过"挖矿"发行新的比特币。"挖矿"的实质就是通过区块链的共识机制来创建新的比特币区块链，使得整个区块链可以不断增长，而比特币则是对区块链的节点创建新区块的奖励。需要指出的是，比特币区块链的创建其实是在一个算法体系下计算特解（求一个随机数，使其满足特定的条件，符合条件则得解），最先得解的节点通过后续 6 个区块的验证后，即获得在分布式账本上记账的权力。

1. 系统概述

比特币系统是一个分布式的点对点网络系统，网络中的矿工通过"挖矿"来完成对交易记录的记账过程，维护账本安全和系统的正常运转。

比特币系统通过区块链网络提供一个公共可见的账本，用来记录交易历史。每笔新的交易记录需广播到比特币网络中，经矿工节点打包进区块后才成为有效交易。每个交易包括一些输入和输出，未经使用的交易的输出（Unspent Transaction Outputs，UTXO）可以被新的交易引用作为合法的输入。一笔合法的交易，指引用某些已存在交易的 UTXO，作为交易的输入，并生成新的输出的过程。在交易过程中，付款方需要通过签名脚本来限定未来对本交易的使用者为收款方。对每笔交易，付款方需要进行签名确认。并且，对每笔交易来说，总输入不能小于总输出。交易的最小单位是"聪"，即 0.00000001 比特币。

图 3-1 给出了比特币运行框架的概述图。我们可以看到比特币系统由用户（用户通过密钥控制钱包）、交易（每笔交易都会被广播到整个比特币网络）和矿工（通过竞争计算生成在每个节点达成共识的区块链，区块链是一个分布式的公共权威账簿，包含了比特币网络发生的所有的交易）组成。

2. 比特币钱包和地址

比特币的所有权是通过数字密钥、比特币地址和数字签名来确立的。数字密钥实际上并不存储在网络中，而是由用户生成并存储在比特币钱包中的，且由用户通过钱包软件进行管理。用户使用密钥来实现对比特币的所有权和支付行为的确认。

第3章 数字货币运行架构

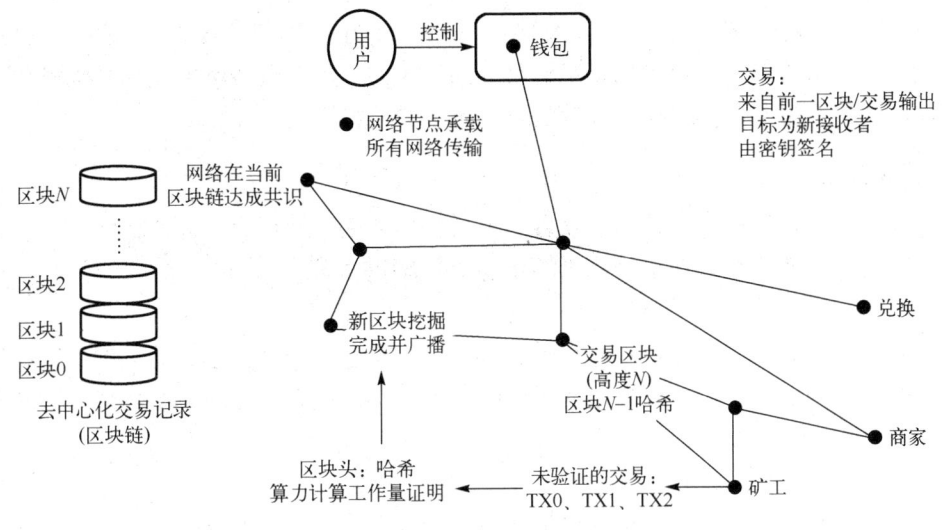

图 3-1 比特币运行框架的概述图

每笔比特币交易都需要一个有效的签名才可存储在区块链。只有有效的数字密钥才能产生有效的数字签名，因此拥有比特币的密钥副本就拥有了该账户的比特币控制权。密钥是成对出现的，由一个私钥和一个公钥组成。公钥就像银行账号，而私钥就像控制账户的 PIN 码或支票的签名。比特币的用户很少会直接看到数字密钥，一般情况下，它们被存储在钱包文件内，由比特币钱包软件进行管理。

(1) 私钥和公钥

私钥就是一个随机选出的数字。一个比特币地址中的所有资金的控制权取决于相应私钥的所有权和控制权。私钥必须始终保持机密，因为一旦被泄露给第三方，相当于该私钥保护之下的比特币也拱手相让了。私钥还必须进行备份，以防意外丢失，因为私钥一旦丢失就难以复原，其所保护的比特币也将永远丢失。

具体来说，私钥是一个随机生成的 256 位二进制数，位于 1 和 n 之间（是比特币系统使用的椭圆曲线的阶）。

通过椭圆曲线乘法可以从私钥计算得到公钥，这是不可逆转的过程。其中，k 是私钥，G 是椭圆曲线点群的生成元，而 K 是所得公钥。

(2) 比特币地址

比特币地址是由公钥经过两次哈希运算后得到的 20 字节的数据，再经过 Base58Check 编码后生成的。

(3) 钱包

钱包是私钥的容器，通常通过有序文件或者简单的数据库实现。钱包的类型如下。

非确定性钱包：它仅仅是随机生成的私钥的集合。由于重复使用同一个地址会降低隐私的安全，因此一个用户可能会需要生成许多的私钥，对应许多不同的公钥，这样就能有多个不同的比特币地址。在非确定性钱包中，每生成一份新的私钥，就要保存一份备份。否则一旦丢失，对应地址的比特币就无法找回。

分层确定性钱包：为了避免保存多个密钥，比特币开发团队在 BIP32 中提出了分层确定性钱包(HD Wallet)的解决方案。这种钱包的私钥不是由随机熵源直接生成的,而是由随机种子经过单向哈希函数衍生出的。私钥又能通过单向哈希函数继续衍生出新的子私钥,子私钥能继续衍生出新的孙私钥,以此类推,可以产生出无穷的私钥。

3. 交易流程

比特币交易结构中含有比特币交易参与者价值转移的相关信息。每个比特币交易都是在比特币区块链上的一个公开记录。比特币的交易流程如下。

(1) 创建交易

比特币合法交易的创建需要资金所有者签名。如果它是合法创建并签名的,则该笔交易现在就是有效的,它将被广播到比特币网络并被传送,直至抵达下一个登记在公共总账簿(区块链)的挖矿节点。

(2) 发送交易至比特币网络

比特币网络是一个点对点网络,这意味着每一个比特币节点都连接到一些其他的比特币节点(这些其他的比特币节点是在启动点对点协议时被发现的)。一旦一笔比特币交易被发送到任意一个连接至比特币网络的节点,这笔交易将会被该节点验证。如果交易被验证有效,则该节点会将这笔交易传播到这个节点所连接的其他节点;同时,交易发起者会收到一条表示交易成功的返回信息。如果这笔交易被验证为无效,则这个节点会拒绝接受这笔交易且同时给交易发起者返回一条交易被拒绝的信息。

(3) 交易的传播

每一个收到交易的比特币节点将会首先验证该交易,确保只有有效的交易才会在网络中传播,而无效的交易将会在第一个节点处被废弃。

每一个节点在校验每一笔交易时,都需要对照一系列的标准,如交易的语法和数据结构必须正确、输入与输出列表都不能为空、交易的字节大小是小于 MAX_BLOCK_SIZE 的等。这种交易节点包含全部交易信息、可独立完成验证的方式,称为全节点验证。

如果节点受条件限制无法保存全量区块链信息,则可以选择只保存区块头信息,通过简易支付验证(Simplified Payment Verification,SPV)的方式使节点参与验证,这样的节点就是 SPV 节点。由于 SPV 节点不保存完整的区块链信息,故不能独立地进行验证。SPV 节点采用的是"支付验证"的方式,只判断用于"支付"的那笔交易是否存在于某个区块,并得到了多少算力的保护(多少确认数)。

(4) 交易的结构

一笔比特币交易是一个含有输入值和输出值的数据结构,该数据结构植入了将一笔资金从初始点(输入值)转移至目标地址(输出值)的代码信息。图 3-2 为比特币交易数据的数据结构。

比特币交易的基本单位是未经使用的一个交易输出,简称为 UTXO。UTXO 是不能再分割、被所有者锁住或记录于区块链中的并被整个网络识别成价值单位的一定量的比特币。比特币网络检测着以百万计的所有可用的(未花费的)UTXO。当一个用户接收比特币时,金额被当作 UTXO 记录到区块链里。这样,一个用户的比特币会被当作 UTXO 分散到数百个交易和数百个区块中。

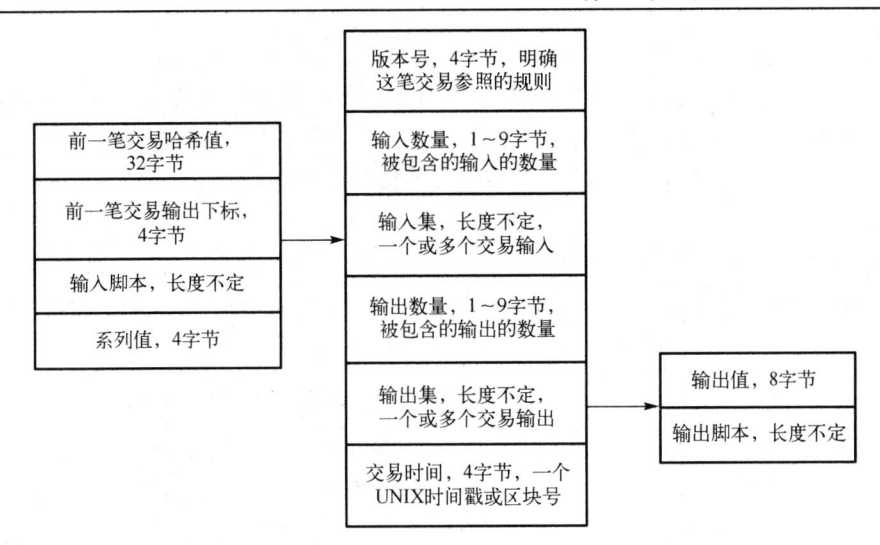

图 3-2 比特币交易数据的数据结构

被交易消耗的 UTXO 被称为交易输入，由交易创建的 UTXO 被称为交易输出。

交易输入是指向 UTXO 的指针。想要使用 UTXO，还必须提供与锁定脚本匹配的解锁脚本。通常来说，解锁脚本是一个使用者的签名，用来证明对这份 UTXO 的所有权。

交易输出一般会创造一笔新的 UTXO。也就是说，给某人发送比特币实际上是创建新的 UTXO 到这个人的地址，并能被他在以后使用。

每一个全节点比特币客户端，在一个储存于内存中的数据库中保存全部的 UTXO，该数据库也被称为"UTXO 集"或者"UTXO 池"。新的交易从 UTXO 集中消耗（支付）一个或多个输出。

通过这种方式，一定量的比特币价值在不同所有者之间转移，并在交易链中消耗和创建 UTXO。一笔比特币交易通过使用所有者的签名来解锁 UTXO，并通过使用新的所有者的比特币地址来锁定并创建 UTXO。

4．区块和区块链

区块链是由包含交易信息的区块从后向前有序链接起来的数据结构，它可以被存储在文件系统或数据库中。比特币核心客户端 Google 的 LevelDB 数据库存储区块链元数据。区块在区块链中的位置可通过"高度"来表示，它代表当前区块与首位区块之间的距离。区块是交易信息的集合，它由包含元数据的区块头和构成区块主体的交易构成。

在区块中，区块头信息的哈希值是下一个新区块的哈希值的参考目标数；父区块的哈希值，用来与该区块的父区块形成链接；区块中第二组数据是难度、时间戳和随机数（Nonce），与挖矿和工作量证明相关；区块中第三组数据是 Merle 树根，用来有效地总结区块中的交易；区块中第四组数据详细记录了该区块中所有的交易记录。

5．"挖矿"

"挖矿"是一种竞争性共识机制。矿工们通过反复尝试求解一种基于哈希算法的数学难题来竞争获得记账权,这一过程被称为"工作量证明"。成功求解的矿工会获得区块写入的权力并得到两种类型的奖励:创建新区块的新币奖励,以及该区块中所含交易的交易费。该算法的竞争机制构成了比特币安全的基石。比特币系统通过"挖矿"过程的分布式确认、校验及全网收敛到工作量最大的区块链来保证全局状态的一致性,从而实现了去中心化条件下的分布式共识。

这一共识过程由以下几个步骤构成。

步骤1:节点独立验证交易。交易的独立校验详见3.1.1节关于交易流程的内容。

步骤2:构成区块。验证交易后,"挖矿"节点会将这些交易添加到自己的内存池中,区块中的第一笔交易是一笔特殊交易费,称为创币交易或者 Coinbase 交易。这个交易是由挖矿节点构造并用来奖励矿工所做的贡献的。新构成的区块成为候选区块。而后,矿工不断更换区块头的填充随机数并计算这个区块头信息的哈希值,看其是否小于当前目标值。如果小于,则表示构建区块("挖矿")成功,准备写入账本。

矿工在尝试挖掘新区块的同时,也监听着网络上的交易,当从比特币网络收到当前区块的消息时,"挖矿"节点停止当前的证明,准备下一个候选区块。

步骤3:校验新区块。当一个矿工成功构建一个区块后,他立刻将这个区块发给所有相邻节点,这些节点在接收并验证这个新区块后,也会继续传播此区块。当这个新区块在网络中扩散时,每个节点都会将它加到自身节点的区块链副本中。

每一个节点在将收到的区块发到其他节点之前,会进行一系列的测试去验证区块的正确性,确保只有有效的区块在网络中传播。节点对该区块进行验证,若没有通过验证,则这个区块将被拒绝。检查的标准包括区块的数据结构和区块包含的交易合法有效、区块头信息的哈希值小于目标难度(确认包含足够的工作量证明)等。

步骤4:将区块添加到区块链中。一旦一个节点验证了一个新的区块,它就会尝试将新的区块链接到累积了最大工作量证明的区块链中。

3.1.2 以太币运行架构

1. 系统概述

以太坊致力于实现一个不停机、抗屏蔽的去中心化应用(DApp)的部署和运行平台,以太币是以太坊平台的原生代币,去中心化应用的运行需要支付以太币。相比比特币脚本,以太坊内置的图灵完备虚拟机具有运行任何应用的能力,开发者可使用专用的编程语言创建各种智能合约,开发包括支付、众筹、域名、资产交易、基金管理、云存储、博彩、网络游戏等在内的各种去中心化应用。运行在以太坊上的以智能合约为核心的各种应用开放性好、标准化程度高、容易拓展,应用间可协同增效,形成良好的生态环境。

以太坊采用五层架构来实现,如图3-3所示。

(1)智能合约层

智能合约赋予账本可编程的特性,以太坊通过专用虚拟机 EVM 运行智能合约代码。去中心化应用的核心业务逻辑通过智能合约实现,结合前端的静态页面和其他内容资源共同构成一个完整应用。

第 3 章 数字货币运行架构

```
┌─────────┬──────────────┬──────────────┐
│ 智能合约层 │  专用虚拟机   │  去中心化应用  │
└─────────┴──────────────┴──────────────┘
┌─────────┬──────────────┬──────────────┐
│  激励层  │   发行机制    │   分配机制    │
└─────────┴──────────────┴──────────────┘
┌─────────┬──────────────┬──────────────┐
│  共识层  │ 工作量证明机制 │ 权益证明机制  │
└─────────┴──────────────┴──────────────┘
┌─────────┬──────────┬─────────┬────────┐
│  网络层  │ 点对点网络│ 传播机制│ 验证机制│
└─────────┴──────────┴─────────┴────────┘
┌─────────┬──────────┬─────────┬────────┐
│         │ 区块结构  │ 链式结构│ 数字签名│
│  数据层  ├──────────┼─────────┼────────┤
│         │ 哈希函数  │ 梅克尔树│非对称加密│
└─────────┴──────────┴─────────┴────────┘
```

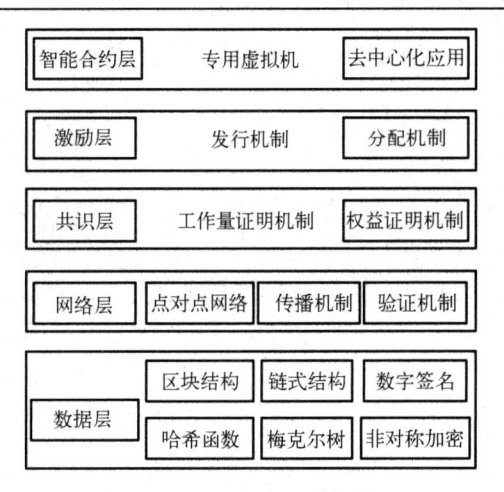

图 3-3 以太坊五层架构

（2）激励层

激励层主要实现以太币的发行机制和分配机制，以太币被看作是位于以太坊中的燃料，运行智能合约和发送交易都需要向矿工支付一定的以太币。目前，以太币可以通过"挖矿"获得，矿工每挖到一个区块固定奖励五个以太币。

（3）共识层

共识层主要实现全网所有节点对交易和数据达成一致，以太坊采用两种共识机制，初期采用工作量证明机制，后期将切换至相对更为节能高效的权益证明机制。

（4）网络层

网络层主要实现网络节点的连接和通信，又称为"点对点网络"，是没有中心服务器、依靠用户群交换信息的互联网体系。与有中心服务器的中央网络系统不同，对等网络的每个节点既是客户端，又参与整个网络的运行和维护，具有去中心化的特点。

（5）数据层

数据层需要处理交易数据的序列化、反序列化、持久化，支持交易的快速查询和验证等操作。为了保护以太坊节点具有广泛的分布性，要求其数据层的实现高效且占用资源少。因此以太坊这样的公有区块链底层通常不采用关系型数据库，如以太坊使用 Key-Value 数据库，以梅克尔帕特里夏树（Merkle Patricia Tree）的数据结构组织管理账户数据、生成交易集合哈希等。这种数据结构融合了梅克尔树（Merkle Tree）及前缀树的优点，读写效率高且支持节点扩展，实现简单支付验证。

以太币的区块头和比特币略有不同，除含有 Tx Root Hash 外，还包括 State Root 和 Receipt Root。此外，在以太坊节点的数据库中还会为每个智能合约的代码及内部状态分配存储空间。

3.1.3 天秤币运行架构

天秤币的使命是建立一套简单的、无国界的货币和为数十亿人服务的金融基础设施。天秤币运行架构由三部分组成，它们将共同作用，创造一个更加普惠的金融体系：首先，天秤币建立在安全、可扩展和可靠的区块链基础上；其次，天秤币以赋予其内在价值的

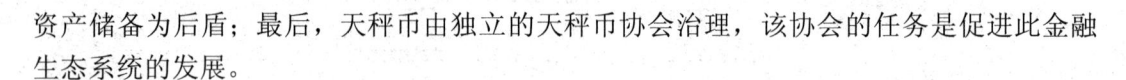

资产储备为后盾；最后，天秤币由独立的天秤币协会治理，该协会的任务是促进此金融生态系统的发展。

1. 天秤币发行机制

天秤币的目标是成为一种稳定的数字加密货币，全部使用真实资产储备（称为"Libra储备"）作为担保，并由买卖天秤币且存在竞争关系的交易平台网络提供支持。

天秤币所采用的模式类似于布雷顿森林体系时期美元与黄金挂钩的制度，或者中国香港等地区采用的货币局制度，或者国际货币基金组织创设的特别提款权（SDR）。其货币发行量不会主动新增，而仅采取被动发行的方式。天秤币背后的价值由一篮子真实储备的现实资产所支撑。天秤币的使用者需要使用现实资产按照一定比例来购买，这也是发行增量天秤币的唯一方法。

天秤币协会负责管理天秤币的储备，能够制造（Mint）和销毁（Burn）天秤币。只有当授权经销商投入法定资产买入天秤币以完全支持新币时，天秤币才会被制造。只有当授权经销商向协会卖出天秤币以换取抵押资产时，天秤币才会被销毁。由于授权经销商始终能够将天秤币以等于篮子价值的价格卖给储备，因此天秤币储备承担着"最后的买家"的角色。天秤币的发行机制表现为"天秤币协会—经销商"的二元模式，这种模式类似于现实央行和商业银行的关系。

篮子中储备资产的选择标准是低波动率、流动性良好的主权货币和政府证券。这样能够保证天秤币和现实资产稳定可持续的兑换关系。储备资产将用于低风险投资。投资所产生的各类收益并不会返还给用户，而是用于支付系统的成本、确保低交易费用、分红给生态系统启动初期的投资者，以及为进一步增长和普及提供支持。储备资产的利息分配将提前设定，并将接受天秤币协会监督。天秤币用户不会受到来自储备资产的回报。

2. 天秤币底层技术机制

天秤币是建立在天秤币区块链基础上的应用，天秤币底层的区块链技术是在现有的项目和研究的基础上从头开始设计和构建而成的，集合了各种创新方法和已被充分掌握的技术。下面重点介绍三项技术。

（1）Move 编程语言

Move 是一种新的编程语言，用于在天秤币区块链中实现自定义交易逻辑和智能合约。由于天秤币的目标是每天为数十亿人服务，因此 Move 的设计首先考虑安全性和可靠性。Move 是从迄今为止发生的与智能合约相关的安全事件中吸取经验而创造的一种编程语言，它能从本质上令人更加轻松地编写符合作者意图的代码，从而降低了出现意外漏洞或安全事件的风险。具体而言，Move 从设计上可防止数字资产被复制。它使得将数字资产限制为与真实资产具有相同属性的资源类型成为现实，每个资源只有唯一的所有者，资源只能花费一次，并限制创造新资源。Move 还便于自动验证交易是否满足特定属性，如仅更改付款人和收款人账户余额的付款交易。通过优先实现这些特性，Move 可帮助保持天秤币区块链的安全性。通过减轻关键交易代码的开发难度，Move 可以可靠地执行天秤币生态系统的管理政策，如对天秤币和验证者节点网络的管理。Move 将加快天秤币区块链协议及在此基础上构建的任何金融创新的演变。我们预计将在一段时间后向开发者开放创建合约的权限，以支持 Move 的演变和验证。

(2) 使用 BFT 共识机制

区块链去中心化的根基在于全网需要针对某笔交易(Transaction)取得共识。在没有中心节点的情况下，共识只能依靠网络中各个节点相互之间点对点通信来进行协商。但实际网络中通信链路可能会出错，各个节点可能会失效，同时可能会发生恶意攻击。那么如何保证全网顺利取得共识呢？

为了解决这个问题，比特币采用的是工作量证明的方式，即由矿工们通过付出大量算力"挖矿"来争夺对当前区块的记账权，他们的回报就是"挖矿"得来的比特币。不诚实的矿工不愿意付出如此大的代价以换取"挖矿"收益，但为了破坏整个网络，他们必须掌握全网 50%以上的算力才可掌控新区块的产生。这在当今世界几乎是不可能的。但这样做也有明显缺陷，复杂的计算导致能源浪费严重，同时导致区块生成的时间过长，确认交易往往需要数十分钟的等待时间，用作在线支付系统时的实时性难以满足要求。

BFT 共识机制由 HotStuff 算法改进而来。与比特币完全工作在网状网络不同，BFT 算法为了降低流程复杂度，需要工作在有若干重要节点的星状网络中，即各重要节点之间互相通信，其余节点只跟临近的一个重要节点之间产生联系。这也是为何天秤币在初期要工作在联盟链上，而不是公有链上的重要原因。

BFT 共识机制定义重要节点为验证者(Validator)，在网络中起到接受交易请求和验证区块有效性的作用。当一笔交易产生后，该交易会被最近的一个验证者接收，此时该验证者就作为发起者(Leader)来组织验证程序。它将若干笔交易打包进一个区块(Block)，并广播给网络上所有其他验证者(见图 3-4 中步骤①)。其他验证者收到区块后进行验证，如果认可这一区块，则向发起者回传投票(Vote)结果(见图 3-4 中步骤②)。在收集到足够多的投票后，发起者生成一个法定人数证明(Quorum Certification，QC)，代表该区块已经得到了足够多节点的确认，并把该证明向所有验证者广播(见图 3-4 中步骤③)。此时所有验证者节点都将根据这一消息更新本地保存的区块链状态，将新验证的内容加入。这一过程称为一轮(Round)。之后其他交易所产生的验证内容也会陆续加入。为了避免前述失效或者恶意节点在此过程中进行破坏，新加入的内容将在三轮之后才正式被全网接纳或提交(Commit)，正式成为整个区块链的一部分。

比特币采用的工作量证明机制可以防止 50%的节点失效，而且对所有节点一视同仁，可以直接应用在公有链上。相比之下，BFT 共识机制理论上只能防止不超过 1/3 的节点失效，而且必须指定若干重要节点作为验证者，使得其看起来不如比特币强大。但 BFT 共识机制在较大程度上缩短了交易的确认时间，使其可以满足现实交易需求。此外，天秤币发布初期会工作在联盟链上，各重要节点均为联盟成员提供，恶意节点出现的概率大大降低。从实践的角度看 BFT 共识机制在安全性和效率方面相比于比特币的工作量证明机制是更优选择。

(3) 数据结构改善

天秤币虽然自称为区块链，但其白皮书也明确指出在天秤币中没有类似于比特币的那种区块链条的模式，而是以统一的数据库形式存储的。

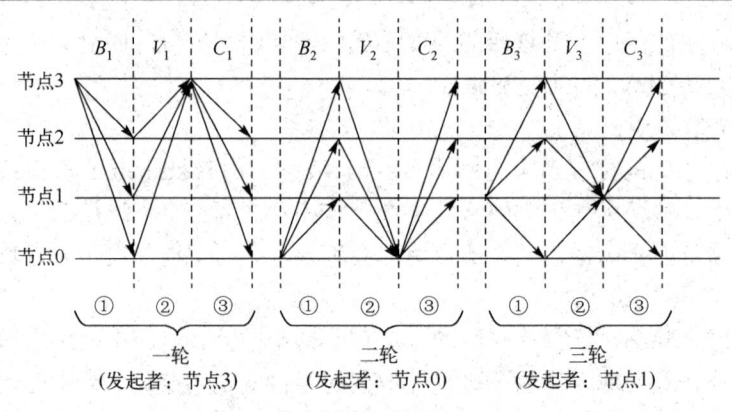

图 3-4　天秤币的交易验证过程

天秤币与以太坊一样,定义了账户(Account)的概念,账户中存储了相关的资源和模块。如上文所述,天秤币也是以资源形式存储在账户中的,从而受到 Move 语言的保护,不能随意复制或消除。

天秤币是以账本的当前状态和历史变化的方式存储整个系统的,有点类似于可恢复到任意一个历史状态的数据库。每当一组新数据写入数据库,就会生成一个新的历史状态。历史状态通过被称之为梅克尔树的数据结构进行组织。如图 3-5 所示,H 函数代表一个哈希函数,即对输入内容进行编码,输出一个长度始终不变的数,相当于对输入数据加密。如果输出变化,则输入必然有变化,且无法根据输出数据直接反推出输入数据。图 3-5 中 h_4 为 h_0 和 h_1 的哈希值,h_5 为 h_2 和 h_3 的哈希值。顶层即为梅克尔树的根节点(Root),图 3-5 中根节点的值是 h_4 和 h_5 的哈希值。由此可知,梅克尔树的一大优势在于只需要观察根节点即可知道整个树上各个节点的状态(如是否经过篡改),而不必把树上所有节点重新遍历计算一遍。

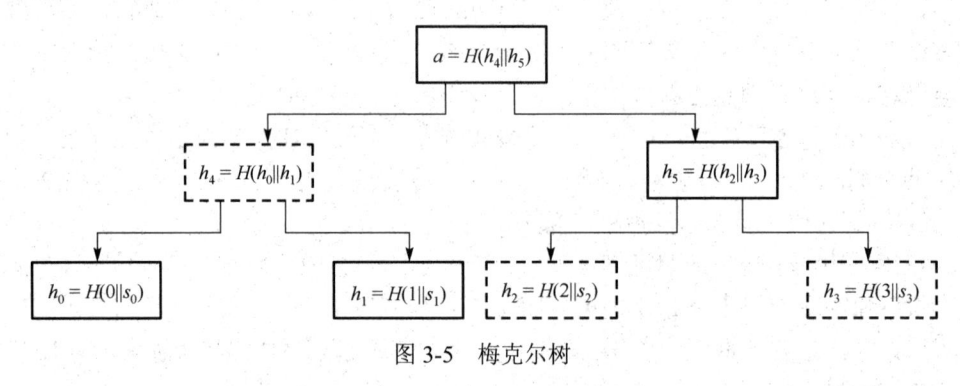

图 3-5　梅克尔树

这种结构的另一个优势在于,可以方便地追溯数据库任意一个账户在任意一个历史时刻的状态。尽管天秤币账户与用户真实身份并不挂钩,但出于方便监管的考量,一旦账户出现异常行为,其所有的历史状态理论上都可以被监管机构快速获得,这点就类似于现实中的银行账户。

3.2 法定数字货币的运行架构

3.2.1 中国数字货币运行架构

2017 年 BIS 提出"法定数字货币"（Central Bank Digital Currency，CBDC）的概念。2019 年，我国国务院正式批准法定数字货币研发，中国的法定数字货币取名为 DC/EP（Digital Currency/Electronic Payment），由央行组织市场机构进行分布式研发。

1. DC/EP 系统概述

概括讲，DC/EP 本质是央行担保、签名发行的加密字符串，其作用是替代现金 M0，持有 DC/EP 不产生利息，发行和流通遵循现有的"央行—商业银行"二元投放体系（见图 3-6），具体采用"一币、两库、三中心"运行框架，具有普适性和泛在性，不依托特定的交易介质和支付渠道，不承担货币价值尺度、流通手段、支付手段和价值贮藏四个基本职能之外的其他职能。

选择二元投放体系主要是为了能利用现有商业银行的软硬件资源，提高商业银行的积极性，避免一般公众在中央银行开户带来的巨大工作量，同时也能在一定程度上避免 DC/EP 信用水平高于银行存款导致的金融脱媒问题。

"一币、两库、三中心"运行框架（见图 3-7）是二元投放体系的具体实现方式。"一币"即由央行负责数字货币的"币"本身的设计要素和数据结构。从表现形态上看，数字货币是央行担保并签名发行的代表具体金额的加密数字串，不是电子货币的账户余额，而是携带全量信息的密码货币。这个币的设计一定要把我们前面提到的理想数字货币应具备的特性考虑进来。在 2016 年科技部的国家重大科研项目中，有关数字资产的数字表达方式的研究是一个很重要的课题。新的货币必须具备全新的品质，以支撑全新的商业应用模式。

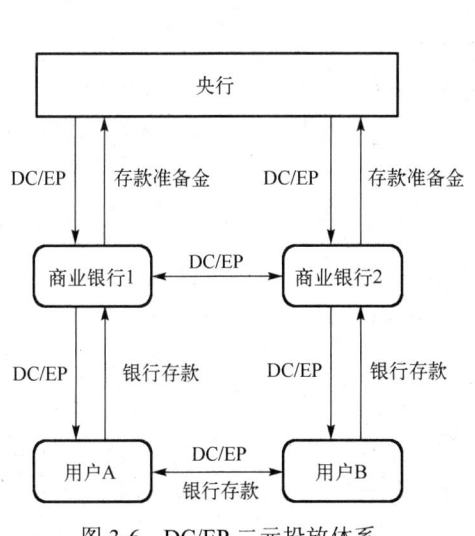

图 3-6 DC/EP 二元投放体系

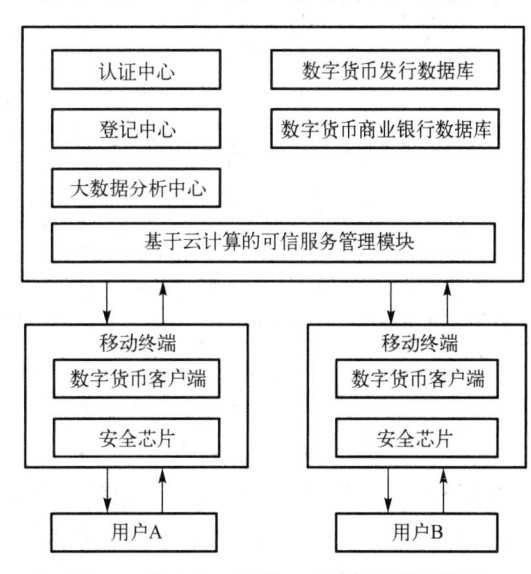

图 3-7 "一币、两库、三中心"运行框架

"两库"即数字货币发行数据库和数字货币商业银行数据库。数字货币发行数据库指在央行数字货币私有云上存放央行数字货币发行基金的数据库。数字货币商业银行数据库指商业银行存放央行数字货币的数据库，可以在本地，也可以在央行数字货币私有云上。数字货币发行数据库和数字货币商业银行数据库的设计让人觉得是对实物货币发行环节的模拟，但设计目标考虑更多的是给法定数字货币创建一个更为安全的存储与应用执行空间。这个存储空间可以分门别类地保存数字货币，既能防止内部人员非法领取数字货币，也能对抗入侵者的恶意攻击，同时亦可承载一些特殊的应用逻辑，这是数字金库的概念。极端情况下，如管理员的密钥被盗取，或者是服务器被攻击、中毒或中断链接，如何启动应急程序、保护或者重新夺回资金、保障业务的连续性，是设计的重点。

"三中心"即认证中心、登记中心和大数据分析中心。具体而言，认证中心对央行数字货币机构及用户身份信息进行集中管理，它是系统安全的基础组件，也是可控匿名设计的重要环节；登记中心记录央行数字货币及对应用户身份，完成权属登记，记录流水，完成央行数字货币产生、流通、清点核对及消亡全过程登记；大数据分析中心负责反洗钱、支付行为分析、监管调控指标分析等。

2. DC/EP 分级利率体系

DC/EP 分级利率体系具有如下特点：第一，DC/EP 作为 M0 的替代物；第二，DC/EP 采取"央行—商业银行"二元投放体系及"一币、两库、三中心"运行框架；第三，DC/EP 在一定限额内施行零利率，对超过限额部分施行负利率；第四，商业银行同时管理银行存款账户和数字货币钱包，二者可实现转换；第五，存款准备金与 DC/EP 可实现转换。基于二元投放体系和分级利率体系的 DC/EP 运行机制如图 3-8 所示。

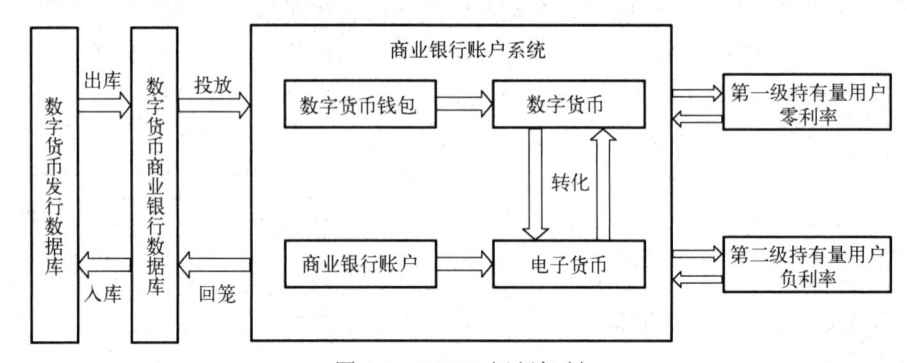

图 3-8 DC/EP 运行机制

DC/EP 从数字货币发行数据库转移到数字货币商业银行数据库，之后再由数字货币商业银行数据库进入商业银行账户体系中的数字货币钱包，商业银行客户可通过个人或企业的数字货币钱包使用 DC/EP，数字货币钱包中的 DC/EP 可随时转换为商业银行账户中的电子货币，类似于当前的现金到银行存款的转换。央行对数字货币钱包不设限额，个人原则上可以大量持有 DC/EP，但对于数字货币钱包内余额大于某一额度的用户，央行对其持有的 DC/EP 施行负利率，对低于这一额度的施行零利率。在公众对 DC/EP 需求大幅增加的时期，持有额度低于阈值的用户需要支付一个大致等于商业银行超额准备金利率的正利率，从而避免公众将大量银行存款转换为 DC/EP。

第 3 章 数字货币运行架构

分级利率机制对于控制 CBDC 需求量的激增是一个可行方案。具体而言，CBDC 的定位是替代 M0，正常情况下 M0 是零利率。当用户持有 CBDC 超过一定限额时，则对 CBDC 施行负利率，这种负利率应保证即使考虑风险溢价，其吸引力仍低于商业银行存款及其他金融资产。在这种情况下，若存在外生冲击，如金融危机使 CBDC 需求大幅上升，则央行可进一步下调负利率或者设计第三级、第四级甚至更多层级的负利率，每个层级对应更低的利率水平。

对第一级持有量可施行一个正利率，最高可达到商业银行超额准备金利率，等于在危机时给出了一项有限额的安全资产，吸引公众将 CBDC 持有量维持在第一级，第一级的持有量应当满足正常流通使用需求，可参照当前流通的纸币人均使用量，央行可承诺一个第一级的最低持有量限度，并且保证不会对其施行负利率，这可以抵消公众一部分持有 CBDC 的需求，从而避免挤兑的发生。

3.2.2 英国数字货币运行架构

2015 年，在英格兰银行的建议下，英国伦敦大学的研究人员提出并开发了一个法定数字货币原型系统，即央行加密货币(Centrally Banked Crytocurrencies)——RSCoin 系统。

1. RSCoin 系统概述

RSCoin 系统的研发者认为，比特币不适用于央行发行数字货币的应用场景，这源于比特币内在机制存在的一些问题，主要包括如下方面：一是比特币网络的可扩展性差，无法承载大容量、高速率的货币交易，目前比特币网络每秒最多进行 7 笔交易；二是去中心化的货币发行体系，导致央行无法对货币供应进行宏观调控，比特币本身的价格极度不稳定，不利于在更大范围、更大规模上应用，尤其不利于在主权货币上使用。

针对以上问题，RSCoin 系统的设计师站在央行的视角，设计了一种受央行控制的、可扩展的数字货币，为央行发行数字货币提供了一套发行流通的参考框架和系列标准。

RSCoin 系统的核心内容主要有以下几点。

(1) 将货币的发行和交易总账的维护分开，采用中心化的货币政策，货币由央行统一发行，而交易账本分布式存储，由多个可信的 Mintettes(可理解为商业银行)来记录和维护，最后由央行进行统一对账和管理。简言之，系统总体设计采用了央行—商业银行的二元分层体系结构，基于区块链技术实现了分层管理的分布式账本。

(2) Mintettes 由央行授权接入系统，央行对 Mintettes 的行为进行审查，故不需要采用比特币的工作量证明来达成共识。

(3) RSCoin 系统采用了一种称为两阶段提交(Two-Phase Commit，2PC)的共识机制进行分布式记账，使得每秒可处理的交易能达到 2000 笔，通过提高 Mintettes 的数量，每秒可处理的交易上限还能不断提高，从而实现系统的可扩展性。

2. RSCoin 系统实现技术

RSCoin 系统包含央行、Mintettes 和用户三类角色，其总体架构如图 3-9 所示。央行完全控制货币的产生，并通过生成全局账本(Higher-Level Block)向整个系统发布最终交易数据，全局账本是最终交易账本。央行对 Mintettes 进行授权认证，并定期向整个系统发布授权的 Mintettes 列表。Mintettes 得到授权后，在某个周期内负责维护交易账本。Mintettes 收集、校验用户提交的交易信息，经验证的交易由 Mintettes 打包生成底层账本（Lower-Level Block）。Mintettes 定期将底层账本交易数据提交到央行，由央行汇总生成全局账本，并对外发布确认的交易数据。

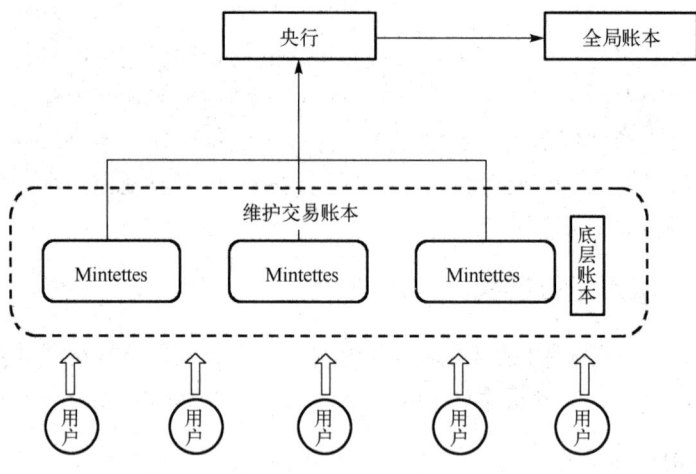

图 3-9 RSCoin 系统总体架构

用户和央行之间不直接发生信息交互，而是通过 Mintettes 这一中间层代为传递，汇总交易记录。央行更多是冲突调解者、最后确认人，以及全局账本这样一个角色。

RSCoin 系统和比特币系统类似，采用的不是基于用户账号余额这样的系统设计，而是基于交易流水（UTXO），即系统只记录有效的转账凭证（可以拿支票做类比），只要用户能够证明其合法持有该转账凭证，就可以把该凭证转让给其他人。

RSCoin 系统采用了分片的设计思想来提高系统的处理能力，具体做法是把 Mintettes 分为若干小组，每组 Mintettes 只维护系统全局账本中的部分；然后把需要处理的交易按照一定的规则分发给不同的 Mintettes 小组进行处理，从而提高整个系统的处理能力。这也是淘宝、微信这类高负载、海量数据的系统通常使用的方法，而这类系统的难点是要解决数据一致性的问题，在 RSCoin 系统中，就是要解决"双花"的问题。

RSCoin 系统的另一部分扩展性来源于系统让用户承担了较多的任务，很多的信息同步和协调工作是由用户来完成的。例如，可以通过让用户自行办理的办法实现跨行转账：银行之间不直接传递交易信息，而是由转出行给用户出具证明（由加密算法保证其不可篡改），用户再去转入行执行存款，最终实现跨行转账，减轻银行跨行信息系统的压力。

下面以用户发起一笔转账请求为例，描述 RSCoin 系统的交易模型（见图 3-10）。

(1) 用户找到自己的转账凭证，然后根据该转账凭证上的编号及一个确定性的规则得到该转账凭证的所属 Mintettes 组，类似于根据身份证号能推算出出生地。因为一个 Mintettes 组只持有部分账本数据，所以正确找到保存该转账凭证的 Mintettes 组是必需的。

(2) 然后用户发送自己合法持有该凭证的证明（用户签名）给一个 Mintettes 组中的所有成员，该组成员各自核准并给用户出具证明（Mintettes 的签名）。

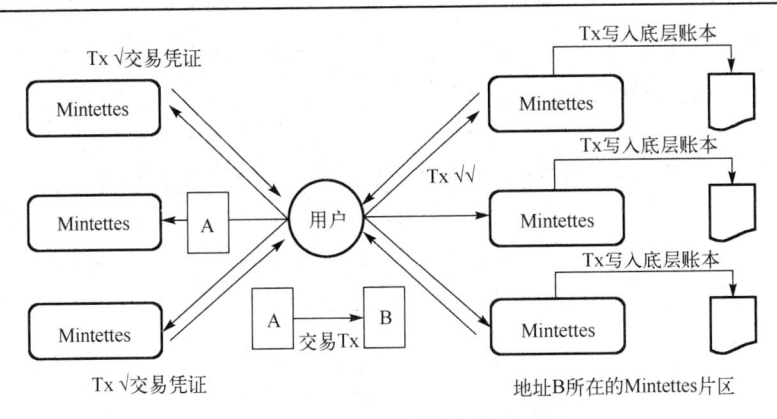

图 3-10　RSCoin 系统的交易模型

（3）用户收集到足够多的 Mintettes 签名后，就可以把所有 Mintettes 签名连同凭证和自己的签名一起发送给本次交易接收方的 Mintettes 组中的一个，获得一个确认签名。

（4）对于用户而言，转账过程到此就完成了，最后得到的这个签名可以作为转账完成的证据。

对于接收交易的 Mintettes 而言，还要负责把该笔交易数据写入其所在 Mintettes 组的底层账本，最后再统一汇总到央行的全局账本中。

3.2.3　加拿大数字货币运行架构

1. Jasper 项目系统概述

Jasper 项目是世界上首个由央行同私人金融机构合作的分布账本技术实验项目。项目对基于分布式账本技术的加拿大大额支付系统进行概念验证（POC），研究在金融市场基础设施中运用分布式账本技术的优劣。项目的首要目标是建立 POC 系统（无意推广至生产级系统），该系统使用的是由央行发行并控制的一项结算资产，即数字存托凭证（Digital Depository Receipt，DDR）。项目共运行了三个阶段：第一阶段依托 Ethereum 平台构建了批量银行间结算平台，用来考察 DDR 的应用状况；第二阶段依托金融创新联盟 R3 构建的支持多种共识机制的开源分布式记账平台 Corda，进一步探索分布式账本技术在银行间同业批发支付系统的实践路径，现在已完成支付匹配算法、交易处理数量及隐私保护等性能评估；第三阶段将重点建立"综合证券和支付平台"，重点关注证券交易的结算和清算。加拿大的主要支付渠道——加拿大支付（Payment Canada）及交易所运营商 TMX 也参与其中。Jasper 项目旨在探索实现证券结算过程现代化的潜在途径，这也是加拿大央行推动金融体系提升效率和增强稳定性的一个创新（见图 3-11）。

（1）第一阶段

该阶段的实验目标是实现银行间同业批发结算能力和测试交易记录效能。

首先，在以太坊上建立批量银行间结算平台，使参与机构能够在此平台上进行大规模结算，并以通过央行交换价值的形式，交换数字结算资产 DDR。只有参与项目的银行才能使用 DDR 进行交易，具体步骤为：先以加拿大元兑换 DDR，使用 DDR 进行交易，最后以 DDR 兑换加拿大元。在第一阶段项目采用实时全额结算系统（RTGS）进行结算，预先在参与者钱包中存入 DDR，用于在账本上完成支付。RTGS 虽然降低了结算风险，但在相当大的程度上提高了对 DDR 的流动性需求，这种需求十分巨大。

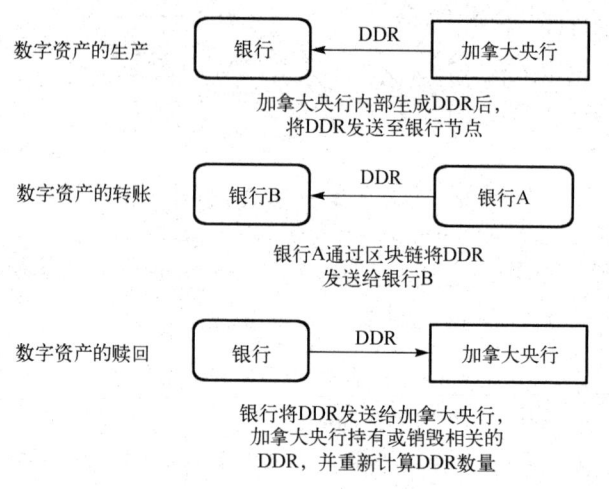

数字资产的生产：加拿大央行内部生成 DDR 后，将 DDR 发送至银行节点

数字资产的转账：银行 A 通过区块链将 DDR 发送给银行 B

数字资产的赎回：银行将 DDR 发送给加拿大央行，加拿大央行持有或销毁相关的 DDR，并重新计算 DDR 数量

图 3-11　Jasper 项目的功能

其次，测试交易记录效能。批量银行间结算平台使用了传统的工作量证明作为共识机制，要求所有的金融创新联盟 R3 成员均需对两个参与者提交的 DDR 交换进行验证，并以其作为该笔交易录入数据库的前提要求。在这一机制的约束下，参与验证的各方均形成了该笔交易的分类账。尽管这种透明度有助于监控所有参与者的交易状态，但其多边的协商一致机制验证效率低下，无法承载大额批发交易的吞吐量，也不支持保护参与方数据隐私。

（2）第二阶段

Jasper 项目第二阶段的主要目标是进一步改善分布式账本技术在银行间同业批发支付系统的应用，着力解决第一阶段出现的隐私保护不足问题。

① 建立共识机制。为提高交易验证效率，项目创建了三类节点——参与者节点、公证节点和监督节点，每类节点均维护一个专有的分类账，记录最新的交易信息。第二阶段在三类节点之间建立了共识机制，确立"公证节点"概念作为协商一致的核心。在此共识机制下，仅需参与者双方参与验证数据属性的准确性，公证节点即加拿大央行负责确认交易的唯一性；监督节点负责标记 DDR 交易，并创建反映全网节点交易记录的分类账。只有完成上述环节并获得三类节点的签名，该笔交易才能被确认为有效，并记录在区块链上。

② 创新"原子交换"和"流动性节约机制"（LSM）方案。两者是针对不同成本需求设定的交易流程，参与者可以在 Corda 平台上选择不同的方案进行价值交换。"原子交换"代表基础性的支付结算程序，Corda 平台必须接收参与者发出的原子交易请求，使用原子交换方案处理交易，一旦请求被通过，就会创建一个 DDR 对象，并以共识机制完成交易。LSM 方案则是为节约交易双方在价值交换中的 DDR 使用成本而设计的。为满足 RTGS 的流动性需求，当前全球的系统运营商都采用了 LSM 方案。Jasper 项目的 LSM 方案采用的是定期多边撮合排队机制，并采取一种创新性方法——在 Corda 平台引入"收集/释放"

(Inhale/Exhale)机制。在撮合周期开始前，银行提交支付指令到队列，但这些指令不会马上进入"验证和唯一性"环节(因此交易不会加入 Corda 平台的账本)，而是排队等待撮合。撮合周期开始后，按时间顺序发生：首先，在"收集"阶段，所有参与撮合的银行都会接到通知，要求其发送 DDR 给加拿大央行，每笔支付经过验证后加入账本；然后，在"释放"阶段，算法根据资金情况，决定对其中一部分支付指令进行轧差清算；最后，加拿大央行将轧差后的 DDR 返还给相应银行。

举例来说，假设只有两家银行 A 和 B，分别发出价值为 100 美元和 90 美元的支付指令到队列。在"收集"阶段，每家银行发送 15 美元给队列。两笔支付轧差后，算法将从银行 A 收取 10 美元，给银行 B 贷记 10 美元，也就是说，在"释放"阶段银行 A 收到 5 美元，银行 B 收到 25 美元。

上述交易通过验证后将被加入账本，未被算法撮合的交易继续排队，新一轮撮合启动。在下一个撮合周期结束前，银行可自由发出或撤销支付指令。这一过程将无限循环下去。

(3) 第三阶段

Jasper 项目第三阶段扩展了早期阶段的应用，将分布式账本技术生态系统扩展到银行间同业批发支付系统之外，包括上市股票的证券结算，旨在探索建立基于分布式账本技术的综合证券和支付平台。

Jasper 项目第三阶段通过建立和测试一个连接到现有市场基础设施的 POC 系统，对一个私有分布式账本网络中的结算和支付交互进行了实际探索。证券和现金分别通过加拿大证券存管有限公司(CDS)和加拿大央行发行的 DDR 进入分类账，允许 POC 系统参与者在分布式分类账上用在加拿大央行的现金结算证券。股权和现金 DDR 可在转让后立即赎回，因为结算是最终的和不可撤销的。

POC 系统构建在 Corda 平台上。为了在 POC 系统中进行股权结算，账本上需要有三个要素：股权、现金和正在结算的头寸。一旦这些要素进入分类账，就可以为每个头寸执行一个原子的和最终的"券款对付"(Delivery Versus Payment，DVP)交易。

2. Jasper 项目系统测试结果

第一，在基于分布式账本技术的大额支付系统的框架中，运营方的角色更接近规则制定者和标准制定者，而不是传统意义上的 IT 设施运营者。未来可能有必要修订《金融市场基础设施准则》，增加对基于分布式账本技术的金融市场基础设施的监管要求。

第二，一个单独的基于分布式账本技术的大额支付系统所产生的效益可能无法与中心化大额支付系统相媲美，因为对于一个可靠的大额支付系统来讲，其某些组成部分本质上就是中心化的。这使得基于分布式账本技术的大额支付系统与中心化大额支付系统相比，可能带来更多的运行风险。但是，基于分布式账本技术的大额支付系统的真正效益，有赖于其与更广泛的金融基础设施生态系统的互动。比如，整合同一个账本上的其他资产作为支付抵押(从而极大简化抵押流程和资产销售过程)，实现规模经济，并通过后台系统整合，降低参与者成本。分布式账本技术也有利于全行业节本增效，如将基于分布式账本技术的大额支付系统作为其他系统的基础，以改善一系列金融资产的交易和结算。

第三，从金融层面来看，基于分布式账本技术的大额支付系统有可能与更广范围的金

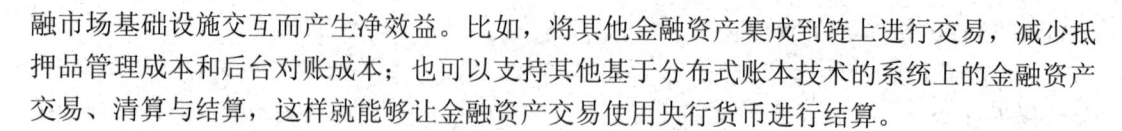

融市场基础设施交互而产生净效益。比如,将其他金融资产集成到链上进行交易,减少抵押品管理成本和后台对账成本;也可以支持其他基于分布式账本技术的系统上的金融资产交易、清算与结算,这样就能够让金融资产交易使用央行货币进行结算。

3.2.4 日本与欧盟数字货币运行架构

1. 第一阶段

2016年12月,日本银行和欧央行宣布启动一项名为"Stella"的联合研究项目,旨在研究分布式账本技术在金融市场基础设施中的应用,评估现有支付体系是否能够在基于分布式账本技术的环境下安全高效地运转。

具体试验包括测试交易节点数量、节点间距离、有无流动性节约机制(LSM)节点故障、格式错误对系统性能的影响。Stella项目的主要结果归纳如下。

首先,基于分布式账本技术的解决方案可以满足RTGS的性能需求。研究发现,分布式账本技术应用可处理的支付请求数量与当前欧元区和日本RTGS系统的支付请求数量相当,每笔交易平均处理时间不到1秒钟。但当每秒钟支付请求数量增加至250笔时,流量与性能之间的矛盾则会凸显。此外,测试结果表明常规的流动性节约机制在分布式账本技术环境下是可行的。

其次,分布式账本技术的性能受网络规模和节点距离的影响。网络规模和性能之间存在"此消彼长"的关系。增加节点数量将导致支付执行时间增长。至于节点距离对性能的影响,则取决于网络的设置条件。如果达成共识所必需的最少数量节点(Quorum节点)之间的距离足够接近,那么节点距离对反应时间的影响有限,不过,处于网络边缘位置的节点所生成的账本可能会与Quorum节点生成的账本存在不一致。反之,若Quorum节点之间足够分散,则节点距离会对反应时间产生较大影响。

最后,分布式账本技术方案具备加强系统弹性和可靠性的潜力。其可以较好应对验证节点故障和数据格式错误的问题。发生节点故障时,只要共识算法所必需的节点能够运行,则系统的可用性不会受影响。无论宕机时间长短,验证节点都能够恢复。但需要注意的是,Stella项目测试所使用的分布式账本技术包含了一个单一认证中心(Certification Authority),若该节点发生故障,则可能瓦解分布式验证的优势。此外,测试表明,系统能够在不影响网络整体性能的情况下检测出数据格式错误。

2. 第二阶段

Stella项目在第二阶段探讨了如何在基于分布式账本技术的环境中实现券款对付(DVP)。在试验中,研究人员使用了三种分布式账本技术平台——Corda、Elements和Hyperledger Fabric,并开发了相应的DVP原型。主要结果归纳如下。

首先,DVP能够在基于分布式账本技术的环境中运行,但受不同的分布式账本技术平台特性的影响。DVP在理论和技术上可通过同一账户(单链DVP)或分开账户(跨链DVP)转移现金和有价证券。具体设计取决于分布式账本技术平台的特性。

其次,分布式账本技术为分类账之间的DVP提供了一种新方法,不需要分类账之间的任何连接。概念分析和进行的实验已经证明,即使没有个别分类账之间的任何连接,跨链分类账也可以起到作用。这是分布式账本技术的"跨链原子交换"功能带来的优势,分布式账本技术可以确保(相同或不同分布式账本技术平台的)分类账之间的互操作性,而不必要求分类账之间的连接和制度安排。

最后,跨链 DVP 安排可能会带来一定的复杂性,并可能引发额外的挑战,包括:需要卖方和买方之间进行几个流程步骤和交互,从而影响交易速度,并需要暂时锁定流动性;从风险角度看,如果两个交易对手中的一个没有完成必要的流程步骤,则会使参与者面临结算风险,这些额外的挑战需要妥善处理。

3. 第三阶段

Stella 项目第三阶段建立在前两个阶段获得的见解的基础上,该阶段探索了跨境支付的创新解决方案,即货币区域之间的支付。跨境支付涉及跨多个司法管辖区的各种实体。尽管对跨境支付的需求正在上升,但与国内支付相比,跨境支付通常具有缓慢且昂贵的特点,尤其是缺乏跨系统的通用通信或消息传递标准,往往阻碍了无缝互操作性。虽然已有解决目前跨境支付效率低下的举措,但跨境支付分类账交易的安全性仍然是一个挑战。

在此背景下,Stella 项目第三阶段探讨了跨境支付是否有可能得到改善,尤其是在使用新技术的安全性方面。具体而言,Stella 项目基于正在使用的跨账本支付协议来分析全球互操作性:(1)在集中式账本(如由商业银行运营的账本或由央行运营的 RTGS)和分布式分类账之间;(2)分布式分类账之间;(3)集中分类账之间。因此,Stella 项目侧重于跨境资金转移的后端安排。

英格兰银行在围绕其 RTGS 服务更新的背景下,探索了更广泛的互操作性,包括 RTGS 支付与其他系统中的支付的同步结算。在这种情况下,进行了概念验证。关于高价值跨境支付场景下两个不同分类账的同步支付结算,英格兰银行还制定了同步支付结算的潜在模型,该模型涉及提供同步服务的受信任第三方,该服务可应用于跨分类账和货币的同步结算。

此外,还有部分私营部门积极探索创新解决方案。万维网联盟(W3C)的一个社区团体正在进一步开发分类账间协议(ILP)——一套允许跨不同类型分类账付款的规则。Ripple 开发了 xCurrent,xCurrent 通过参与实体的全球网络(Ripple Net)连接金融机构。xCurrent 围绕 ILP 构建,支持参与实体之间的双向通信及跨分类账的支付协调。SWIFT 为参与机构制定了一项新标准——SWIFTgpi(全球支付创新),以提高代理银行网络跨境支付的速度、安全性和透明度。SWIFTgpi 具有三个关键特性:(1)端到端支付跟踪数据库,允许实时监控支付状态;(2)提供运营信息的目录,如参与机构、货币和截止时间,以便能够找到最佳支付途径;(3)一项中央服务,为参与机构提供有关其他成员遵守新制定的一套规则以加强业务实践的全局视图。

Stella 第三阶段的主要成果就是探索了改进跨境支付的创新解决方案——程式化支付链(见图 3-12),尤其是解决安全方面的问题。Stella 项目第三阶段建立在先前在 Stella 项目进行的实验和概念工作的基础上,并考虑了其他央行和私营部门实体的研究工作。

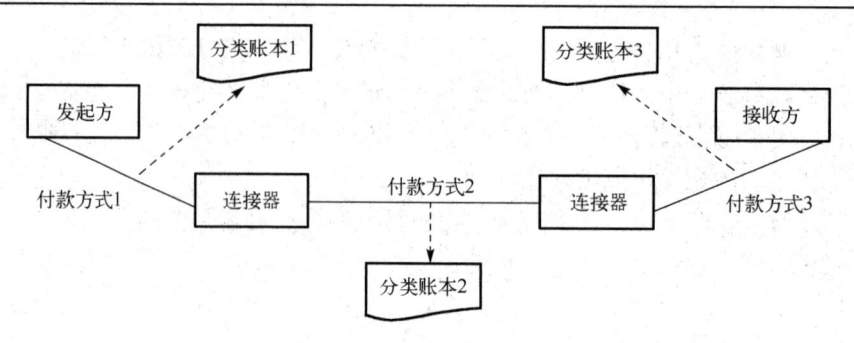

图 3-12　Stella 程式化支付链

Stella 项目的第二阶段确定了跨分类账结算的新方法，该方法可能通过同步结算来缓解信用风险。Stella 第三阶段扩展了此分析的范围。Stella 项目第三阶段研究了"账本间支付协议"中引入的协议，该协议试图提出一种与账本无关的协议，可在不同类型的账本之间同步支付。Stella 项目第三阶段还评估了各种分类账的安全性和效率。

在安全方面，Stella 项目第三阶段得出的结论是，账本托管、第三方托管和有条件的支付渠道都有执行机制，可以确保每个交易方在交易过程中完全履行其职责，规避转移的本金金额可能遭受损失的风险。

至于流动性效率，Stella 项目第三阶段考虑的五种支付方式可以按效率的顺序分组如下：(1)信任线；(2)账本托管和第三方托管；(3)简单和有条件的支付渠道。信任线似乎优于其他支付方式，因为它是唯一的后资助支付方式。账本托管和第三方托管的流动性效率通常优于简单和有条件的支付渠道。

总而言之，从技术角度来看，通过使用在支付链上同步支付和锁定资金的支付方式，可以潜在地提高当今跨境支付的安全性。然而，应该指出的是，在考虑实施此类新方法之前，需要进一步思考法律和合规问题、技术的成熟度和成本效益分析。

本 章 小 结

本章主要对数字货币运行架构进行了讲解，从私人数字货币来看，比特币是一个互相验证的公开记账系统，具有总量固定、交易流水全部公开、去中心化、交易者身份信息匿名的特点；以太币是基于以太坊平台产生的原生代币，用于支持去中心化应用的运行；天秤币是由 Facebook 发布的加密货币，其实质上是法定货币的代币，通过选择与一篮子法币挂钩，旨在打造独立运行的无国界全球币。从法定数字货币来看，我国数字人民币的发行和流通遵循现有的"央行—商业银行"二元投放体系，具体采用"一币、两库、三中心"运行框架；英国 RSCoin 采取二元分层体系结构，同时，还采用两阶段提交的共识机制来提高系统处理交易的效率；加拿大 Jasper 项目共分为三个阶段，其主要目标是研究央行及金融机构如何在分布式账本上完成银行间支付；日本银行和欧央行的 Stella 项目旨在研究分布式账本技术在金融市场基础设施中的应用，评估现有支付体系的特定功能是否能够在基于分布式账本技术的环境下安全高效地运转。

关 键 术 语

数字货币运行架构；比特币；以太币；天秤币；DC/EP

思 考 题

1. 日本与欧盟合作的数字货币项目叫什么？请简述其运行架构。
2. 数字人民币运行框架中的"一币、两库、三中心"具体指什么？
3. 你认为比特币能否成为法定数字货币，请简述原因。
4. 请简述天秤币底层技术机制。
5. 国外数字货币的成功发行，对我国有什么借鉴之处？

案例分析

央行负责人谈央行数字货币

央行其实很早就开始研究数字货币了。从历史发展的趋势来看，货币从来都是伴随着技术进步、经济活动发展而演化的，从早期的实物货币、商品货币到后来的信用货币，都是适应人类商业社会发展的自然选择。作为上一代的货币，纸币技术含量低，从安全、成本等角度看，被新技术、新产品取代是大势所趋。特别是随着互联网的发展，全球范围内支付方式都发生了巨大的变化，数字货币发行、流通体系的建立，对于金融基础设施建设、推动经济提质增效升级，都是十分必要的。

数字货币怎么取代纸币呢？有几个思路：一种是模仿纸币，如纸币之间的交易是匿名的，数字货币也可以做成匿名的，这就促成了它的技术选择。但是纸币之所以匿名，最初并不是有意设计的，而是没有别的技术能保证大量小额交易的方便。当然也有人认为，未来的数字货币交易匿名更好，因为政府是有可能出现失误的，所以私人的财富和财富运用的隐私要绝对保护。

从央行的角度来看，未来的数字货币要尽最大努力保护私人隐私，但是社会安全和秩序也是重要的，万一遇到违法犯罪问题还是要保留必要的核查手段，也就是说，要在保护隐私和打击违法犯罪行为之间找到平衡点。这两种动机和之间平衡点的掌握也使得技术选择上的倾向不一样。

央行发行数字货币，主要体现这么几个原则：一是提供便利性和安全性；二是做到保护隐私与维护社会秩序、打击违法犯罪行为的平衡，尤其针对洗钱、恐怖主义融资等犯罪行为要保留必要的遏制手段；三是要有利于货币政策的有效运行和传导；四是要保留货币主权的控制力，数字货币是可自由兑换的，同时也是可控的可兑换。为此，我们认为数字货币作为法定货币必须由央行来发行。数字货币的发行、流通和交易，都应当遵循传统货币与数字货币一体化的思路，实施同样原则的管理。

未来，数字货币和现金在相当长时间内都会是并行、逐步替代的关系。现金的交易成本会慢慢升高，如过去让银行点数大量的硬币，点不完不下班，也不收费，后来可能就需要收费了，有了激励机制，大家自然会更多使用数字货币，不过两者仍会在较长期共存。货币生成机制和货币供应量是需要调节的。央行发行的数字货币目前主要是替代实物现金，降低传统纸币发行、流通的成本，提高便利性。总体看，央行在设计数字货币时会对现有的货币政策调控、货币的供给和创造机制、货币政策传导渠道做出充分考虑。

目前，现金的发行和回笼是基于现行"央行—商业银行"的二元体系来完成的。数字货币的发行与运行仍然应该基于该二元体系完成，但货币的运送和保管发生了变化：运送方式从物理运送变成了电子传送；保存方式从央行的发行库和银行机构的业务库变成了储存数字货币的云计算空间。最终，数字货币发行和回笼的安全程度、效率会极大提高。

数字货币的技术路线可分为基于账户和不基于账户两种，也可分层并用而设法共存。区块链技术是一项可选的技术，其特点是分布式记账、不基于账户，而且无法篡改。如果数字货币重点强调保护个人隐私，可选用区块链技术，央行部署了重要力量研究探讨区块链应用技术，但是到目前为止区块链占用资源还是太多，不管是计算资源还是存储资源，应对不了现在的交易规模，未来能不能解决，还要看情况。

除了区块链技术，央行数字货币研究团队还深入研究了数字货币涉及的其他相关技术，如移动支付、可信可控云计算、密码算法、安全芯片等。我们会与金融界、科技界合作，进一步加大对各种新型创新技术的研究和合理利用，优化完善数字货币发行流通的技术框架，并充分预见、及时反应、有效解决在应用推广中可能出现的风险。为此，央行殷切希望有关各界大力支持、参与，取得成果，做出贡献。

参 考 文 献

[1] 姚前，陈华. 数字货币经济分析[M]. 北京：中国金融出版社，2018.

[2] 钟伟，魏伟，陈骁. 数字货币：金融科技与货币重构[M]. 北京：中信出版社，2018.

[3] 姚前. 数字货币初探[M]. 北京：中国金融出版社，2018.

[4] 黄光晓. 数字货币[M]. 北京：清华大学出版社，2020.

[5] 数字资产研究院. Libra：一种金融创新实验[M]. 北京：东方出版社，2019.

[6] 罗强，张睿. 比特币[M]. 北京：机械工业出版社，2014.03.

[7] 龙白滔. 数字货币：从石板经济到数字经济的传承与创新[M]. 北京：东方出版社，2020.

[8] 宝山，文武. 法定数字货币[M]. 北京：中国金融出版社，2018.

[9] 郭宏杰. 数字人民币带来的影响和机遇[J]. 现代金融导刊，2020，10.

[10] 周雷，陈善璐，鲍晶. 数字人民币前沿研究综述与展望[J]. 无锡商业职业技术学院学报，2021，3.

[11] 赵国华，赵子薇. DC/EP 和 Libra 两种数字货币的比较与发展前景探析[J]. 北方金融，2021，2.
[12] 杨晓晨，张明. Libra: 概念原理、潜在影响及其与中国版数字货币的比较[J]. 金融评论，2019，4.
[13] 姚前. 法定数字货币的经济效应分析: 理论与实证[J]. 国际金融研究，2019，1.
[14] 吴桐，李家骐，陈梦愉. 法定数字货币的理论基础与运行机制[J]. 贵州社会科学，2020，3.
[15] 人大金融科技研究所. 同步跨境支付——Stella 项目第三阶段报告. https://www.hxedu.com.cn/hxedu/w/inputVideo.do?qid=5a79a01881d257e50181d67b1af137cd.

第 4 章 区块链技术、数字货币与数字金融

【学习目标】

1. 掌握区块链技术、数字货币的基本概念和底层架构。
2. 了解区块链技术、数字货币的发展历程。
3. 了解区块链技术与资产证券化及证券型通证发行。

【能力目标】

1. 掌握区块链技术在供应链金融及跨境支付领域的具体应用。
2. 掌握区块链技术在金融风险监控中的作用。

【思政目标】

1. 根据数字金融的创新应用场景,培养创新意识。
2. 尊重规律,理解数字金融给社会带来的变革。

【知识架构】

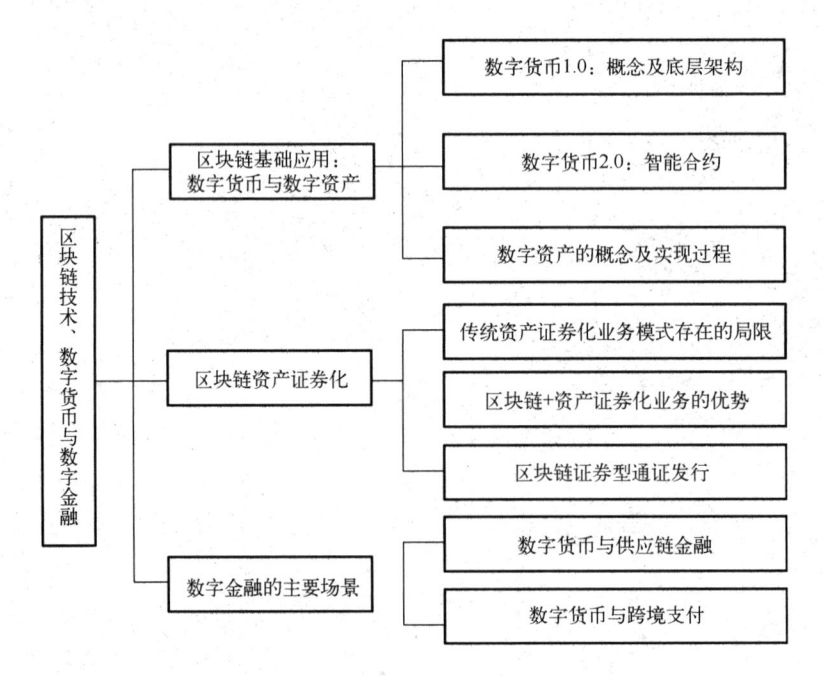

```
                                    ┌─ 数字货币1.0:概念及底层架构
                   ┌─ 区块链基础应用:─┼─ 数字货币2.0:智能合约
                   │  数字货币与数字资产
                   │                 └─ 数字资产的概念及实现过程
区块链技术、       │
数字货币与         ├─ 区块链资产证券化─┬─ 传统资产证券化业务模式存在的局限
数字金融           │                 ├─ 区块链+资产证券化业务的优势
                   │                 └─ 区块链证券型通证发行
                   │
                   └─ 数字金融的主要场景─┬─ 数字货币与供应链金融
                                       └─ 数字货币与跨境支付
```

第 4 章 区块链技术、数字货币与数字金融

【导入案例】

区块链助力数字金融

建设数字中国、发展数字经济是国家重点战略和长期目标。数字金融是国家数字经济战略中的重要组成部分,根据中国人民银行和世界银行合作的报告《全球视野下的中国普惠金融:实践、经验与挑战》对"数字金融"的定义,"数字金融"泛指传统金融机构和新提供商在金融服务的交付中运用数字技术的业务模式。数字金融既包括传统金融服务提供者对数字技术的运用,也包括金融科技公司。

数字金融技术是数字金融的核心驱动力,持续创新是数字金融技术体系的本质属性,区块链是其中的核心技术之一。因此,区块链在数字金融领域应用所面临的问题和需求,可作为区块链关键核心技术发展的重要驱动力。

区块链技术已经开始深入经济社会的方方面面,数字金融已成为我国经济体系重要组成部分,那么,什么是数字金融?背后的区块链技术、数字货币的底层架构是什么?本章将介绍区块链技术、数字货币及数字金融的基本理论,以解决上述种种问题,方便大家学习思考。

4.1 区块链基础应用:数字货币与数字资产

4.1.1 数字货币1.0:概念及底层架构

区块链发展的第一阶段(数字货币 1.0)为以比特币为代表的数字货币,也是现阶段区块链技术最成熟的运用板块,其具有以区块为单位的链状数据块结构、全网共享账本、非对称加密、源代码开源四个特征。从架构看来,数字货币由五个层次组成,分别为数据层、网络层、共识层、激励层和应用层。

数据层是最底层的技术,主要实现了两个功能:数据存储、账户和交易的实现与安全。数据存储主要基于梅克尔树(区块链的重要数据结构,由一个根节点、一组中间节点和一组叶节点组成,叶节点包含存储数据或其哈希值,中间节点是它的两个子节点内容的哈希值,根节点也由它的两个子节点内容的哈希值组成,其作用是快速归纳和校验区块数据的存在性和完整性),通过区块数据和链式结构实现。账户和交易的实现与安全这个功能基于数字签名(又称公钥数字签名,是只有信息的发送者才能产生的别人无法伪造的一段数字串,这段数字串同时也是对信息的发送者发送信息真实性的一个有效证明)、哈希函数(又称哈希或散列,是指将任意长度的二进制值串映射为固定长度的二进制值串的映射规则,具有加密过程不可逆、计算高效等特征,其主要应用为安全加密、唯一标识、数据校验、散列函数、负载均衡、数据分片、分布式存储)和非对称加密技术(加密密钥和解密密钥是不同的,分别称为公钥和私钥。公钥一般是公开的,人人可获取的;私钥一般是个人自己持有,不能被他人获取。公钥用于加密,私钥用于解密。公钥由私钥生成,私钥可以推导出公钥,从公钥无法推导出私钥)等多种密码学算法和技术,保证了交易在去中心化的情况下能够安全进行。

数字货币的网络层为 P2P 网络，从计算模式上来说，P2P 打破了传统的中心化网络(Client/Server，C/S)模式，网络中每个节点的地位都是对等的。每个节点既充当服务器，为其他节点提供服务，同时也享用其他节点提供的服务，具有非中心化、可扩展性、健壮性、高性价比、隐私保护、负载均衡等特征。根据结构关系可以将 P2P 网络细分为四种拓扑形式：中心化拓扑网络、全分布式非结构化拓扑网络、全分布式结构化拓扑网络、半分布式拓扑网络。任一区块数据生成后，将由生成该数据的节点通过 P2P 网络广播到全网其他所有的节点来加以验证，P2P 网络中的每个节点接收到邻近节点发来的数据后，将首先验证该数据的有效性。如果数据有效，则按照接收顺序为新数据建立存储池以暂存尚未记入区块的有效数据，同时继续向邻近节点转发；如果数据无效，则立即废弃该数据，从而保证无效数据不会在区块链网络继续传播。

共识层主要包括共识算法和共识机制，以去中心化的方式就网络的状态达成统一协议。区块链的本质是共识，互不信任的主体间的共识形成了公认的价值。目前为止有工作量证明机制(ProofofWork，PoW，是指用工作量结果来证明贡献大小，再根据贡献大小确定记账权和奖励，即"有且仅有实际劳动成果才能获得奖励")、权益证明机制(ProofofStake，PoS，是指根据数字货币的数量和时间来分配权益及奖励，及"持有数字货币数量越多、币龄越长，获得的奖励越多")、委任权益证明(DelegatedProofofStake，DPoS，是指通过投票选举的方式选举代理人，由代理人代表各个节点履行权利和义务，进行验证和记账)、PoW 和 PoS 结合等十几种共识机制。

激励层包括发行机制和分配机制，通过激励的方式鼓励各个节点参与维护区块链系统安全运行。以比特币为例，其激励机制主要由以下三部分组成：首先，货币总量固定，比特币总量不超过 2100 万个；第二，"挖矿"补贴，每当有"矿工"挖出一个区块，就会发行出新的比特币，挖出一个区块产生的比特币数量都会按几何级数递减；第三，交易费，用户会在交易中包含交易费，作为处理交易的服务费支付给"矿工"。比特币激励机制通过新发行比特币("挖矿")和交易流通过程中的手续费激励"矿工"去验证交易信息，从而维持挖矿活动及区块链账本更新的持续进行。

应用层是指实现转账功能和记账功能的区块链各种应用场景，如比特币、以太坊等就是区块链的应用项目，这个层面包括未来区块链应用落地的各个方面。

4.1.2 数字货币 2.0：智能合约

从架构看来，数字货币 2.0 在数字货币 1.0 五层架构的基础上加入了合约层。合约层封装各类脚本代码、算法及更为复杂的智能合约，是区块链系统实现灵活编程和操作数据的基础。合约层由智能合约、DApp、虚拟机三部分构成，其中智能合约是三者中的核心，DApp 和虚拟机是智能合约的运行载体。

智能合约是由预置触发条件(特定时间、事件等)及预置响应规则(特点交易、动作等)触发后自动执行应对行动的，作为一种自我执行的协议，智能合约被嵌入区块链程序代码中，经 P2P 网络传播和节点验证后记入区块链的特定区块中，满足前置条件和规则后自动执行合约中约定的事务。由此看来，智能合约具有独立性、可靠性、高效率、低成本、安全性等特点。

DApp(Decentralized Applications)即分布式应用，和普通 App 原理类似，但与普通 App 不同的是，它们具有完全去中心化的特点，由区块链网络中每个节点单独运作，不依赖于任何中心化的服务器。根据 David Johnston 在文章 *Decentralized Applications* 里的定义，只有当满足以下所有条件时，一个 App 才可以称之为 DApp：应用必须完全开源、自治并且没有一个实体控制着该应用的大部分代币（通证）；该应用必须能够根据市场的反馈及技术要求进行升级，但是升级必须在应用的用户达成共识之后才可以进行；应用的数据必须加密后存储在公开的区块链上；应用必须拥有代币机制（可以使用已存在的代币或新发行一种内置代币），"矿工"或应用维护节点需要得到代币奖励；代币必须依据标准的加密算法产生，有价值的节点可以根据该算法获取应用的代币奖励。

虚拟机，是指用于编译、执行智能合约的载体。以以太坊的智能合约部署和调用结构为例，以太坊虚拟机是建立在以太坊区块链上的一个代码运行环境，存储于各个节点计算机上，每个参与以太坊网络的校验节点都会运行虚拟机，并将其作为区块有效性校验协议的一部分。每个节点都会对合约的部署和调用进行相同的计算，并存储相同的数据，以确保将最权威（最真实）的结果记录在区块链内。

4.1.3 数字资产的概念及实现过程

数字资产原本的定义是由数字对象衍生出来的一组经济权利的集合体，或者说是基于数字内容的资产，如数字化的文档、图片、音视频等。区块链技术重新定义了数字资产，它的一个重要应用在于可以将合约、票证、证券、资产的表示方式数字化为智能合约或通证，由此实现资产的数字化表达。2009 年，比特币引入了基于密码学共识的去中心化数字货币的概念，随后出现了一大波新的数字资产，其可以用作服务的使用权、项目中贡献量的证明、分布式应用中的激励、代表某种金融权利、内部流动货币、实物资产的所有权证明等。

数字资产的实现过程包括了数字资产确权、资产原生信息的数字化及嵌入智能合约。首先，在数字金融时代，用户可通过数字身份，对拥有的资产进行登记，经分布式网络中的所有用户一致认可后，完成数字资产的初始确认。同时，利用区块链技术及实体制度的设置以保障数字资产权益的履行，其中包括 AID（可信唯一）、信息存证、资产内容的可信保护和关联、法律制度保障等。其次，在资产的数字化过程中，资产的底层信息同步数字化。数字资产的生产和流通，因其数据信息是原生、全量且被记录在链的，因此可以穿透现有金融体系各个节点，可以被追溯及自证和他证。在一个资产底层信息充分披露，同时个人隐私能够得到高度保护的金融体系下，用户即可以产生数据，同时也在创造数字资产，每个人的价值都能得到充分的释放和量化。同时，信息披露机制的自动化、透明化也将大大降低市场参与者的信息搜寻成本。此外，数字资产的交易模式会发生深刻变革，交易双方可以将事前约定的合同条款写入智能合约，待条件触发时自动实现资产的交割和转移，交易流程无须第三方介入，可有效降低监督成本。基于智能合约的数字资产，推动了数字资产向智能资产的转变，或者可以创新并构建无须信任的去中心化的资产管理模式。数字资产的出现，或将重构金融市场的运行方式，允许大量传统的非标准化资产进入金融市场，低成本地在投资者之间流通，将催生金融业的革命，推动数字金融体系的建立。

4.2 区块链资产证券化

4.2.1 传统资产证券化业务模式存在的局限

资产证券化业务通常是指以基础资产所产生的现金流为偿付支持,通过结构化等方式进行信用增级,在此基础上发行资产支持证券的业务活动。对于融资者而言,资产证券化业务是一种债务融资;对于投资者而言,资产证券化产品是一种固定收益品种。2020年,我国共发行标准化资产证券化产品28749.27亿元,同比增长23%;年末市场存量为51862.60亿元,同比增长24%。随着市场创新的推进,资产证券化的流程、结构日益复杂,具有参与者多、交易结构复杂、操作环节多、数据传递链条长、后续管理事项多等特征。传统资产证券化业务模式在流程和数据处理方面存在诸多局限。

1. 底层资产不透明

资产证券化业务主要包括以下几个流程:构建基础资产池,将资产方(发起人)未来能够产生现金流的资产进行剥离、整合;组建特殊目的载体(SPV),将基础资产打包转移或出售给SPV;发行销售与资金支付;对资产池实施存续期间的管理和到期清偿结算工作。第一环节的基础资产实际质量难以保证、真实性水平较低,投资者和中介机构难以穿透底层把握风险,信息不对称矛盾突出。对于投资者而言,资产透明度低,投资风险高,会要求更高的收益,这加剧了融资方的融资成本。对于发行人和第三方评级机构而言,资产信息不对称造成了尽职调查、估值、产品设计、评级、发行、存续期管理过程不透明等问题。中心化的管理模式缺乏可信度,客观性难以考量。

2. 数据流转效率低

资产证券化作为一种结构化融资方式,交易结构相对复杂,参与主体较多,数据传递链条较长,中介机构数据与文档获取和同步流程烦琐复杂。在资产证券化产品设计、尽职调查和发行阶段,涉及各参与者多个业务系统的对接,由于缺乏标准的数据流转流程,且各参与者的业务系统存在一定对接难度,原始信息分散、对账困难、各参与者之间的数据流转低效等问题使得各方在获取、处理和展示数据的过程中会产生一定的信息损失,从而导致信任问题。

4.2.2 区块链+资产证券化业务的优势

区块链+资产证券化是指通过区块链技术将资产证券化的基础资产清楚真实地记录在区块链网络中的每一个节点中,使得该项目的所有参与者都能够看透项目基础资产,进行完全信息披露,从而使主体信用评级和项目信用评级分离。区块链公开透明、分布式存储、不可篡改等特性,使得现有证券体系可以进一步优化。区块链技术运用在资产证券化业务中具有如下优势。

首先,区块链技术可以有效解决资产证券化业务信息不对称的问题,从而提高基础资产的真实性。利用区块链技术，可以将发行人、投资者、第三方评级机构、公证机构、监管机构等参与者组成联盟链，重新设计与定义资产登记、尽职调查、产品设计、销售发行等各个环节，由各环节参与者分别写入底层资产信息、发行计划书、资产评级报告、资产变动明细等信息，各节点共同维护一套交易账本数据，实时掌握并验证账本内容，实现资产信息快速共享与流转，确保基础资产形成期的真实性和存续期的监控实时性。同时，将业务操作、审批痕迹等项目运转全过程信息上链，借助区块链不可篡改的技术特性实现全程可追溯，使整个业务过程更加规范化、透明化及标准化，让其他参与者可以清楚直观地了解基础资产，从而实现信息透明公开，解决交易各方对底层资产真实性的信任问题。

由于底层资产信息更加透明，各个参与者可以利用区块链技术快速有效地获取数据，从而有效降低数据流转过程中导致的信息损失。在执行过程中，降低沟通成本，从而提高效率。

其次，将基础资产的全部信息可视化，可以快速有效地筛选出符合标准的资产。区块链通过实现对整个资产池存续期严格的跟踪和监控，为证券化产品及市场提供透明、安全的平台，从而使存续期基础资产的回收款、现金流的分配以更透明的方式进行，降低原始权益人资金混同的风险，并有利于计划管理人在贷后管理中进行风险监测和预警。同时，投资者、监管机构亦可随时进行查看，准确知晓各时间节点产品状态，及时了解该项目存在的系统性风险。

分布式账本使各业务操作可以通过智能合约自动执行完成。例如，国泰君安于 2015 年 8 月利用区块链技术推出的资产证券化项目，在不同的业务场景下设计了不同的智能合约模板，将智能合约运用于基础资产筛选、现金流预测、信用定价等流程中，达到相应的条件时会根据交易结构的安排触发相应的机制，降低了参与者的操作、合规、对账成本；另外，该项目利用智能合约设计了一系列激励机制，鼓励各业务参与者诚信交易、按时履约，打造了良好的信用环境，以保障资产证券化流程顺利运行，提高了资产证券化效率。

4.2.3 区块链证券型通证发行

1. 证券型通证发行的定义及形式

证券型通证发行(Security Token Offering，STO)是一种以通证(可流通的价值加密数字凭证，需要具备数字权益证明、加密、流通三大要素)为载体的证券发行。STO 的核心参与者包括资产方(进行通证化的资产拥有者)、交易机构(资产通证化后的发行和交易平台)、搭建者(资产通证化的技术搭建者)、投资者(合格的投资人或机构)。相比于普通的资产证券化项目，证券型通证的真实性、防篡改性、保护隐私等能力由密码学予以保障，并且可以在区块链的每个网络节点随时随地进行验证。在确定的监管框架下，通过非公开募集和公开募集来对外进行融资，可以将现实中已经存在的金融资产或权益进行通证化，如公司股权、债权、知识产权、房产、利润、艺术品、信托份额或黄金珠宝等实物资产，都可以转变为链上的数字资产。

在具体的金融实践中,证券型通证有以下四种形式。

(1)通证化风险投资基金(Tokenized VC Funds):通证化风险投资基金为通证持有人提供对基金份额的索偿权。

(2)类股票通证(Share-Like Tokens):具有诸如对某一实体享有所有权份额、LP 份额、投票权、股息、利润份额或对未来成功的某一实体享有利益等特征。

(3)资产支持通证(Asset-Backed Tokens):这种通证可以用于实物或虚拟的资产,类似于将房屋抵押贷款组合在一起创建证券的形式来创建一个抽象层,该层将不同的资产捆绑在一起作为底层资产以创建通证。

(4)加密债券(Cyprto-Bonds):具有消除中间商和注册机构、减少结算时间、降低运营风险的优点。

2. 资产支持通证的优势

资产支持通证是对资产证券化业务的优化与改进,具有更好的流动性、协议层面自动化管理、24 小时交易、更小的交易单位等优势。以股权区块链证券型通证发行流程为例,发行人首先通过共识协议在区块链上生成自己的证券型通证,与节点中的法律代理商共同完成通证的合规手续;完成合规手续后,确定首次募股合约地址,通证可以开始流通。交易和流通的具体细则写入智能合约,投资人通过平台内的 KYC(反洗钱)服务商完成 KYC 验证,满足智能合约的条件后获得相应的投资资格,可以在一级或二级市场上进行证券型通证交易。相比传统融资方案(如 IPO),STO 以智能合约和各个节点共识机制替代了传统实体中介的角色,简化了手续,节省了时间,提高了速度,降低了费用,在融资效率、融资时间、融资成本、融资地域、信息对称等方面都优于 IPO,更加适合双创企业、高科技中小企业,可以降低中小微企业的融资成本。其次,将智能合约的可编程性内置于通证中,如可以将所有参与者数字身份的合规性进行编程内置于通证中,通过预置规则来进行接收分配并允许行使其他权利,大大提高了结算效率。此外,区块链不可篡改特性保证了通证资产的不可篡改性,同时通证持有人不可能做到"双花"其代币——接收两个不同来源的相同通证,并且保留了每个交易和所有者的公开踪迹,降低了信息不对称程度,有助于减少欺诈和伪造交易。

3. 各国态度及监管措施

从目前各个国家、地区颁布的 STO 相关政策来看,美国、欧洲、加拿大、新加坡等发达国家和地区细则较为完善,态度较为开放。同时,由于 STO 自身的证券属性,因此也天然地适合在金融和证券体系完备、监管较为明确的地方率先取得突破,也从侧面反映出 STO 与国家的金融发展程度有一定的相关性。

中国对于 STO 的态度比较严苛。泰国、日本等国家曾表示对 STO 进行系统性调查和监管,整体态度比较中性。对于大多数发展中国家而言,由于自身发展相对落后,且外部国际形势较为动荡,对于新兴行业的监管处于比较被动的状态。中国香港在最近两年的 STO 监管领域的动作比较活跃,如香港证监会此前正在将符合要求的虚拟资产交易平台放入监管"沙盒"。在 2020 年,OSL 获得香港证监会牌照,可交易 BTC、ETH 和经过筛选的证券型通证,OSL 也成为亚洲第一个持牌虚拟资产交易平台。STO 作为一个新兴发展的市场,监管层面的态度对于 STO 的发展起着关键性作用,其在更长期内的项目和市场表现仍需要进一步的观察。

4.3 数字金融的主要场景

区块链在金融领域的应用主要包括内生改良和外部赋能两方面。在内生改良方面,有供应链金融、农业金融、贸易金融、普惠金融等应用;在外部赋能方面,金融机构也为智慧城市、"三农"、民生等领域提供了较好的区块链应用服务。比如,有医保区块链平台、区块链债券发行平台、存证平台、区块链精准扶贫平台等应用案例。下面将从区块链赋能数字金融的两个主要场景进行详细介绍。

4.3.1 数字货币与供应链金融

1. 供应链金融的类型及主要风险

美国供应链管理专业协会的《供应链管理流程标准》指出,计划、采购、制造、交付和回收是企业供应链管理流程的五个环节,每个环节包括了供应商、客户、第三方(物流、金融、保险、检验检疫、认证服务等)等众多参与主体。区块链在供应链中应用的典型场景包括采购流程的供应商认证、采购合约、产品或原材料溯源,交付流程的订单接收与确认、在途跟踪,以及回收流程的退货授权、售后服务跟踪等环节。按融资模式进行划分,供应链金融现有的融资模式可以分为三大类:预付账款融资、库存融资、应收账款融资。

预付账款融资是指企业以"未来存货"为质押品向银行申请贷款用以预付货款,同时由银行控制"未来存货"提货权的融资模式。预付账款融资模式下,参与主体较多,各主体之间物流、资金流及信息流纵横交错,使得银行很难把握供应链运行中的真实贸易过程,往往存在着虚构贸易背景、挪用信贷资金的风险。

库存融资是指融资企业将存货(原材料、半成品、成品)质押给银行以获得贷款的融资模式,是一种基于货权控制的融资。库存融资的一种主要形式是仓单质押。大宗商品尤其是钢铁、铜、铝等是库存融资模式中的重要质押品。对于这类动产,银行不可能自建一个仓库来保管,只能通过第三方仓储公司出具的仓单来获得控制权,但因为银行间关于仓单质押的信息是不共享的,加之仓单质押业务牵涉多头、流程复杂,仓单往往存在造假和重复使用的风险。

应收账款融资是指银行以真实贸易合同产生的应收账款为基础,为卖方提供的,以应收账款作为还款来源的融资模式。在应收账款融资过程中,银行应通过核查每笔应收账款对应的销售合同、出库单、运输单、验收单、回款单等相关文件,以明确应收账款的真实性。但是,这些文件很容易造假,因此,应收账款融资模式下往往存在着应收账款造假的风险。

2. 具体应对措施及方案

一方面,银行可以使用数字货币放贷,依托数字货币及智能合约可编程、可追踪的特性，以很低的管理成本直通式掌握贷款资金的使用情况，避免企业挪用贷款资金的风险。预付账款融资模式下，企业与上游多家供应商签订购销合同，据此，企业向银行提出预付款融资申请；银行进行尽职调查，评估企业是否符合贷款要求。如果满足贷款要求，作为放款智能合约的前置条件，要求该企业在获得贷款后必须通过数字货币与上游供应商进行贸易结算。数字货币的可编程脚本字段设定两个锁定条件：一个是银行、企业、上游供应商需同时出具数字签名；另一个是根据购销合同内容设定这笔数字货币贷款的有效期，超出有效期，还没有支付的数字货币贷款将自动转回银行账户。通过这两个锁定条件可以有效避免挪用贷款资金的风险。

另一方面，库存融资模式下，可以将作为质押品的仓单资产上链，形成仓单数字资产，字符串中记录质押品的关键信息，如仓单出具方、质押方、质押品的数量、价格、来源、仓单锁定期限等。应收账款融资模式下，将由真实贸易合同产生的应收账款上链，关键信息包括每笔应收账款对应的销售合同、出库单、运输单、验收单、回款单等相关文件内容；同时，实时对应仓单资产和应收账款的实物流转，由流转过程中的第三方机构记录在链。这些信息记载在数字资产字符串的应用扩展字段，企业向银行提出仓单或应收账款质押贷款的申请时，银行可以进行相关信息的查询，查验申请质押的仓单是否存在造假和重复质押以及应收账款是否存在造假的风险。

4.3.2 数字货币与跨境支付

1. 跨境支付现状及存在的问题

(1) 传统跨境支付模式

传统跨境支付所用到的方式有电汇、西联、MoneyGram、国际信用卡等，其中，电汇的速度虽然快，但是受到时间和空间的限制，先付款后发货的前T/T模式容易引发信任危机；西联汇款手续简便，速度快，完善了在线汇款方式，增加了便利性，但其由买方承担汇款费用，尤其在小额款项中收费相对较高，并且当前只能用美元结算汇款；MoneyGram汇款方式简单，交易速度快，手续费也不高，不过汇款人和收款人必须是个人；国际信用卡付款过程操作便捷，简单方便，与持卡人的信用状况紧密关联，有效降低了可能存在的拒付风险，但需要支付开户费和年服务费用于支付网关的通道维护，通常情况下，国际信用卡还会对信用额度进行限制，有的会限制日交易额和单笔交易额。综合来看，传统跨境支付市场无法提供一种全球都能够接受，并且满足全球用户需求的支付方式，每一种支付方式都有利有弊。

传统跨境支付往往需要四个环节，但每个环节都存在着相应的痛点。

第一是支付发起阶段，付款方银行或汇款公司收到汇款人向另一个国家收款人的转账汇款需求后，首先要进行身份核验与反洗钱核查，收取资金和服务费，然后再确认并且开始处理汇款业务。在这个阶段，一方面，汇款人和收款人的信息通过人工收集，效率太低；另一方面，由于银行或汇款公司对客户身份信息和相关文件控制力有限，因此身份核验环节的可靠性存在质疑。

第二是资金转移阶段，个人跨境转账需要跨越支付机构、银行和国际间结算网络，整个过程由于串行处理而效率低下。SWIFT(环球同业银行金融电讯协会)的付款方银行或汇款公司可以直接通过 SWIFT 网络进行汇款；而非 SWIFT 成员的付款方银行或汇款公司需要通过当地代理银行进行汇款。在这个阶段，资金流和信息流经过多个机构，容易产生成本高、耗时长、出错率高等问题。

第三是资金交付阶段，收款人收到通知后去取款，收款方银行或汇款公司对其进行身份核验，然后以当地货币将相应款项支付给收款人。在这个阶段，与支付发起阶段一样，身份核验环节的可靠性存在质疑，并且有些汇款公司(如西联)要求必须收款人本人去取款。

第四是支付之后阶段，根据当地监管法规要求，所有银行和汇款公司需要定期向监管部门提交跨境支付业务信息(包括汇款人及收款人身份、汇款金额、币种及时间戳等)。在这个阶段，监管合规要求比较高，由于数据来源及渠道多样化，银行和汇款公司向监管部门提交业务信息时，不仅需要报送复杂的业务流程，而且需要高成本的技术功能支持。

(2) 新型跨境支付模式

相对于传统跨境支付服务企业而言，第三方支付凭借技术手段不仅降低了跨境支付的交易成本，同时提高了服务频次，且受众群体覆盖到众多中小企业与个人用户的小笔交易，同时提供的支付综合解决方案也能较好地满足不同用户的体验，由此也使得第三方支付获得了越来越大的跨境支付市场份额。但第三方支付平台往往有着较高的提现手续费；收款人的资金容易出现沉淀，如果流动性管理效率不高，能导致支付风险和资金安全问题；当前未能实施强制性付款约束，第三方支付平台一般会偏向交易纠纷中的用户利益，可能导致卖方出现拒付风险。

以比特币为代表的数字货币近年来在跨境支付活动中开始发挥越来越重要的作用，使全球跨境支付体系的重组成为可能。用户可以在国内通过销售终端、在线接口等，将本国的法定货币兑换为数字货币并储存在数字钱包中，然后通过数字货币的安全网络跨境传输到海外收款人的数字钱包并以相同方式兑换为当地的法定货币。由于数字货币通常是基于分布式账本技术的代币，该技术能够确保交易具有可追溯性且不易被篡改。更为重要的是，其所支持的去中心化的交易模式使跨境支付效率得到极大提升，可从传统的 3~5 天缩短到 1 天之内；同时交易费用也大幅下降，从传统系统的 7.21% 降至 1% 以下。但是，游离于传统货币体系之外的数字货币给跨境支付活动的监管带来了巨大的挑战，特别是在反洗钱、反恐怖主义融资、消费者保护、税收和资本管制等方面。首先，采用加密技术的数字货币具有匿名性特征，难以追踪交易者身份，因此便于隐瞒和掩饰资金的非法来源或受制裁的目的地，从而为洗钱、恐怖主义融资等违法的跨境资金活动创造了便利。其次，作为近年才涌现的新型金融业务，许多相关的中介机构和服务提供商尚未被纳入监管网络，黑客攻击和诈骗活动时有发生，加上交易通常具有不可逆性，导致消费者的利益难以得到有效保护。再次，采取加密技术、点对点交易模式且跨境转移极为便利的数字货币，还成为逃税、漏税活动的重要通道。最后，由于数字货币的跨境流通总是绕过传统的跨境支付体系，因而给外汇管制和资本流动管理带来了困难。

2. 具体应对措施及方案

可以看出，目前跨境支付服务主体均没有解决中心化控制及支付交易时效慢的问题，上述挑战很大程度上源于私人数字货币的去中心化特征，导致监管对象难以清晰界定。然而一旦数字货币由央行发行并统一监管，上述许多问题将便于解决。由此可见，在传统数字货币基础上衍生的央行数字货币会是重建全球跨境支付体系的更优选择。

与传统跨境支付模式相比，将央行数字货币运用在新型跨境支付模式的潜在效益和主要优势在于：

(1) 减少人工处理环节，并且付款方银行直接联系收款方银行，缩短清算时间，显著加快交易总体速度；

(2) 去除中介机构，消除中转银行费用，减少外汇汇兑、合规和差错调查环节，有效降低交易成本；

(3) 跨境支付交易的流程更加透明，分布式账本技术可保证交易的可追踪性及可追溯性，大幅提高交易安全性，降低资金风险。

央行数字货币使用的区块链技术用数学方法建立交易者之间的信任，利用其数据库存储的客户电子档案进行客户身份识别、核验，为合规监管提供了全新的解决方法和思路。与以比特币为代表的新型跨境支付模式相比，由于央行数字货币中心化设计的特点，将央行数字货币运用在支付领域完整地保留了央行中心化控制的权力，一定程度上解决了加密数字货币领域存在的不易监管问题，同时，也保留了加密数字货币运用区块链技术的优点。央行数字货币所具有的分布式账本技术、点对点支付、可控匿名性、可追溯性、可编程性等特点，使之可以在有效改善当前跨境支付耗时长、费用高等问题的同时，实现央行对跨境支付活动的有效监管。

本 章 小 结

数字货币 1.0 阶段为以比特币为代表的数字货币，也是现阶段区块链技术运用最成熟的板块，数字货币 2.0 封装各类脚本代码、算法以及更为复杂的智能合约，是区块链系统实现灵活编程和操作数据的基础；数字资产确权、资产原生信息的数字化以及嵌入智能合约保证了数字资产的出现。证券型通证发行是区块链基于数字货币和数字资产的进一步发展形式，解决了传统资产证券化业务中底层资产不透明、数据流转效率低等问题。此外，数字货币在供应链金融、票据交易、跨境支付与结算、客户征信与反欺诈等普惠金融领域都有着良好的应用前景。

关 键 术 语

区块链技术；数字货币；证券型通证发行；数字金融

思 考 题

1. 什么是数字货币和数字资产,其底层架构是什么样的?
2. 分别阐述传统资产证券化及证券型通证发行的定义及区别。
3. 证券型通证发行有哪些优势?
4. 简述当前供应链金融领域及跨境支付领域存在的问题。
5. 简述区块链在供应链金融和跨境支付领域的应用前景及优势。
6. 谈谈你对未来区块链应用场景的看法。
7. 结合实际,谈谈区块链技术给生活带来的变化。

案例分析

区块链技术赋能数字金融

数字金融的最终目标是实现普惠金融,因此区块链技术应用不能仅限于抽象的数字货币,区块链技术的最终发展方向应是脱虚向实,赋能实体经济。从金融实务来看,在供应链金融领域,区块链技术产生了较为显著的应用效果。在传统的供应链金融业务中,核心或主导企业的信用往往只能向上或者向下辐射一级,供应链过长、参与企业过多、信息不对称、流程复杂等因素影响了信用的高效传递,离核心企业越远的供应商、经销商,可能恰恰是越需要融资的中小企业。

由于信用风险的考量,中小企业相较于核心企业更难融资。中小企业经营信息披露不全,管理制度不完善,导致难以融资,从而无法持续发展,陷入恶性循环,生存空间被压榨。对中小企业融资的挤压其实体现了金融供给结构与金融有效需求结构的失衡,影响了金融资源的优化配置,限制了普惠金融的发展,成为金融业的一个短板。

区块链技术在普惠金融和小微金融的发展中,能够起到很大的促进作用,区块链技术有助于打通供应链,确保资金流传送至长尾中小企业,从而助力于金融服务实体经济。首先,区块链的密码学解决方案,能够实现在数据隐私不泄露的情况下,分享使用数据的价值,从而丰富金融机构能够用于风险控制的数据,帮助中小企业和金融机构更好地建立风险画像和进行风险评估,促进中小企业融资的发展。其次,区块链信息难以篡改、可追溯的特点,能够在一些金融领域如供应链金融中,实现信用的多级穿透和辐射效应,而有了基于区块链的电子凭证后,核心企业的信用能够多级穿透,辐射到二级、三级的供应商和经销商,帮助他们融资。此外,区块链的技术特性,还有助于我们探索金融创新,开拓全新的金融服务模式。例如,在跨境贸易融资方面,通过整合资金流、物流、信息流,帮助金融机构识别融资风险,帮助优质的中小企业获得银行贷款,从而提高中小企业融资的效率和便利性。

参 考 文 献

[1] 巴曙松. 区块链技术赋能数字金融[EB/OL]. https://www.hxedu.com.cn/hxedu/w/inputVideo.do?qid=5a79a01881d257e50181d67b1af137cd.

[2] 加密金融实验室. 被低估的 STO：万物皆可 Token 化. https://www.hxedu.com.cn/hxedu/w/inputVideo.do?qid=5a79a01881d257e50181d67b1af137cd.

[3] 秦谊. 区块链技术在数字货币发行中的探索[J]. 清华金融评论，2016(05)：19-22.

[4] 杨望，周钰筠. 区块链在资产证券化中的应用[J]. 中国金融，2018，000(021)：67-69.

[5] 黄奇帆. 数字化、区块链重塑全球金融生态[J]. 全球化，2019(12)：9-15+134.

[6] 许嘉扬. 基于区块链技术的跨境支付系统创新研究[J]. 金融教育研究，2017，30(06)：9-14+25.

[7] 刘东民，宋爽. 法定数字货币与全球跨境支付[J]. 中国金融，2017(23)：75-77.

[8] 李青. 区块链技术在跨境支付中的应用分析[D]. 天津商业大学，2019.

[9] 李丽. 区块链技术在跨境支付领域的应用研究[J]. 金融科技时代，2017(12)：60-62.

[10] 秦谊. 区块链技术在数字货币发行中的探索[J]. 清华金融评论，2016(05)：19-22.

[11] 黄奇帆. 数字化、区块链重塑全球金融生态[J]. 全球化，2019(12)：9-15+134.

[12] BECK R, AVITAL M, ROSSI M, et al. Blockchain Technology in Business and Information Systems Research[J]. Business & Information Systems Engineering: The International Journal of WIRTSCHAFTSINFORMATIK, 2017, 59(6):381-384.

[13] QIU T, ZHANG R, YUAN G. Ripple vs. SWIFT: Transforming Cross Border Remittance Using Blockchain Technology - ScienceDirect[J]. Procedia Computer Science, 2019, 147:428-434.

[14] MAGAZZENI D, MCBURNEY P, NASH W. Validation and Verification of Smart Contracts: A Research Agenda[J]. Computer, 2017, 50(9):50-57.

[15] CASEY M, CRANE J, GENSLER G, et al. The impact of blockchain technology on finance: A catalyst for change[J]. 2018.

[16] RINAUDO C L, LEE S, HALI K. How Securitization Can Benefit from Blockchain Technology[J]. Journal of Structured Finance, 2017, 23(2):51-54.

[17] SINDLE G, HERNANDEZ L, SANTHANA P, et al. Applying Blockchain in Securitization: Opportunities for Reinvention[J]. 2017.

第5章　法定数字货币与中央银行

【学习目标】

1. 了解央行发行数字货币的主要优势。
2. 掌握数字人民币对货币政策工具、货币政策中介目标和货币政策最终目标的影响，明确货币政策传导机制在数字人民币影响下的具体变化。
3. 熟悉数字人民币对支付清算体系的影响及数字人民币发行方式对支付清算机构的影响。

【能力目标】

1. 梳理本章节中法定数字货币与央行的关系脉络。
2. 熟悉本章节中所涉及的货币金融学理论。
3. 掌握用基本数学工具阐述法定数字货币对央行货币政策产生影响的方法。

【思政目标】

1. 了解央行发行数字人民币在我国经济社会发展中的优势。
2. 明确数字人民币给央行货币政策带来的传导机制变革。
3. 研讨数字人民币在我国支付清算体系完善及优化过程中的创新意义。
4. 探索数字人民币在中国现代化支付系统中的关键作用，思考央行货币政策变化如何助力我国数字经济发展。

【知识架构】

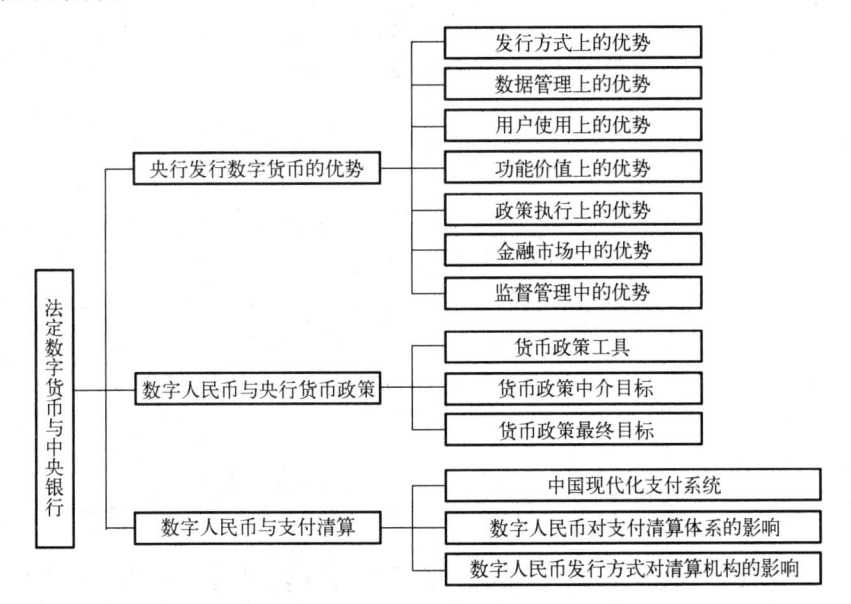

```
                          ┌─ 发行方式上的优势
                          ├─ 数据管理上的优势
                          ├─ 用户使用上的优势
        ┌─ 央行发行数字货币的优势 ─┼─ 功能价值上的优势
        │                 ├─ 政策执行上的优势
        │                 ├─ 金融市场中的优势
        │                 └─ 监督管理中的优势
法定数字   │
货币与    ─┤                 ┌─ 货币政策工具
中央银行   ├─ 数字人民币与央行货币政策 ─┼─ 货币政策中介目标
        │                 └─ 货币政策最终目标
        │
        │                 ┌─ 中国现代化支付系统
        └─ 数字人民币与支付清算 ─┼─ 数字人民币对支付清算体系的影响
                          └─ 数字人民币发行方式对清算机构的影响
```

数字货币概论

【导入案例】

个人钱包开立数量过亿

据媒体资料显示，不论是覆盖地区、应用场景，还是个人钱包开立数量，我国数字人民币试点目前呈现"全面开花"态势。最新数据显示，数字人民币个人钱包累计开立数量已经过亿。其应用场景也向纵深推进，除日常生活消费场景之外，数字人民币将扩展到证券行业等领域。

数字人民币试点推广更加"纵深化"，重点场景拓展愈发深入，让外界对其全面应用有了更多想象空间。展望未来，数字人民币受理环境建设、安全和风险管理机制、监管框架等仍有待进一步完善。数字人民币作为金融公共基础设施的开放性及作为新一代支付工具的先进性和信息安全方面的领先性，也需要真正获得市场和用户的认可。

数字人民币推广的全面提速有数据印证。一方面，数字人民币覆盖的用户主体、开立的个人钱包的数量不断上升。截至2021年10月22日，已经开立数字人民币个人钱包1.4亿个。另一方面，数字人民币试点场景类型更加丰富，目前，数字人民币试点场景已超过350万个。"当前数字人民币零售应用场景已呈现'全面开花'之势，不仅在政府类、公共事业类支付项目上高歌猛进，对于百姓衣食住行乃至文化娱乐等商业场景的覆盖度也快速提升，同时呈现线上线下互相结合、B端C端彼此促进的良好发展势头。"中国政法大学法治与可持续发展研究中心副主任车宁表示。

与此同时，数字人民币的应用场景也将扩展到证券行业。北京证监局、北京市地方金融监管局日前公布首批拟纳入资本市场金融科技创新试点的项目名单，其中包括银河证券和中国工商银行联合推出的"证券行业数字人民币应用场景创新试点"。该方案围绕用户购买金融服务、购买理财产品的实际需求，结合数字人民币的特征，设计了"数字人民币购买付费金融服务""三方存管体系下数字人民币投资场外理财产品"及"数字理财钱包体系下数字人民币投资场外理财产品"三种证券行业应用场景。博通咨询金融行业资深分析师王蓬博表示，该项目发挥出了数字人民币在资金流转中安全可追溯的特性。

数字人民币的试点朝着更深层次推进，赋予数字人民币应用更多的想象空间。

资料来源：《经济参考报》官方网站

在各类型数字货币百花齐放的今天，各国央行纷纷发行法定数字货币，法定数字货币的概念有两个重点：第一，央行数字货币是数字形式的法定货币，具有国家信用背书和法偿能力；第二，法定数字货币和纸钞及硬币等价，主要定位于M0，即流通中的纸钞和硬币。那么，央行发行数字货币的优势是什么？数字货币对央行货币政策和支付清算体系会产生什么样的影响？本章将通过数字人民币介绍法定数字货币与央行的相关知识，以解决上述种种问题，方便大家学习思考。

5.1 央行发行数字货币的优势

有种种迹象表明，中国在发行和设计央行数字货币方面走在世界前列。根据之前章节的内容,央行数字货币(Central Bank Digital Currency,CBDC),又称法定数字货币,就是由一国央行发行的、具有法律效力的数字货币。既采用目前数字货币的算法化、智能化的技术,又用国家主权提供信用背书。从目前申请的专利和发表的论文来看,中国的央行数字货币设计框架和运行机制已经大体确立。中国人民银行数字货币研究所所长姚前撰文指出,"在价值维度上央行数字货币是信用货币""在技术维度上央行数字货币是加密货币""在实现维度上央行数字货币是算法货币""在应用维度上央行数字货币是智能货币"。

5.1.1 发行方式上的优势

具体而言,我国央行数字货币将采用"央行—商业银行"的双层架构,延续了现行纸币发行流通模式。央行负责央行数字货币的发行与验证监测,并将央行数字货币发行至数字货币商业银行数据库。商业银行受央行委托向公众提供央行数字货币存取等服务,负责提供央行数字货币流通服务与应用生态体系构建服务,并与央行一起维护央行数字货币发行、流通体系的正常运行。中国人民银行有关人员撰文指出,"双层投放"有利于充分利用商业银行现有资源、人才、技术等优势,通过市场驱动,促进创新、竞争选优。

5.1.2 数据管理上的优势

我国的央行数字货币将采用最新的云计算和区块链技术,很可能会使用区块链技术来拓展应用场景,但一定是经过改造后的区块链技术。央行数字货币是中心化的,在避免区块链去中心化特征的同时,也可以使用其全程留痕、不可篡改、可追溯性、智能合约、共识机制等特点,使得央行数字货币真正能够在区块链上实现智能合约。

5.1.3 用户使用上的优势

央行数字货币将为每个人开通数字货币钱包,采取松耦合的方式以及"前台自愿,后台实名"的原则。央行数字货币作为一串由特定密码学与共识算法验证的数字,可以储存或携带于数字货币钱包中,而数字货币钱包又可以应用于移动终端、PC终端或卡基上。人们通过数字货币钱包完成央行数字货币的存储、交易、借款、贷款等活动。央行数字货币提供公共的数字付款方式,加强金融的包容性。一方面,央行数字货币可以完善征信信息,减少信息不对称。对在传统金融服务中因征信数据缺少、固定资产较少等原因难以获得信贷的中小企业和个人而言,央行数字货币能有效改善这一现象,提升信贷可得性。另一方面,央行数字货币可以提供更为便捷的访问金融服务的途径。商户有动力完善央行数字货币账户的应用场景和生态服务链以抢占客户,从而潜在地解决了银行对金融服务设置的限制,以及银行网点不足的社区面临的许多问题。

5.1.4 功能价值上的优势

从功能而言,央行数字货币也将实现很多创新。首先,在移动支付方面继续引领世界潮流。当前,中国的支付宝和微信支付已经在移动支付方面引领全球,但基于银行活期存

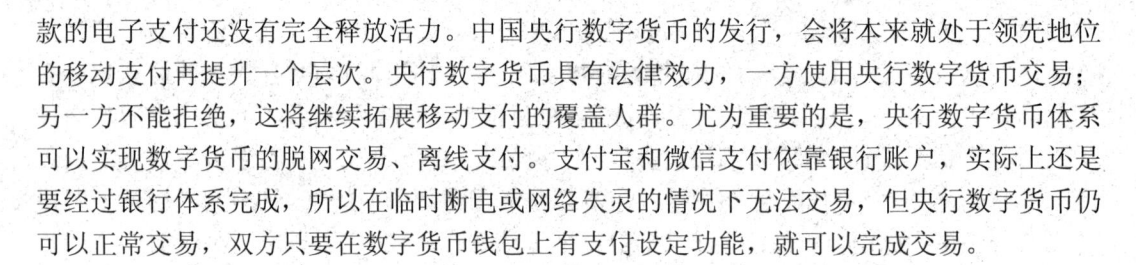

款的电子支付还没有完全释放活力。中国央行数字货币的发行，会将本来就处于领先地位的移动支付再提升一个层次。央行数字货币具有法律效力，一方使用央行数字货币交易；另一方不能拒绝，这将继续拓展移动支付的覆盖人群。尤为重要的是，央行数字货币体系可以实现数字货币的脱网交易、离线支付。支付宝和微信支付依靠银行账户，实际上还是要经过银行体系完成，所以在临时断电或网络失灵的情况下无法交易，但央行数字货币仍可以正常交易，双方只要在数字货币钱包上有支付设定功能，就可以完成交易。

5.1.5 政策执行上的优势

从公开论文看，央行数字货币系统将在央行发行数字货币时设计"触发机制"，只有符合央行设定的发行条件，才能启动"触发机制"，成功发行数字货币。这将让央行拥有追踪货币流向的能力，从而可以建立精准执行货币政策、精准预测市场流动性的超级能力，也让打击洗钱、逃漏税等金融犯罪活动变得更简单透明。比如，国家要求支持中小民营企业和实体经济，那么在使用数字货币发放贷款时，就可以把是否满足中小民营企业、是否是实体经济、是否实行利率优惠等作为"触发机制"的前置条件，从而使得国家的货币政策能够得到精准执行。央行数字货币可通过带有"条件触发机制"的智能合约，对信贷主体和使用场景予以限制，实现贷款的精准投放，避免资金空转。同时，分布式账本技术的应用能促进央行数字货币交易中介的扁平化，增加金融市场的流动性，疏通利率传导渠道，有效加强货币政策传导效果。

5.1.6 金融市场中的优势

央行数字货币有助于对抗私人数字货币，增强金融市场稳定性。由受信任的政府支持的国内发行的数字货币以本国账户为单位，可能有助于限制私人发行的数字货币（如稳定币）的使用。这些私人数字货币可能难以监管，并可能对金融稳定和货币政策传导造成风险。在某些国家（如瑞典），有越来越多的支付系统集中在一些非常大的公司手中。在这种情况下，一些央行可以将自己拥有的数字货币视为增强支付系统弹性和增强该行业竞争力的一种手段。同时，央行数字货币使得支付系统稳定高效，支付摩擦减少，实现金融普惠。央行数字货币作为国家的法定数字货币，相比于私人数字货币更易于被公众接受，其通过顶层设计可避免物理货币的防伪与损耗成本，并减少价值交换中中介机构的第三方手续费和摩擦成本。对内可抵御私人数字货币对主权货币的侵蚀，提升支付清算基础设施的效率，提振公众对本国金融体系的信心，对外可提供给客户更便捷、更低价的跨境支付手段，提升本国货币国际化程度。央行数字货币可以降低纸钞、硬币的印制、发行、贮藏等各环节的成本并通过减少支付摩擦来提高效率，金融普惠的优势也因此而显现。

5.1.7 监督管理中的优势

央行数字货币的可追踪性能够有效降低洗钱风险，减少监管难度。纸币由于其物理属性无法被监管部门追踪，部分加密私人数字货币也由于其去中心化的设计而具有匿名性，导致经济犯罪层出不穷。不同于纸币和私人数字货币，央行数字货币中心化发行，并通过分布式账本技术留下交易记录，辅之以大数据分析，可进行反洗钱、支付行为和监管调控指标分析，能有效减小经济犯罪发生的可能性。同时，央行数字货币保护个人隐私，可满足匿名支付的需求。在风险控制方面，按照《中国金融》杂志的说法：央行不同于商业机构，不会通过用户个人信息牟利，隐私泄露的风险是非常小的。隐私泄露风险可以大大规避。央行数字货币具有可追溯的匿名性，不仅能够满足匿名支付的需求，还能够在必要的时候进行监管，防范欺诈和洗钱等问题的发生，更加尊重用户隐私。

5.2 数字人民币与央行货币政策

货币政策传导机制是指央行通过货币政策工具作用于操作目标，影响中介目标，进而影响物价、就业、经济增长、国际收支和金融稳定等最终目标的影响机制。货币政策传导机制是从运用货币政策到实现货币政策目标的全过程，货币政策传导机制的完善和提高，直接影响了货币政策的实施效果及经济表现。因此，明确货币政策传导机制的过程及影响其传导效果的因素尤为重要。本节主要介绍数字人民币如何通过影响货币政策工具、货币政策中介目标及货币政策最终目标，从而对央行货币政策产生影响。数字人民币对货币政策传导机制的影响路径如图5-1所示。

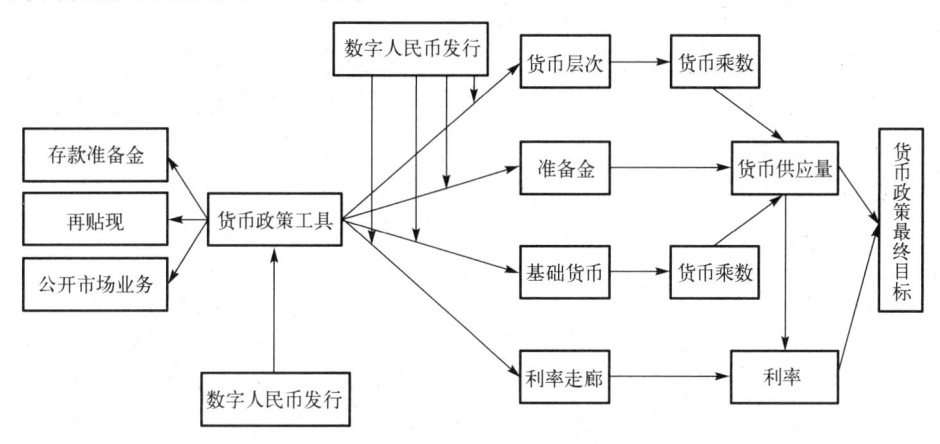

图5-1 数字人民币对货币政策传导机制的影响路径

5.2.1 货币政策工具

货币政策工具作为一种调节手段通常是央行实现货币政策目标的重要抓手。《中华人民共和国中国人民银行法》中明确规定中国货币政策最终目标是"保持货币币值的稳定，并以此促进经济增长"。为实现国家经济稳定均衡运行的最终目标，货币政策传导机制大致为："货币政策工具——货币政策操作目标——货币政策中介目标——货币政策最终目标"。具体可以解读为央行借助货币政策工具，强制干预金融机构的业务活动，以货币供应量为切入点，使国民经济中的宏观经济指标发生改变。

一般性货币政策工具和选择性货币政策工具是货币政策工具的两种具体类型，一般性货币政策工具指央行所采用的、对整个金融系统的货币信用扩张与紧缩产生全面性或一般

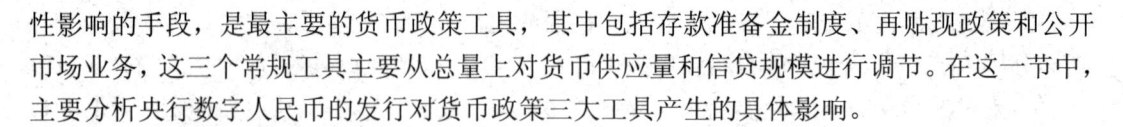

性影响的手段，是最主要的货币政策工具，其中包括存款准备金制度、再贴现政策和公开市场业务，这三个常规工具主要从总量上对货币供应量和信贷规模进行调节。在这一节中，主要分析央行数字人民币的发行对货币政策三大工具产生的具体影响。

1. 存款准备金制度

在数字人民币发行的短期内，数字人民币与传统人民币可以实现相互替代，社会公众将因此而减少对现金的需求，那么这部分现金则会进入银行存款，导致银行现金增加，央行的准备金数量也会大规模上升。鉴于数字人民币的便捷性，其在存款与现金之间的转换效率较高，此时人们会将不用的数字人民币存入银行，商业银行上交至央行的存款准备金数量也随之上升。因此，发行数字人民币会使得央行存款准备金数量上升，进而对存款准备金率产生影响。其具体作用路径将在后文中数字人民币的发行对货币政策操作目标的作用机制中进行详细说明。

2. 再贴现

再贴现指商业银行或其他金融机构将贴现所获得的未到期票据，向央行做的票据转让。再贴现是央行向商业银行提供资金的一种方式，它不仅影响商业银行筹资成本，限制商业银行的信用扩张，控制货币供应总量，而且可以按国家产业政策的要求，有选择地对不同种类的票据进行融资，促进结构调整。

对于再贴现业务，数字人民币的发行一定程度上提升了交易参与者的资金流动性，当参与者的资金流动性普遍提高时，整个金融体系利率水平的降低就成为必然趋势，利率工具的重要性更加显著，央行就可以更好地将再贴现率作为调控市场的信号。其中，数字人民币的发行对利率产生的具体影响也会在后文中进行介绍。

3. 公开市场业务

公开市场业务指央行在金融市场上买卖政府债券来控制货币供给和利率的政策行为，是目前大多数市场经济国家央行控制货币供给量的重要和常用工具。在达成相应经济目标的具体实践中，公开市场业务的一般操作手法有买卖债券、控制银根松紧程度及调整银行货币储备量。而公开市场业务的具体作用主要有五个方面，如图5-2所示。

对于公开市场业务操作，数字人民币的发行使货币乘数增大，货币乘数的增大使得货币供应量的变化更加灵敏，公开市场业务操作规模缩小，央行操作空间扩大。另外，数字人民币的产生基于区块链、大数据、云计算及人工智能等可追踪的互联网技术，这使央行对市场的掌控能力获得了进一步增强，对金融市场的动态变化把握更加精准，央行的公开市场业务因此更加灵活，且富有针对性。

5.2.2 货币政策中介目标

货币政策中介目标通常是货币供应量和利率等货币变量的统称，作为货币政策传导机制的中间环节。一般而言，货币政策中介目标是央行货币政策执行过程中连接货币政策工具和货币政策最终目标的重要桥梁。本节主要介绍数字人民币对货币供应量和利率的影响。

第 5 章 法定数字货币与中央银行

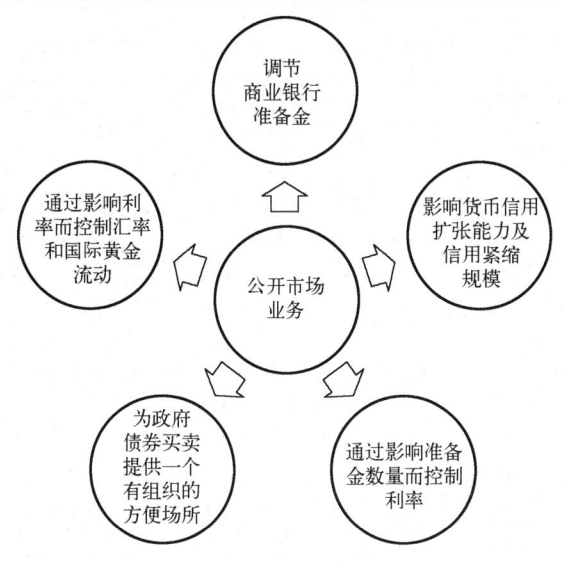

图 5-2 公开市场业务的具体作用

（图中内容：公开市场业务 → 调节商业银行准备金；影响货币信用扩张能力及信用紧缩规模；通过影响准备金数量而控制利率；为政府债券买卖提供一个有组织的方便场所；通过影响利率而控制汇率和国际黄金流动）

1. 货币供应量

货币供应量又称货币存量，是指某一时点流通中的现金量和存款量之和，是各个国家重要的经济统计指标之一。按照我国目前对货币层次的规定，我国货币分为 4 个层次：M0、M1、M2、M3。M0、M1、M2、M3 代表的含义如下：

$$M0 = 现金$$

$$M1 = M0 + 单位活期存款$$

$$M2 = M1 + 个人储蓄存款 + 单位定期存款$$

$$M3 = M2 + 商业票据 + 大额可转让定期存单$$

其中，我国目前只公布 M0、M1 和 M2 的货币供应量，只测算不公布 M3 的货币供应量。现有学者的研究普遍认为，我国的 M0、M1、M2 三个货币层次是反映货币供应量的主要指标。因此，在探讨数字人民币对货币供应量的影响时，暂时不将 M3 划分在考虑范围内。

(1) 数字人民币对货币层次的影响

数字人民币作为现金的替代品，应和现金同样计入 M0 的测算。然而，发行数字人民币不仅会对 M0 产生影响，还会对各货币层次产生影响，主要表现在数字人民币影响消费者将资产在现金、数字货币、活期存款、定期存款、货币市场基金、股票债券等之间的分配，而分配主要是在流动性、交易成本、风险、资本收益之间的权衡。下面将运用分析资产负债表的方式来分析数字人民币的发行对各货币层次产生的影响。

首先，从央行的角度来说，数字人民币的发行会影响央行的负债。在数字人民币发行之前，央行的负债科目主要有基础货币（B_b）、货币发行、现钞（C_b）、准备金存款（R_b）、自有资金和其他负债。在数字人民币发行之后，央行的负债科目会在原来的基础上增加一项数字人民币（e-CNY）。数字人民币发行前后央行资产负债表的对比如表 5-1 所示。

表 5-1　数字人民币发行前后央行资产负债表的对比

数字人民币发行前		数字人民币发行后	
资产	负债	资产	负债
国外净资产	基础货币(B_b)	国外净资产	基础货币(B_a)
对政府债权	货币发行	对政府债权	货币发行
对其他存款性公司债权	现钞(C_b)	对其他存款性公司债权	现钞(C_a)
对其他金融性公司债权	准备金存款(R_b)	对其他金融性公司债权	数字人民币(e-CNY)
	自有资金		准备金存款(R_a)
	其他负债		自有资金
			其他负债

其次，从商业银行的角度来说，与央行不同的是，数字人民币的发行会影响商业银行的资产组成。在数字人民币发行之前，商业银行的资产主要有准备金和现金、库存现金（C_{1b}）、在央行的准备金存款（R_b）、贷款和其他资产。在数字人民币发行之后，商业银行的资产组成在原来的基础上增加了一项数字人民币(e-CNY$_1$)。数字人民币发行前后商业银行资产负债表的对比如表 5-2 所示。

表 5-2　数字人民币发行前后商业银行资产负债表的对比

发行数字人民币前		发行数字人民币后	
资产	负债	资产	负债
准备金和现金	存款	准备金和现金	存款
库存现金(C_{1b})	活期存款(D_b)	库存现金(C_{1a})	活期存款(D_a)
在央行的准备金存款(R_b)	定期存款(T_b)	数字人民币(e-CNY$_1$)	定期存款(T_a)
贷款	借款	在央行的准备金存款(R_a)	借款
其他资产	所有者权益	贷款	所有者权益
		其他资产	

最后，从公众的角度来说，数字人民币的发行也会影响其资产组成。在数字人民币发行之前，公众资产主要由现金（C_{2b}）、存款、活期存款（D_b）、定期存款（T_b）和其他资产构成。在数字人民币发行之后，公众资产构成在原来的基础上增加了数字人民币(e-CNY$_2$)。数字人民币发行前后公众资产负债表的对比如表 5-3 所示。

表 5-3　数字人民币发行前后公众资产负债表的对比

数字人民币发行前		数字人民币发行后	
资产	负债	资产	负债
现金(C_{2b})	贷款	现金(C_{2a})	贷款
存款	其他负债	数字人民币(e-CNY$_2$)	其他负债
活期存款(D_b)	所有者权益	存款	所有者权益
定期存款(T_b)		活期存款(D_a)	
其他资产		定期存款(T_a)	
		其他资产	

在引入了数字人民币之后,各货币层次都会发生相应的变化,数字人民币作为通货的一种形式,对货币层次最直接的影响是增加 M0 的构成元素,M1 和 M2 都包含了 M0,因此,M1 和 M2 都会受相应的影响,数字人民币发行对货币层次的影响如表 5-4 所示。但是,值得关注的一个问题是,要想知道数字人民币对货币层次及其他经济指标的影响程度如何,就需要对数字人民币对现金的替代率进行研究,由于这是一个更加专业的研究问题,因此本书将不再赘述。

表 5-4 数字人民币发行对货币层次的影响

货币	数字人民币发行前	数字人民币发行后
M0	C_b	C_a+e-CNY
M1	C_b+D_b	C_a+e-CNY+D_a
M2	$C_b+D_b+T_b$	C_a+e-CNY+D_a+T_a

(2) 货币政策操作目标——存款准备金的变化

存款准备金存储在央行中,主要用于为金融机构面向客户的提款与资金清算需求提供有力保障和充分准备,其数额通常由央行所拟定的存款准备金率确定。存款准备金分为法定存款准备金和超额存款准备金两大板块,前者是按照央行要求的比例存放的准备金,后者是金融机构除法定存款准备金以外在央行存放的资金,是商业银行为清算、头寸调拨而备留的超出法定存款准备金的部分。

存款准备金作为货币政策工具和货币的重要组成部分,在提升货币政策效果方面发挥着重要的作用。同时,存款准备金作为央行货币政策工具的中介指标之一,在货币政策传导机制中担任着重要的角色。

本书认为,数字人民币不会对法定存款准备金率有直接的影响,其变动是根据央行货币政策的调节而发生改变的。在数字人民币发行初期,根据央行对数字人民币的定位,数字人民币是现金的替代,其发行会对 M0 产生替代作用。因此,一般而言,社会公众通常选择返还多余的现金给商业银行,从而导致商业银行所持有的现金数量上升。当商业银行的现金超过其持有需求或者最优规模之后,商业银行会将多余的现金存放至央行,造成超额存款准备金数量增加,从而导致存款准备金数量在短期内大量增加。而随着数字人民币的逐渐普及,大众手中多余的现金逐步趋于平衡,货币市场达到新的平衡状态,商业银行为了满足借贷需求,存放在央行的超额存款准备金数量又会逐渐减少。数字人民币冲击下存款准备金数量变化如图 5-3 所示。

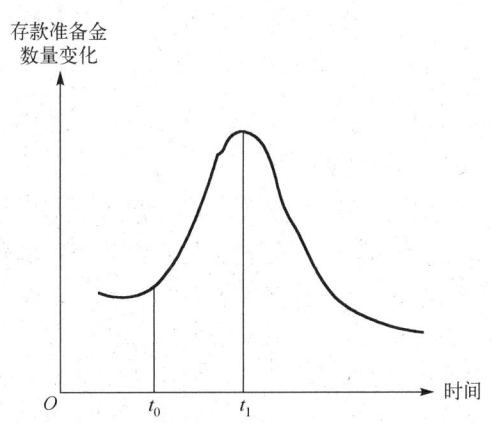

图 5-3 数字人民币冲击下存款准备金数量变化

存款准备金数量的变化会引起货币乘数的变化,从而引起货币供应量的变化。由传统的宏观经济学理论可知,狭义的货币乘数也称货币扩张系数或货币扩张乘数,是在基础货币的基础上,货币供应量通过商业银行的创造存款货币功能产生派生存款的作用而产生的信用扩张系数,是货币供应扩张的倍数,表现为货币供应量与基础货币量的比率。

(3) 货币政策操作目标——基础货币的变化

基础货币(Reserve Money)通常能够实现货币总供应量倍数级的扩大或收缩,故也可称之为高能货币,作为央行发行的债务凭证,通常在银行体系外进行流通,是商业银行存款准备金持有量(R)和社会公众通货持有量(C)的总和。在银行体系中,基础货币的多少直接决定了货币供应总量的多少,它是银行扩张存款、创造货币的基石。根据基础货币的详细概念,其数量公式可以表示为:

基础货币=法定存款准备金+超额存款准备金+银行系统的库存现金+社会公众手持现金

根据基本概念可知,基础货币从用途上可以被划分为社会公众持有的现金和商业银行的存款准备金。那么当商业银行现金被理解为商业银行在央行的存款准备金时,这部分基础货币就可以被视为央行对商业银行的负债,同理,现金则为央行对社会公众群体的负债。基于此,可以得出如表5-5所示的央行资产负债表。

表5-5 央行资产负债表

资　产	负　债
对政府债权 A_1	通货 B_1
对商业银行债权 A_2	商业银行的存款准备金 B_2
国际储备资产 A_3	政府及财政存款 L_1
其他资产 A_4	对外负债 L_2
	其他负债 L_3
	资本项目 L_4

根据上表可以导出基础货币的一般表达式为:

$$\left\{\begin{array}{l}\text{对政府债权}A_1\\ \text{对商业银行债权}A_2\\ \text{国际储备资产}A_3\\ \text{其他资产}A_4\end{array}\right\} = \left\{\begin{array}{l}\text{政府及财政存款}L_1\\ \text{对外负债}L_2\\ \text{其他负债}L_3\\ \text{资本项目}L_4\end{array}\right\} + \left\{\begin{array}{l}\text{通货}B_1\\ \text{商业银行的存款准备金}B_2\end{array}\right.$$

根据上述理论基础的描述,可知基础货币主要由流通于银行体系之外被社会公众持有的通货和商业银行体系持有的存款准备金组成。根据之前的分析,就存款准备金而言,数字人民币的发行一定程度上影响了存款准备金的数量,随着公众对数字人民币接受程度的提高,公众的提款率降低。各商业银行的存款准备金需求随之降低,央行则不得不下调存款准备金率。基础货币的数量也必然受到数字人民币发行的冲击。

在社会公众持有的通货层面上,由于数字人民币对现金通货具有替代作用,现金通货将会最先受到数字人民币的冲击,数字人民币的发行也必然导致现金通货交易量骤减。而新增的数字人民币会受到货币流动性提高的影响,部分流向资本市场,因此新增发行的数字人民币数量将会小于缩减的实物通货数量。

同时,在基础货币的流转角度上,假定商业银行的存款准备金仅用于申购央行发行的数字人民币，那么当这些数字人民币没有进入私人银行账户时，会因为资金周转的时滞效应在商业银行账户上产生停留，此时基础货币减少量等同于停滞在账户上的数字人民币数量。但如果这些数字人民币全部进入了私人账户，那么存款准备金减少、社会公众持有的通货增加，此时基础货币数量不变。然而在实际操作中，商业银行申购的数字人民币并不会立刻全额进入私人账户，那么基础货币数量就会由于时滞性而有一定的减少。如图 5-4 所示，在替代作用与流动性变化的双重作用下，由于数字人民币的投放使用(t_0)，短时间内，通货数量骤减，大量而并非全部的通货涌入存款准备金，因而造成存款准备金的大幅增加且基础货币总量短期内下降的局面。总而言之，就长期而言，通货和存款准备金数量的下降必然导致基础货币数量的下降。

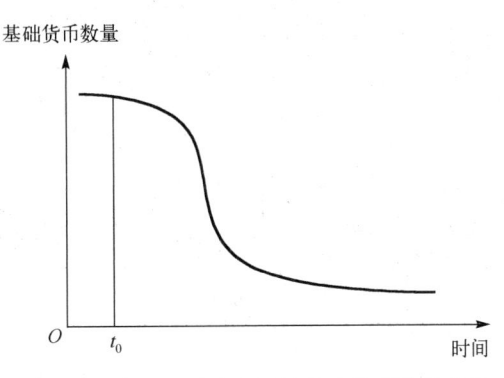

图 5-4　数字人民币冲击下的基础货币数量变化

(4) 数字人民币对货币乘数的影响

设狭义的货币乘数用 m 表示，R_c 为提现率，即流通中的现金数量(C)与活期存款数量(D)的比值；R 为准备金数量，M_1 为狭义货币数量，B 为基础货币数量；R_{DC} 为数字人民币的提现率，即流通中数字人民币数量(DC)与活期存款数量(D)的比值；R_d 代表法定存款准备金率，R_e 代表超额准备金率，$R_d + R_e < 1$。

完整的货币乘数的计算公式为：

$$m = \frac{M_1}{B} = \frac{C+D}{C+R} = \frac{R_c + 1}{R_d + R_c + R_e}$$

在数字人民币发行之前，货币乘数为：

$$m_b = \frac{M_{1b}}{B_b} = \frac{C_b + D_b}{C_b + R_b} = \frac{R_{cb} + 1}{R_{db} + R_{cb} + R_{eb}}$$

在数字人民币发行之后，货币乘数为：

$$m_a = \frac{M_{1a}}{B_a} = \frac{C_a + DC + D_a}{C_a + DC + R_a} = \frac{R_{ca} + R_{DC} + 1}{R_{da} + R_{ca} + R_{ea} + R_{DC}}$$

根据货币乘数的公式，我们对其影响因素求偏导，则有：

$$\frac{\partial m}{\partial R_d} = -\frac{R_c + 1}{(R_d + R_c + R_e)^2} < 0$$

$$\frac{\partial m}{\partial R_c} = \frac{(R_d + R_c + R_e) - (R_c + 1)}{(R_d + R_c + R_e)^2} = \frac{R_d + R_e - 1}{(R_d + R_c + R_e)^2} < 0$$

$$\frac{\partial m}{\partial R_e} = -\frac{R_c + 1}{(R_d + R_c + R_e)^2} < 0$$

各因素变化对货币乘数的影响如表 5-6 所示。

表 5-6 货币乘数的影响因素效应

影响因素	法定存款准备金率(R_a)	超额存款准备金率(R_e)	提现率(R_c)
导数值	小于 0	小于 0	小于 0
m	负向	负向	负向

在引入数字人民币之前,对各因素求导结果和上述结果一致,即:

$$\frac{\partial m_b}{\partial R_{db}} = -\frac{R_{cb} + 1}{(R_{db} + R_{cb} + R_{eb})^2} < 0$$

$$\frac{\partial m_b}{\partial R_{cb}} = \frac{(R_{db} + R_{cb} + R_{eb}) - (R_{cb} + 1)}{(R_{db} + R_{cb} + R_{eb})^2} = \frac{R_{db} + R_{eb} - 1}{(R_{db} + R_{cb} + R_{eb})^2} < 0$$

$$\frac{\partial m_b}{\partial R_{eb}} = -\frac{R_{cb} + 1}{(R_{db} + R_{cb} + R_{eb})^2} < 0$$

引入数字人民币之后,则有:

$$\frac{\partial m_a}{\partial R_{da}} = -\frac{R_{ca} + R_{DC} + 1}{(R_{da} + R_{ca} + R_{ea} + R_{DC})^2} < 0$$

$$\frac{\partial m_a}{\partial R_{ca}} = \frac{(R_{da} + R_{ca} + R_{ea} + R_{DC}) - (R_{ca} + 1 + R_{DC})}{(R_{da} + R_{ca} + R_{ea} + R_{DC})^2} = \frac{R_{da} + R_{ea} - 1}{(R_{da} + R_{ca} + R_{ea} + R_{DC})^2} < 0$$

$$\frac{\partial m_a}{\partial R_{ea}} = -\frac{R_{ca} + R_{DC} + 1}{(R_{da} + R_{ca} + R_{ea} + R_{DC})^2} < 0$$

$$\frac{\partial m_a}{\partial R_{DC}} = \frac{(R_{da} + R_{DC} + R_{ca} + R_{ea}) - (R_{ca} + 1 + R_{DC})}{(R_{da} + R_{ca} + R_{ea} + R_{DC})^2} = \frac{R_{da} + R_{ea} - 1}{(R_{da} + R_{ca} + R_{ea} + R_{DC})^2} < 0$$

由上述公式可以看出,当数字人民币在货币体系中稳定时,数字人民币的提现率对于货币乘数的影响也是负向的。

那么,当数字人民币引入货币体系时,有以下三种情况:

第一,当 $R_{ca} + R_{DC} > R_{cb}$ 时,有 $m_a < m_b$,此时,货币乘数下降。

第二,当 $R_{ca} + R_{DC} = R_{cb}$ 时,有 $m_a = m_b$,此时,货币乘数不变。

第三,当 $R_{ca} + R_{DC} < R_{cb}$ 时,有 $m_a > m_b$,此时,货币乘数上升。

由以上分析可知,将数字人民币引入货币体系后,当其他因素不变时,数字人民币的提现率会对货币乘数产生或多或少的影响。我们假定,存款准备金率是由央行的货币政策决定的,是纯外生的变量。且一般来说,存款准备金率不会轻易上调或下调。在数字人民币的发行初期,货币供应量上升,商业银行将多余的现金存放至央行,造成超额存款准备金数量增加,从而导致存款准备金数量在短期内大量增加。在这种情况下,央行会下调超额存款准备金率,以刺激市场活力。随着数字人民币的逐渐普及,大众手中多余的现金逐步趋于平衡,货币市场达到新的平衡状态,商业银行为了满足借贷需求,会逐渐减少存放在央行的超额存款准备金。这时,央行又会上调超额存款准备金率,以增强商业银行的稳定性。数字人民币冲击下超额存款准备金率的变化如图 5-5 所示。

当超额存款准备金率变化时,在数字人民币发行初期,货币乘数会上升;数字人民币趋于稳定时,货币乘数又会回落。数字人民币的引入对货币乘数的影响如表 5-7 所示。

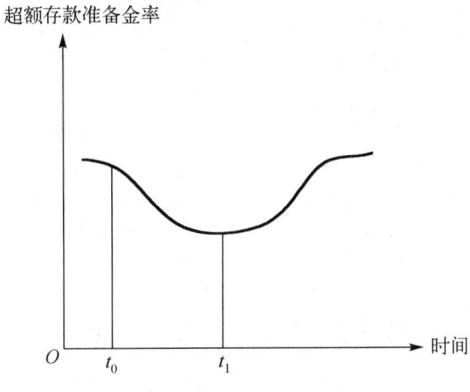

图 5-5　数字人民币冲击下超额存款准备金率的变化

表 5-7　数字人民币的引入对货币乘数的影响

数字人民币引入状况	$R_{ca}+R_{DC}>R_{cb}$	$R_{ca}+R_{DC}=R_{cb}$	$R_{ca}+R_{DC}<R_{cb}$
R_e 上升	m 下降	m 下降	m 不确定
R_e 不变	m 下降	m 不变	m 上升
R_e 下降	m 不确定	m 上升	m 上升

货币乘数与我国货币供应量息息相关,因此,根据之前的分析可知,当将数字人民币引入我国货币体系时,如果考虑其他因素不变,存款准备金数量上升,超额存款准备金率上升,此时,货币乘数上升会导致我国货币供应量上升;当数字人民币趋于稳定时,存款准备金数量下降,超额存款准备金率下降,此时,货币乘数下降会导致我国货币供应量下降;随后保持稳定。因此,我国货币政策的最终目标(如物价、就业、经济增长、国际收支和金融稳定)都会受一定的影响。

2. 利率

金融自由化理论及实践自 20 世纪 70 年代就开始了近 50 年的逐步演进。在这漫长的演进历程中,就金融的宏观调控与改革领域来说,世界主要经济体不再青睐利率与信贷管制,而是将焦点放在了以价格型为主的市场化间接调控框架上。在此框架下,央行通过短期利率调控,从短期利率到长期利率,从货币市场到债券及信贷市场,挖掘出一条可以间接作用于市场并有效调节市场总需求的利率传导渠道。

在以价格型为主的市场化间接调控框架下,央行政策利率是关键。央行政策利率作为货币政策的重要显性指标,在不同经济主体中有不同的表现。在实际应用中,各央行所颁布的政策利率都不尽相同。如美联储的政策利率为联邦基金目标利率;欧央行的政策利率则为主要再融资利率,同时,为执行贯彻"利率走廊调控"的货币政策新方法,欧央行将边际贷款利率和常备存款便利利率分别设为利率走廊的上限和下限。在数字人民币时代,政策利率体系或许能在新型数字货币的催化下迸发出新的活力。

(1) 利率走廊的下线效应增强

利率走廊(Interest Rate Corridor)调控亦即利率通道调控,是指央行通过设定和变动自己的存贷款利率(利率差为走廊宽度),实现对同业拆借利率的调节和控制。利率走廊的上限是央行对商业银行发放贷款的利率,下限为商业银行在央行存款的利率,中间为央行调控的目标,即商业银行同业拆借利率。

当数字人民币取得除支付工具外的计息资产属性后,一类新的价格型货币政策工具自此诞生。就批发端而言,当数字人民币利率高于存款准备金率时,商业银行选择持有数字人民币而并非将其存入央行,数字人民币利率将成为货币市场利率走廊的下限;就零售端而言,当数字人民币利率高于商业银行存款利率时,社会公众选择持有数字人民币而并非将其存入商业银行,数字人民币利率将成为商业银行存款利率的下限。以上利率变动效应所带来的政策启示有以下两点。

① 央行政策利率对中长期信贷利率的传导效应增强。如果数字人民币利率成为商业银行存款利率的下限,央行则可以通过调整数字人民币利率,来调控商业银行存款利率,进而传导至商业银行贷款利率。

② 央行货币在零售端的现金表现形式使零利率下限成为可能。因此,资金在零售金融资产利率下降至零时实现向现金的转换,负利率失效导致名义利率的有效下限为零。若发行零售端的数字人民币,并同时废止大额现金的使用,则可对数字人民币计负利率,或者可酌情对数字人民币收取钱包保管费,这与负利率政策在本质上等价,零利率下限约束被挣脱,货币政策空间由此获得释放。

综上所述,当数字人民币利率成为央行政策利率体系中的一员时,利率走廊的束缚力将更加明显。

(2) 央行货币供给规模可能扩大

当数字人民币投入货币市场时,包括非银行金融机构和一般消费者在内的社会公众都可以自主获取并积极使用数字人民币,非银行部门对数字人民币的需求因此获得大幅度的提升,货币需求曲线右移。此时,央行可以借助公开市场业务等货币政策工具,实现基础货币供应规模的有效扩张,从而达到利率调控的目的。如果货币供应数量维持原状不变,或者其供应增加量不足以匹配非银行部门的货币数量需求,银行间市场利率必定表现为上涨,央行的利率调控目标也就因此而偏离。因此为实现利率调控的目标,央行货币供应规模可能会扩大。

(3) 政策利率可能具有结构性调整功能

假定央行可以直接向包括非银行金融机构和一般消费者在内的社会公众提供数字人民币存贷款等业务,央行为达成结构性调整的目标,在初步挑选数字人民币发行期限及目标群体的基础上,可以针对发行期限及目标群体的区别将差异化的利率标准落实于不同的个体之上。

例如,如果央行以降低小微企业贷款利率为目标,那么增加对小微企业的数字人民币投放,或者直接降低对其提供数字人民币贷款的利率都具有一定的可行性。与此同时,若此时市场利率传导不足或受损,央行也可以通过借助中期政策利率的作用,直接向市场中投放或吸收中长期的数字人民币,并有针对性地制定不同期限数字人民币的差异化利率。

但需要注意的是，总量性政策仍是货币政策的主体构成，在实施结构性调整时，市场扭曲等其他多种风险或许会随之而产生。

5.2.3 货币政策最终目标

货币政策最终目标是指货币政策的制定者所期望达到的、货币政策的最终实施结果，是央行制定和执行货币政策的依据。货币政策最终目标一般有四个：稳定物价、充分就业、促进经济增长和平衡国际收支。

1. 货币供应量与货币政策最终目标

当数字人民币发行导致货币供应量发生变化时，经济指标都会受一定的影响。根据货币中性理论，货币供应量的增长将导致价格水平的相同比例增长，对实际产出水平没有影响。然而，经济学家米尔顿·弗里德曼在1968年提出了货币意外模型，该模型认为，"货币并非像先前的理论那样处于长期中性，在短期内，货币是处于非中性的。这种非中性是工资黏性和价格黏性的结果，即在灵活的工资和价格背景下，货币供应量的变化会产生实际影响"。后又有宏观经济学家对货币意外模型进行修正，用修正的货币跨期模型来描述了米尔顿·弗里德曼的货币意外模型，解释了货币意外模型中的没有解释的信息不完全问题。因此，此处我们用修正的货币跨期模型来阐述由数字人民币导致的货币供应量增加对经济指标的影响。

(1) 货币供应量增加对就业的短期影响

在货币跨期模型中，短期内货币不是中性的。因此，在短期，名义货币供应量增加将引起实际利率和实际工资水平下降，而产出水平提高、实际就业人数增加。如图5-6所示，当货币供应量增加、实际工资水平下降时，公众对工资的估计水平比实际工资水平要高，劳动供给增加，劳动供给曲线向右移动，在新的劳动需求下再达到劳动市场均衡，此时，实际工资水平下降，而公众的实际就业人数增加到了N_2。

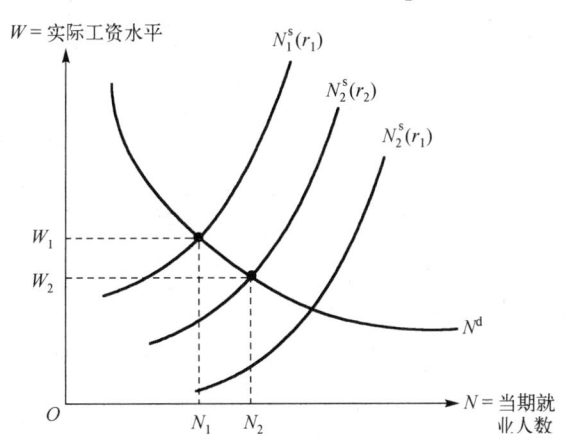

图 5-6 货币供应量增加对就业的短期影响

(2) 货币供应量增加对产出的短期影响

当劳动供给曲线向右移动时，产出供给曲线也会向右移动，如图5-7所示，产出供给曲线向右移动，导致产出水平增加到Y_2，实际利率降至r_2。

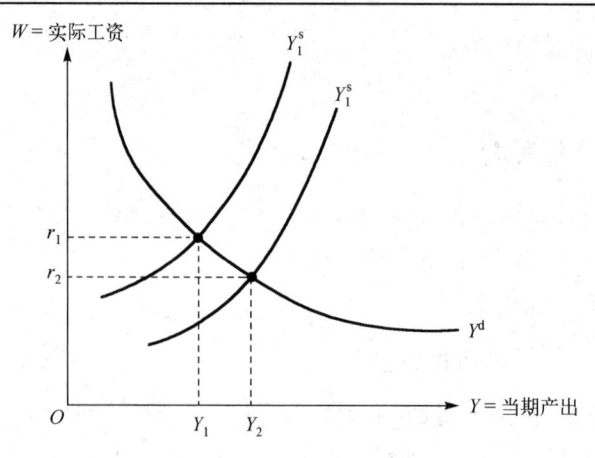

图 5-7　货币供应量增加对产出的短期影响

(3) 货币供应量增加对物价的短期影响

由于实际利率下降，因此消费和投资会增加。如图 5-8 所示，名义货币需求曲线向右移动，而货币供应曲线也向右移动，货币供应量增加至 M_2，最终的物价水平上升至 P_2。

总之，在短期内，数字人民币发行使得货币供应量上升，原有的金融稳定局面被打破，在一定程度上会造成金融市场波动。但是，货币供应量的增加促进了社会的信贷创造，从而导致了经济加快增长，并且通过经济增长的路径又会促进就业人数的增加。如果货币供应量增长速度与经济增长速度不匹配，那么货币价值会下降，通货膨胀率会上升，物价会上涨。

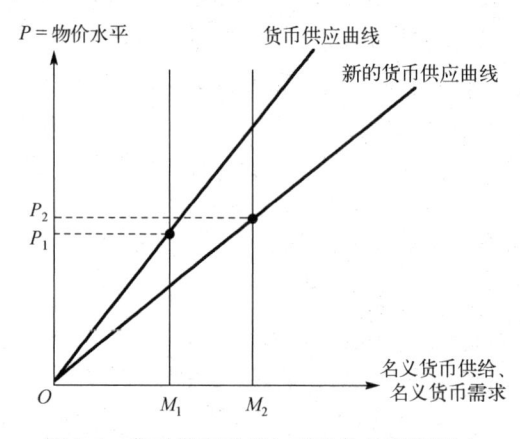

图 5-8　货币供应量增加对物价的短期影响

(4) 货币供应量增加对货币政策最终目标的长期影响

长期来看，数字人民币发行导致货币供应量变动会随着时间的推移重新回到新的均衡水平，货币具有货币中性的性质。此时，经济增长状况和就业人数没有变化。而货币价值达到平稳，通货膨胀率和物价水平都会达到一个新的均衡平稳状态，但是新的物价水平比原来的物价水平高。

2. 利率与货币政策最终目标

随着数字人民币利率的引入,我国的数字人民币将从简单的货币监管工具逐步转变为一种新型的货币政策工具,央行可以通过数字人民币利率来影响商业银行不同类别存贷款利率的设定,也可以通过引导数字人民币的流向来提高货币政策对实体经济支持的定向精准度。当经济出现危机时,央行可以利用数字人民币的负利率政策及非央行传统货币政策来改善信贷传导,预防金融系统陷入流动性陷阱。

数字人民币一旦付息,商业银行存款和数字人民币之间就会存在竞争。如果数字人民币利率高于商业银行存款利率,数字人民币就会对商业银行存款造成挤压,商业银行存款就会下降,因此当数字人民币利率提高时商业银行就会被迫提高存款利率以避免存款外流。如果数字人民币利率降低,那么商业银行则因为存款的竞争压力减小而降低存款利率。当数字人民币利率较低时,人们就会不愿意持有数字人民币而倾向于使用支付宝等活期存款进行交易,数字人民币货币量就会缩减。因此,央行可以通过调整数字人民币利率来实现对宏观经济的调控。

(1)数字人民币在经济处于常规状态时的宏观调控

在数字人民币实施之前,央行一般需要通过调整一组政策利率来控制金融机构的利率区间,进而影响其他经济部门的行为决策。但是在实际操作过程中,我国的利率传导渠道一直存在传导不畅及传导时滞的问题,主要体现在:一是政策利率对商业银行实际存贷款利率的影响能力有限;二是商业银行对央行利率的调整反应不够及时。数字人民币的出现将为缓解目前我国利率传导渠道中存在的问题提供一种新的可能。此外,近年来,我国企业普遍存在融资贵的问题。当数字人民币实施之后,由于数据智能技术的广泛应用,商业银行和企业之间的信息不对称程度将会减小,商业银行的贷款利率会降低。在图 5-9 中,假设数字人民币实施前的商业银行实际贷款利率为 RL_1,数字人民币实施后的商业银行实际贷款利率为 RL_2,那么因数字人民币实施企业降低的贷款单位成本可以表示为 (RL_1-RL_2)。

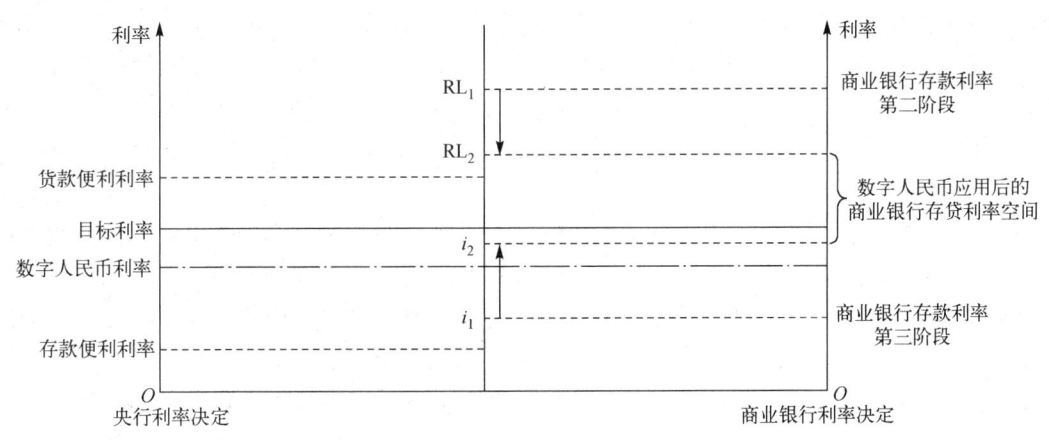

图 5-9 经济常规状态时数字人民币影响下的利率变化

数字人民币付息对商业银行存款利率的影响要比对贷款利率的影响更大。假定数字人民币付息之前,商业银行实际存款利率为 i_1。当数字人民币付息之后,央行存款利率将会失效，数字人民币的利率将会成为商业银行存款基准利率。因为当数字人民币利率高于商业银行存款利率时，数字人民币持有量将增加，商业银行不得不将数字人民币利率设定为新的存款基准利率，其对于央行的利率调整的反应会更加灵敏。数字人民币实施之后的商业银行存款利率在图 5-9 中表示为 i_2，此时商业银行实际的存贷款利率区间为 $(i_2, RL_2]$。不难看出，商业银行存贷款利率空间相较数字人民币实施之前缩小了，央行通过控制数字人民币利率使得政策利率指导商业银行利率的效果增强。

(2) 数字人民币在经济处于危机状态时的宏观调控

若出现经济危机尤其是较为严重的经济危机时，央行通常会出台货币宽松政策，市场利率甚至很快会接近零利率下限。在存在大量现金的货币体系中，利率是很难突破零利率下限的，即零利率政策易诱发流动性陷阱并削弱货币政策效率。与此同时，经济危机会导致金融市场和商业银行贷款风险的急剧增加，加重商业银行的惜贷情绪。零利率下限和商业银行惜贷行为都将导致资金在金融系统内部空转，并降低货币政策效率。

负利率政策：当经济处于衰退时期，由于零利率下限的存在，现有的货币政策工具对经济刺激的效果比较有限。数字人民币付息之后，央行可以通过降低数字人民币利率和存款准备金利率来打破零利率下限。央行负利率政策的实施机制如图 5-10 所示，其中纵轴表示市场利率 (i)，横轴表示数字人民币利率 (im)。由于市场利率是在数字人民币利率的基础上加成得到的，因此数字人民币利率和市场利率呈正相关。当央行降低数字人民币利率时，市场利率也会随之下降。但是当数字人民币利率降低至零时，人们就会减少持有，甚至放弃持有数字人民币，转而将活期存款用于支付交易。此时无论是降低数字人民币利率扩大数字人民币供给规模，抑或是收取数字人民币保管费，都很难再对市场利率产生影响，这在图 5-10 中表现为数字人民币利率从 A_1 点移动至 A_2 点后，市场利率 i_2（i_2 趋向于零）将不会继续下降。此时，央行可以将准备金利率降低至零以下，商业银行将不再持有超额准备金，商业银行贷款意愿增强，贷款利率和存款利率降低，企业的融资成本降低，负利率政策得以实现。

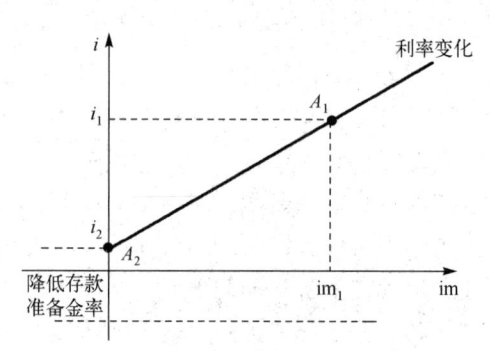

图 5-10 央行负利率政策的实施机制

非传统的货币政策：如果经济持续恶化，市场风险增大，商业银行出现惜贷情绪，那么大部分传统的货币政策将失效。例如，2020 年新型冠状病毒肆虐全球，美国经济由于疫情出现了大幅下滑，美联储为扭转这一局面使用了无限量量化宽松政策来刺激经济。但是随着外部融资条件的逐渐恶化，金融机构出现惜贷情绪将难以避免，市场逐渐陷入流动性陷阱的可能性大幅提高，传统的货币政策传导机制将难以发挥作用。虽然定期贷款拍卖供给、定向长期融资计划等创新型货币政策的出现在一定程度上能够解决流动性不足的问题，但是一旦出现金融危机，这些创新型货币政策的实施依然绕不开金融机构，即仍然会受到金融机构惜贷情绪的影响。

数字人民币或可成为危急时刻央行的货币政策工具。其主要作用机制是，一旦发生严重的金融危机，现有的货币政策工具不足以刺激商业银行发放贷款时，央行可以通过提高数字人民币利率，使得存款从商业银行向央行部分转移，然后央行可以通过购买企业债券从而达到向企业注入流动性的目的。在这种情况下，数字人民币使得商业银行无法使用存款，则商业银行只会处理私人市场的债券和股权融资，而这样也会使得商业银行资产和负债的流动性结构更加匹配。因此在危机时刻央行利用数字人民币直接绕开商业银行进行信贷供给，使得商业银行体系收窄，对货币政策、金融体系和经济的总体影响是积极的。一方面，数字人民币的出现会使得银行部门更安全疏通货币政策的传导渠道；另一方面，信贷供应并不会因为数字人民币取代存款而受到影响，相反由于数字人民币数据智能技术的应用，信贷供给将会更加直接有效。

综上所述，当经济处于正常时期，央行通过数字人民币利率使得商业银行存贷款利率区间缩窄，从而达到提高央行利率指导商业银行利率的效果。当经济处于衰退时期，央行可以通过同时调整数字人民币利率和存款准备金率来实施负利率政策，促进经济的恢复。当经济处于危机时期，商业银行出现惜贷情绪，央行可以通过提高数字人民币利率，绕开商业银行直接进行信贷供给，这样就能够保障信贷市场和金融市场的稳定性。

5.3 数字人民币与支付清算

我国的央行是中国人民银行，它服务于支付清算活动，并承担关键的管理职责。央行组织规范各商业银行的行内资金汇划系统、各地同城票据交换系统，建立全国电子联行系统，按照支付清算体系的系统规划与构建目标，持续优化支付清算系统，不断完善现代化支付体系。截至2021年，我国已经实现了支付清算系统的支付工具应用全覆盖，拓展了社会资金流转渠道，有效促进了资金安全高速运转。数字人民币作为我国的法定数字货币，与流通中的纸钞和硬币具有同等价值，由于其特殊的运营模式、系统框架及运行机制，数字人民币的正式投入使用对我国现行的央行支付清算系统也存在着一定的影响。

5.3.1 中国现代化支付系统

中国现代化支付系统（China National Advanced Payment System，CNAPS）是央行为满足国家支付清算需求，基于智能计算机技术和互联网通信技术自主开发运营的资金清算应用系统。该系统的工作职能主要包括：第一，处理各银行所办理的异地、同城支付业务及其资金清算；第二，负责货币市场交易的资金清算。作为国家公共支付清算平台，中国现代化支付系统的主要服务对象为银行与货币市场，该系统所提供的跨行资金清算服务不仅面向商业银行与商业银行之间的支付业务，同时也面向商业银行与央行之间的支付业务。中国现代化支付系统在我国金融体系中扮演着多种重要角色，它既搭建起国内外银行业务对接的桥梁，也成为各商业银行电子汇兑系统资金清算的核心枢纽，更为央行的金融服务职能发挥提供了必要的硬件支持。

国家处理中心（NPC）和城市处理中心（CCPC）是建设于中国现代化支付系统中的两级

处理中心。国家处理中心采取专用通信网络和各城市处理中心构成连接,其中地面通信是主要的通信渠道,卫星通信则被定位于备份通信渠道。在中国现代化支付系统两级处理中心的关系网络中,业务往来通常由政策性银行和商业银行主导,具体的业务连接主要有两种方式:第一,由参与主体(各政策性银行和商业银行)的总行与所在地城市处理中心连接;第二,参与主体借助行内系统经由全国省会城市的分支行和所在地城市处理中心构成连接。与此同时,在金融市场的运作流转过程中,往往存在中小金融机构结算和通汇困难的问题,为解决此类难题,在实践环节中,通常允许农村信用合作社按照商业银行与中国现代化支付系统的连接方式处理支付清算业务;而针对与银行汇票资金移存和兑付资金清算相关的城市商业银行汇票业务,通常使用自主搭建的符合支付系统建设标准的城市商业银行汇票处理中心,在支付系统的指导下进行办理。

中国现代化支付系统架构如图 5-11 所示。

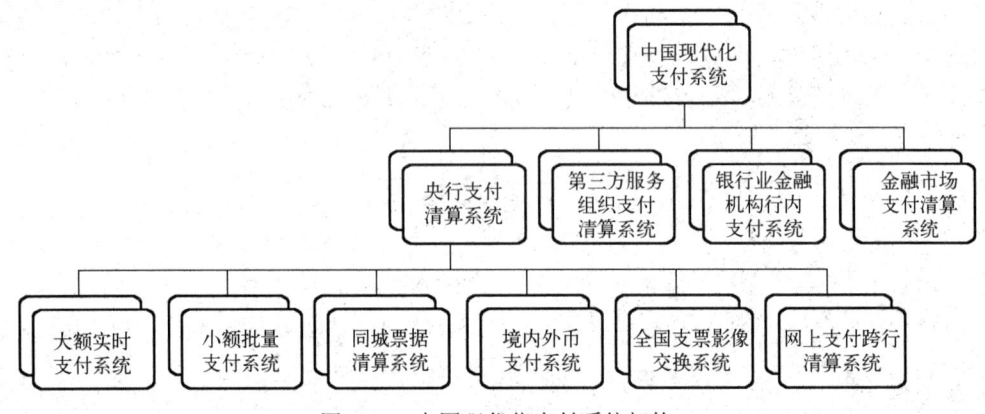

图 5-11 中国现代化支付系统架构

鉴于数字人民币定位于货币流通市场中的 M0,且与纸钞及硬币等价的特性,在中国现代化支付系统的组成中与数字人民币相关的央行支付清算子系统则为小额批量支付系统和网上支付跨行清算系统,此外非银行支付机构网络支付清算平台也在一定程度上与数字人民币的发行及流通密切相关。

1. 小额批量支付系统

小额批量支付系统(简称"小额支付系统",Bulk Electronic Payment System,BEPS)投产于 2005 年 11 月,并在 2013 年 10 月完成了第二代系统的升级改造,小额支付系统所处理的业务主要包括轧差净额清算资金、支付指令批量发送和同城及异地纸质凭证截留的借记支付业务与小额贷记支付业务。作为由央行建设运行的中国现代化支付系统关键业务子系统,小额支付系统在我国支付清算应用系统中的地位举足轻重。小额支付系统对各类支付工具的兼容性及其工作时间的连续性都为冲破市场中复杂的支付清算障碍提供了有力支撑,它在确保服务环境高效且安全的前提下,保证了银行业金融机构跨行支付清算服务业务的低成本巨额输出,同时为银行间的支付清算业务注入了创新与活力。

具体而言,小额支付系统的支付服务业务明细如表 5-8 所示。

表 5-8　小额支付系统业务明细

业　务　名　称	具　体　内　容
普通贷记业务	付款人通过其开户银行办理的主动付款业务，主要包括金额 2 万元以下的汇兑、委托收款、托收承付、网上银行支付及财税库汇划等业务
定期贷记业务	付款人开户银行依据当事各方事先签订的合同或协议，定期向指定的收款人开户银行发起的批量付款业务，如代付工资、养老金、保险金、国库各类款项的批量划拨等业务
普通借记业务	收款人通过其开户银行向付款人开户银行主动发起的收款业务，包括央行机构间的借记业务、国库借记汇划业务和支票截留业务等
定期借记业务	收款人开户银行依据当事各方事先签订的合同或协议，定期向指定的付款人开户银行发起的批量收款业务，如收款人委托其开户银行收取水、电、煤气等公用事业费用等业务
实时贷记业务	付款人委托其开户银行发起的，将确定款项实时划拨到指定收款人账户的业务，主要包括国库实时缴税、跨行个人储蓄通存等业务
实时借记业务	收款人委托其开户银行发起的，从指定付款人账户实时扣收确定款项的业务，主要包括国库实时扣税、跨行个人储蓄通兑等业务

小额支付系统通常服务于社会公众工作生活的日常支付环节，新支付渠道的出现有力助推了支付清算的便捷式发展。首先，日常支付电子化在保证效率的同时获得了安全系数的大大提升，各银行营业网点的通联对接及业务指令发送均已完成电子化升级。此外，运营管理机制及应急预案的完备程度也是资金汇划安全保障的前备条件。其次，"7×24 小时全天候服务"作为小额支付系统的标志性特征，其面向货币应用市场的连续性无时间限制服务使支付变得更加方便快捷。再次，跨行收付渠道的开通节省了在收缴费业务程序中所需要耗费的时间与人力成本，收费单位或缴费人均可只在一家银行机构开立账户办理生活中的各类收缴费业务。最后，企事业单位在发放劳动酬金及养老金等费用时，可以依托小额支付系统委托开户行面向各地区各银行账户为社会成员的劳动权益保障提供便利渠道与灵活处理方式。

2．网上支付跨行清算系统

网上支付跨行清算系统（Internet Banking Payment System，IBPS）作为中国现代化支付系统中的基础系统之一，是央行人民币跨行支付清算业务实现的基本平台，其业务处理主体内容为网上跨行零售。在网上支付跨行清算系统中，商业银行及获得央行批准的非金融支付服务机构客户均可在工作日或节假日任意时间段内借助互联网在线完成支付活动，并即时接收系统业务处理反馈。在实际应用环境中，网上支付跨行清算系统体现的特点可总结概括为"指令逐笔发送、批量轧差、定时清算"。

我国网上支付跨行清算系统中主要有三类参与者，如表 5-9 所示。

表 5-9　网上支付跨行清算系统参与者

参　与　者	具　体　介　绍
直接接入银行机构	指与网上支付跨行清算系统连接并在央行开设人民币存款账户，直接通过网上支付跨行清算系统办理业务的银行业金融机构
直接接入非金融机构	指与网上支付跨行清算系统连接，直接通过网上支付跨行清算系统办理业务的非金融支付服务机构
代理接入银行机构	指委托直接接入银行机构运行维护本行网上银行系统，并由直接接入银行机构通过网上支付跨行清算系统代为收发支付业务和资金结算的银行机构。代理接入银行机构必须指定一个直接接入银行机构代为收发支付业务和资金结算

2010年8月,我国第二代支付系统率先投入使用网上支付跨行清算系统,并于2016年实现了该系统业务处理模式的全面优化,取得了系统业务处理效率大幅提升的阶段性胜利。"实时转发,实时轧差"的业务特性也自此转变为"实时转发、定时轧差",在大体量业务处理中,此类优化的确是解决热点账户问题的良策,用户体验也在此过程中得到了优化。由于网上支付跨行清算系统的诞生,跨行或同行账户管理、资金归集与汇划等多项业务均可依附互联网实现直通式处理,用户也可以在线即时获取业务反馈结果,网上支付等电子支付业务获得了硬件支持,我国电子商务产业发展更是在网上支付跨行清算系统的助力下实现了质的飞跃。网上支付跨行清算系统的主要业务板块如图5-12所示。

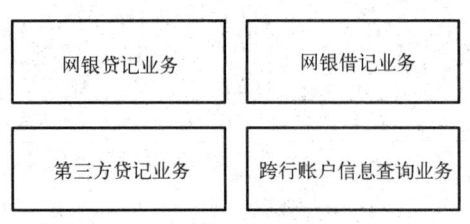

相对而言,网上支付跨行清算系统与小额支付系统有着类似的业务运营模式,如全年无间断运行、设定贷记业务金额上限、定场次清算、多个支付清算子系统账户共享等。同时,网上支付跨行清算系统与小额支付系统和大额实时支付系统这两个子系统之间又存在一定的联系。就系统管理角度而言,前者是与后两者并行的人民币跨行清算系统;就业务管理角度而言,前者在网上支付层面实现了对小额支付系统的延伸。

图5-12 网上支付跨行清算系统的主要业务板块

3. 非银行支付机构网络支付清算平台

非银行支付机构网络支付清算平台,即网联清算有限公司(简称"网联",Nets Union Clearing Corporation,NUCC)于2017年由央行指导审批、中国支付清算协会牵头组织、各非银行支付机构共同参股出资按市场化方式在北京注册成立。同样是全国统一的支付清算系统,与央行支付清算系统有明确区别的是,非银行支付机构网络支付清算平台的主要服务对象为非银行支付机构,而由此类机构发起的与银行账户有关的网络支付业务均属于非银行支付机构网络支付清算平台的服务范畴。非银行支付机构与商业银行在非银行支付机构网络支付清算平台的中介作用下实现了点对点的接入,彻底打通了交易信息传递与资金清算服务的往来路径。除上述关键性业务外,非银行支付机构网络支付清算平台也向社会公众提供支付清算服务的拓展业务,其中包括制定并实施平台自身及互联网支付市场有关准则规范、风险预防、业务纠纷调解及仲裁等其他系统化专业服务。

非银行支付机构网络支付清算平台基于分布式云架构体系构建,性能优良,可用性强,并具有较高的扩展力和安全系数,是国家级重点金融机构,其开创性构建及常态化运营在我国支付清算系统的发展历程中具有里程碑式的意义。非银行支付机构网络支付清算平台诞生后实现了透明式、集成化、系统性发展,该平台中各金融机构在大幅降低连接成本的基础上,获得了清算速率的提升,资金流向也变得有迹可循,客户账户资金安全得以保障。除此之外,互联网支付行业竞争更加公平合理,行业机构实现了真正意义上的价值共创和资源共享,创新发展活力增强,市场环境实现绿色循环,网络支付生态体系获得可持续性发展。

5.3.2 数字人民币对支付清算体系的影响

在前文的叙述中，可见央行支付清算系统在我国金融系统中扮演着至关重要的角色，它保障了整个金融系统中支付清算业务板块的工作，并向金融体系中各类机构提供了重要的支付清算服务。货币市场的顺利运转及升级迭代都与支付清算系统的正常运行密切相关。目前，数字人民币仅替代流通中的现金(M0)，而我国支付清算系统则支持基于商业银行账户的 M1 和 M2 流转。在具体的实际应用场景中，M1 和 M2 已经实现了基于电子支付的数字化升级，倘若再次基于数字人民币架构对其进行升级，即将 M1 和 M2 中所包含的 M0 部分转化为数字人民币的形式，发行数字人民币，则对现有支付清算体系的影响微乎其微，体系结构和运转模式也不会受任何冲击。

但未来数字人民币的发展之路尚不明确，技术的局限性和金融配套设施的滞后性还不足以支撑数字人民币实现更多种类的货币替换。或许在数字人民币广泛推行之后，在多样化应用场景和智能化技术设备的催化下，数字人民币突飞猛进式的发展也会使我国支付清算体系发生翻天覆地的改变。

5.3.3 数字人民币发行方式对支付清算机构的影响

在我国数字人民币投放体系中，各商业银行向央行兑换数字人民币，再将兑得的数字人民币发放给以消费者为典型代表的社会公众，数字人民币因此在不同支付场景下于货币市场环境中实现流通，这是典型的"央行—商业银行"双层运营模式。在此模式下，央行是整个数字人民币发行和流转体系的监管责任人，主要负责生产、流通及交易等各个环节的政策制定，并实时控制系统风险，保障系统的安全、稳定运转。支付清算机构作为货币发行流通过程中的重要参与者，即便数字人民币的运营模式已经确定，但当数字人民币发行方式改变时，支付清算机构在数字人民币清算过程中的效能也会随之发生改变。

具体而言，数字人民币主要有两种发行方式：一种是应用区块链技术；另一种是实现数字人民币标识化发行。前者以区块链技术为数字人民币发行的底层技术，贯穿其发行、流通的全过程，数字人民币交易均在区块链网络协议下直接完成，支付全过程不经过支付清算机构，使支付清算机构在支付清算体系中的效能几乎降低为零，机构边缘化特征显著。后者则是由商业银行代理发行机构在向公众兑换时实现数字人民币标识化，各商业银行具有其独特的标识符号，那么由不同商业银行发放给用户的数字人民币也都带有该商业银行特殊标识，此时支付清算机构必须实现货币流通网络的重构，搭建不同标识数字人民币得以交换对接的区块链网络平台。在实践中，当数字人民币账户接收跨行交易指令时，数字人民币在账户之间的转移清算及交易数据的记录都应由支付清算机构实现，此时支付清算机构在支付清算体系中的效能明显提升。

本 章 小 结

法定数字货币在发行方式、数据管理、用户使用、功能价值、政策执行、金融市场及监督管理这七个方面都具有鲜明的优势。央行发行数字货币或将对货币政策产生明显的影响。具体而言,央行数字货币通过对存款准备金、再贴现以及公开市场业务等货币政策工具产生影响,并借助货币乘数的力量使利率及货币供应量等货币政策中介目标发生改变,最终作用于物价、就业、经济增长及国际收支平衡等货币政策最终目标,货币政策传导机制因此而大受影响。与此同时,数字人民币基于区块链技术或数字人民币标识化的发行方式将使得各清算机构在我国支付清算体系中所发挥的具体作用产生相应变化,未来在数字人民币被广泛使用之后,或许会为央行支付清算体系带来新的可能。

关 键 术 语

法定数字货币;货币政策传导机制;央行支付清算体系;央行数字货币优势

思 考 题

1. 法定数字货币在哪些方面具有优势?具体的优势是什么?
2. 试简述数字人民币对货币政策传导机制的影响路径。
3. 我国货币政策工具包含什么?数字人民币对货币政策工具的影响作用如何?
4. 我国货币政策的中介目标是什么?分别受到数字人民币什么样的影响?
5. 请简要描述中国现代化支付系统,并详细介绍其中与数字人民币发行相关的子系统。
6. 数字人民币对我国支付清算体系有什么样的影响?
7. 数字人民币有几种发行方式?各方式对支付清算机构的影响如何?
8. 我国央行货币政策传导机制在数字人民币的作用下是否体现了国家的制度优势?请结合具体事例谈谈个人看法。

案例分析

践行初心使命　永葆政治本色
让党旗在数字人民币研发一线高高飘扬

数字货币研究所(以下简称数研所)党支部始终坚持把党的政治建设摆在首位,牢固树立政治机关意识,深入推进模范机关创建,凝心聚力、锐意进取,着力推进数字人民币研发和金融科技创新,用实际行动践行"两个维护"、当好"三个表率"。

坚定政治信仰,学深悟透习近平新时代中国特色社会主义思想。思想是行动的先导,理论是实践的指南。数研所党支部紧紧围绕"政治领航"和"思想铸魂"两项工程,坚持一条主线、用好两个阵地、落实三方责任,教育引导干部职工切实增强带头践行"两个维护"的思想自觉、政治自觉和行动自觉。

一是坚持一条主线。始终以学习习近平新时代中国特色社会主义思想为主线,采取领导干部领学、支委会共学、党员自学等形式,推动习近平新时代中国特色社会主义思想入脑入心。新冠肺炎疫情(以下简称疫情)期间,重点学习习近平总书记关于疫情防控重要讲话和指示批示精神,做到及时学、跟进学,切实将理论学习成果转化为履职尽责的实际效能。二是用好两个阵地。综合运用"线上+线下"两个学习阵地,实现理论学习全天候、广覆盖、无死角。组织开展"理论知识每日一测""习语金句每日一讲""党员话初心"等活动,切实将理论学习融入日常、融入经常。三是落实三方责任。充分发挥党员领导干部"领头雁"作用,压紧压实党小组组长职责,充分调动支部党员积极性、主动性、创造性,营造上下联动、齐学并进的良好氛围。

把准政治方向,切实推动重大决策部署落地见效。数研所党支部坚持把践行"两个维护"体现在不折不扣贯彻落实党中央和行党委重大决策部署的质量和效果上,体现在数字人民币研发和金融科技创新的推进和突破上。

一是统筹做好疫情防控和研发生产。疫情暴发后,数研所党支部迅速将疫情防控作为头等大事抓紧抓实,严格落实疫情防控责任制,第一时间制定工作方案,持续加强办公场所和工作人员的疫情防护;迅速搭建OA远程办公、远程视频会议系统、即时通信平台,确保远程办公顺利开展和工作信息的安全保密。

二是扎实推进数字人民币研发试点。数字人民币体系在双层运营、M0定位、可控匿名的前提下,已基本完成顶层设计、标准制定、功能研发和联调测试等工作,打造了一系列创新应用场景,实现了多种安全便利的支付功能。采取"摇号抽签"的方式面向深圳全体公众发放数字人民币消费红包5万个,47573名中签个人使用红包消费62788笔,交易金额876.4万元,部分中签个人对本人数字钱包充值消费金额90.1万元。新增线上消费场景,选取部分人员参与离线钱包体验活动,在无网环境下通过手机'碰一碰'完成转账或支付。

三是深入推进金融科技创新发展。倡导共建、共有、共享理念,着力打造贸易金融区块链平台。该平台集开放贸易金融生态、可穿透式监管、公信力于一体,基于金融、税务、监管等多维度服务中小微企业发展,在2020年中国国际服务贸易交易会上专题展出。牵头编制金融行业技术标准,规范金融科技健康发展。在全国金融标准化技术委员会工作组牵头立项或正在编制的相关行业标准6项,在国际方面,牵头或参与编制的相关国际标准3项。成功举办"金融密码杯"2020年全国密码技术大赛,共有460支队伍、1282名选手参赛,影响面广、参与度高,是国内首届以金融行业密码实用需求和挑战为主题的密码技术应用创新大赛,取得良好的社会反响。

站稳政治立场,始终坚持以人为本发展理念。数研所党支部坚持把人民群众对美好生活的向往作为工作的出发点和落脚点,为普通百姓提供便捷、高效、安全的支付新体验。一是拓展功能应用,提供便捷高效服务。联合参研机构开发数字人民币App"交纳党费"功能,完成深圳市罗湖区区直机关、公安、教育、国资等系统417个党支部、6064名党员的党费收缴试点工作。既为广大党员提供电子渠道交纳党费的便利,又让他们切身感受到交纳党费的仪式感。二是关爱老年群体,践行金融普惠为民。充分展现数字人民币的公共性和普惠性,推出数字人民币老年版可视卡产品,缓解老年人在数字化时代面临的不会用、不敢用电子产品的困境,为老年人提供更周全、更贴心、更直接的数字人民币便利化支付服务。三是心系视障人士，共享金融科技成果。在数字人民币产品研发方面，数研所党支部充分考虑视障人士的支付需求，通过为数字人民币 App 增设旁白标签、语音助手、动账信息语音播报等功能，为视障人士提供更加友好的前端交互体验。

资料来源：中国人民银行官网

参 考 文 献

[1] 陈燕红，于建忠，李真. 中国央行数字货币：系统架构、影响机制与治理路径[J]. 浙江社会科学，2020(10)：4-12+24+156.

[2] 李重阳，胡志浩. 全球央行数字货币发展进展及其影响[EB/OL]. [2021-08-23]. https://www.hxedu.com.cn/hxedu/w/inputVideo.do?qid=5a79a01881d257e50181d67b1af137cd.

[3] 朱太辉，张皓星. 中国央行数字货币的设计机制及潜在影响研究——基于央行数字货币专利申请的分析[J]. 金融发展研究，2020(05)：3-9.

[4] 赵江曼，杨云森. 央行数字货币对支付清算体系的影响[J]. 河北金融，2021(02)：46-49.

[5] 姜婷凤，陈昕蕊，李秀坤. 法定数字货币对货币政策的潜在影响研究——理论与实证[J]. 金融论坛，2020，25(12)：15-26.

[6] 牟俊霖，王阳. 财政政策、货币政策对中国就业的影响路径研究——基于面板中介效应模型的估计[J]. 财政研究，2017(08)：18-28.

[7] 谢星，封思贤. 法定数字货币对我国货币政策影响的理论研究[J]. 经济学家，2019(09)：54-63.

[8] 姚前. 法定数字货币的经济效应分析：理论与实证[J]. 国际金融研究，2019(01)：16-27.

[9] 张怡超，徐国成. 法定数字货币对于货币需求与供给的影响探究[J]. 北方金融，2019，465(03)：43-47.

[10] 王皓，张建，李佳明. 央行数字货币及其对货币政策的影响[J]. 投资与创业，2020，31(23)：56-58.

[11] 张双长，孙浩. 央行数字货币与利率政策创新[J]. 清华金融评论，2018(09)：57-61.

[12] 姚前. 区块链与央行数字货币[J]. 清华金融评论，2020(03)：65-69.

[13] 张双长，孙浩. 央行数字货币会对利率政策带来什么影响[EB/OL]. [2020-04-06]. https://www.hxedu.com.cn/hxedu/w/inputVideo.do?qid=5a79a01881d257e50181d67b1af137cd.

[14] 李拯，唐剑宇. 比特币、Libra 和央行数字货币的比较研究[J]. 中国市场，2021(07)：13-17.

[15] 陈燕红，于建忠，李真. 央行数字货币的经济效应与审慎管理进路[J]. 东岳论丛，2020，41(12)：121-128.

第6章　数字人民币与商业银行

【学习目标】

1. 了解数字人民币的产生对商业银行传统业务的影响。
2. 了解现行支付流程中清算、结算的概念。
3. 掌握商业银行数字化转型的相关知识。
4. 了解数字人民币应用场景的打造与推广、助推普惠金融服务的相关知识。

【能力目标】

1. 掌握本章节中数字人民币对商业银行支付的作用。
2. 了解本章节中数字人民币对商业银行的影响。
3. 理解数字人民币与商业银行整体框架结构，并能自行表述。

【思政目标】

1. 了解在数字人民币背景下商业银行应对机遇的做法。
2. 了解商业银行数字支付给人民生活带来的影响。
3. 了解数字人民币助推普惠金融服务，从而助力乡村振兴。

【知识架构】

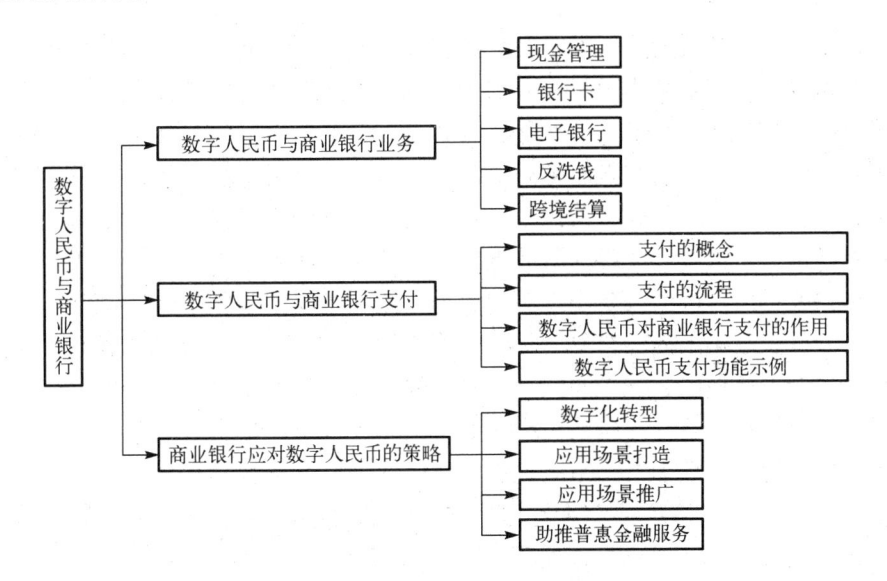

```
                          ┌─→ 现金管理
                          ├─→ 银行卡
         ┌─ 数字人民币与商业银行业务 ─┼─→ 电子银行
         │                ├─→ 反洗钱
         │                └─→ 跨境结算
         │
数字人民币 │                ┌─→ 支付的概念
与商业银行 ┼─ 数字人民币与商业银行支付 ─┼─→ 支付的流程
         │                ├─→ 数字人民币对商业银行支付的作用
         │                └─→ 数字人民币支付功能示例
         │
         │                ┌─→ 数字化转型
         └─ 商业银行应对数字人民币的策略 ─┼─→ 应用场景打造
                          ├─→ 应用场景推广
                          └─→ 助推普惠金融服务
```

数字货币概论

【导入案例】

数字人民币扩大测试范围，招商银行已入列参与

数字人民币 App 信息显示，网商银行已上线相关钱包功能，可实现一般收付功能。中国人民银行有关领导也提到，六大国有商业银行、三家通信运营商等机构都获准参与数字人民币研发，招商银行也正式入列，成为数字人民币运营机构。

目前除了在接口端继续"开源"，国内的数字人民币应用场景也正在深入地探索推进中。中国人民银行数字货币研究所所长穆长春在 2021 年举行的"香港金融科技周"活动中提到，截至 2021 年 10 月 22 日，数字人民币涉及范围涵盖了公用事业支付、餐饮服务、公共交通出行、生活购物及政务服务等。

数字人民币具有广泛的应用前景，这引发了许多金融机构的积极参与，包括传统商业银行、第三方支付平台等。艾瑞咨询报告中显示，我国数字人民币将成为商业银行十分重要的获客来源渠道，在促进行业数字化变革、催生同行间合作创新机会中扮演着重要的角色。此外，艾瑞咨询还指出，第三方支付平台将迎来诸多发展机会与挑战，其将以数字人民币的应用场景建设为关键核心，助力数字人民币延伸到 C 端、B 端业务范围。

资料来源：搜狐网

数字人民币已经由商业银行代理，并在多地进行推广、试用。那么数字人民币对商业银行的业务产生了哪些冲击？商业银行的支付受到了哪些影响？商业银行在数字人民币的大背景下如何转型来应对眼前的机遇与挑战？本章将介绍数字人民币的相关知识，以解决上述种种问题，方便大家学习思考。

6.1 数字人民币与商业银行业务

目前，由于世界各国的央行都正在紧锣密鼓地投身于法定数字货币的研制，由我国央行组织开展研究的法定数字货币——数字人民币也正处于测试与试点阶段。数字人民币在运作模式上，采用的是"央行—商业银行"双层运营模式：第一层为央行，占据中心地位；第二层则是商业银行，它们在架构中肩负的主要责任是面向公众提供数字人民币在流通环节的兑换、买卖等业务，是数字人民币运营中的关键一环。随着我国对数字人民币应用的创新探索不断深入，数字人民币的落地推广将对商业银行现有的经营与盈利模式、业务框架和账户体系及与内外部的联系产生巨大影响，给商业银行带来不同程度的机遇与挑战。商业银行必须做好战略上提前布局、统筹各项资源、改良软硬件技术等多维度的准备工作，以抓住机遇、迎接挑战的心态正面应对，提高数字人民币在金融领域的服务效率，更好地加强金融的包容性和普惠性。当前，商业银行已开展多轮有关数字人民币的试点活动，试点范围也呈扩大趋势，数字人民币正逐步出现在越来越多人的视野中。

尽管目前数字人民币还没有大量地融入人们的生活，但可以预测，当数字人民币实施全面落地推行活动以后，数字人民币对商业银行各个领域的许多业务都会产生不同程度的影响。

6.1.1 现金管理

商业银行传统的现金管理业务是一种综合性强的全方位金融服务，其业务大致包括以下四大方面：现金进入管理业务、现金留存管理业务、现金流出管理业务及由以上环节所产生的信息业务。综上所述的各项业务，都以现金作为贯穿全程的工具。目前，纸币和硬币的发行、储存、管理成本都相当高，不但不便于大量随身携带，而且货币流通过程中的环节多且十分复杂。而数字人民币，尽管只是以数字化的形态储存于手机中的一种数字货币，但也是一个由国家以信用为背书的法定货币，具有法偿性，主要定位于流通领域中的现金(M0)。数字人民币本身仍然具有价值，可以与纸钞、硬币等价兑换，其法律地位也与现金完全等同。既然数字人民币的功能和属性与现金完全一样，数字人民币的流通过程与现金相比实现了数字化，这样一来，便在很大程度上降低了中间成本、增加了公民使用的便捷性。同时，由于数字人民币采用了"中心化"的运行模式，使得每一笔使用数字人民币进行支付的交易都会被完整记录下来，且无法被随意更改和删除，因此央行可实现对每笔交易记录的实时追踪。

1. 对纸币、硬币的替代

随着央行对数字人民币的大力推广和应用，数字人民币会逐步替代一部分在市场上流通的纸币和硬币。央行现金的发行流程主要包括了两层：一是央行最新的现金发行，也就是在发行库与业务库两者之间进行现金投放与收回，当商业银行向央行提取现金时，现金将由发行库向业务库进行转换；二是商业银行已有的库存现金，这将影响央行与商业银行之间的现金流通，主要涉及央行层面(发行库和业务库)、商业银行层面总行与各支行金库内部的库存现金。在未来，由于数字人民币将逐步取代在金融市场流通的纸币和硬币，最终将形成在金融市场上没有任何纸币和硬币等现金的局面。

未来流通中的纸币和硬币一旦消失，这场规模巨大的金融改革也必将产生许多好处，总结而言：数字人民币既可保留纸币和硬币支付的优点，点对点即时付款结算，方便快捷，也能克服纸币和硬币支付的不足。首先，可大大减少纸币和硬币发行、运输、储存和管理等一系列成本。因为数字人民币的出现，使得央行在未来不再发行纸币和硬币，发行现金人民币的成本为零。此外，商业银行也可省去大量纸币和硬币的押送和运输费用，以及商业银行对纸币和硬币的清点、管理费用。基于此，数字人民币可大幅减少交易成本。其次，数字人民币还可大大降低商业银行的监管成本。由于数字人民币具有无限法偿的法定货币特性，可以受金融行业法律的严格监管。同时，数字人民币"中心化"管理模式允许央行和商业银行对其进行记录和跟踪，有利于防范不正当的经济活动，如洗钱、恐怖主义融资、伪造变造假钞、行贿、走私等。最后，数字人民币的出现也会促使商业银行对现有电子支付体系、运营体系等进行迭代更新，满足公众对无现金支付的更多个性化需求。同时，商业银行还可借此机会进一步解决原有现金模式下遇到的一系列问题。

当然，如果数字人民币全面推广开来，将会对商业银行的现金业务产生很大冲击。因为这将造成商业银行的柜台业务量相应减少，进而导致现金业务的相关工作被裁剪，如清

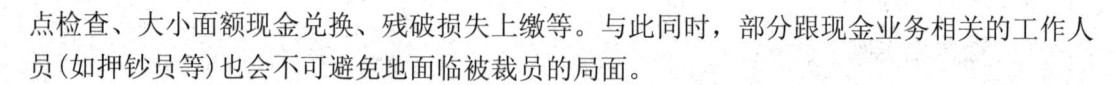

点检查、大小面额现金兑换、残破损失上缴等。与此同时，部分跟现金业务相关的工作人员(如押钞员等)也会不可避免地面临被裁员的局面。

2. 纸式票据业务将逐步消失

在数字人民币支付架构的建设中，在发行层采用区块链技术建立了统一的分布式账本，从而使数字人民币拥有和传统现金完全不同的独特属性，如中心化运行、以分布式的网络架构记账、每一次交易皆在区块链中记录且无法修改等。未来企业与商业银行间的票据贴现、企业与企业之间的商业支票签发等行为方式很有可能都会随着数字人民币的推广使用被完全颠覆。企业和银行、企业和企业、个人和企业之间曾经使用的转账支票、商业承兑汇票、银行承兑汇票、贴现票据和转贴现发票、再贴现票据及各种传统纸质票证等，都将逐渐被电子票证所代替，实现票证电子化。纸质发票的特性经常会导致一定资金"在途"的问题，而票据的电子化将实现所有交易"点对点"实时清算与支付。数字人民币结算对中间业务中的银行支票结算、票据承兑等的取代，会使传统银行业的利润空间被逐渐挤占，可能会在一定程度上导致商业银行资金的有效流动性趋紧，对个别商业银行也会产生一定流动性风险。此外，使用电子票据进行各种银行业务可以提高交易信息透明度和交易速度，节省央行和商业银行之间交换票据的时间成本和人力成本。届时，央行和商业银行内部日常开展的票据交换业务都将不复存在，而线下的诸多电子交易平台如同城票据交换系统或票据交换中心等也将被逐渐取消，而传统的票据交换行业也将慢慢淡出人们的视野，空头支票、没有真实交易的票据交易等不良交易现象会逐步减少。数字人民币对纸式票据的替换速度，很可能远远快于其对传统现金的替换速度。

6.1.2 银行卡

数字人民币的发行与推广对银行支付体系的影响与重构，不仅体现在对银行现有支付清算体系的改造，还体现在对支付工具的重构上。一般来说，目前由商业银行向社会发放的银行卡大致分为以下几个类别：普通信用卡、借记卡、贷记卡、专用卡、联名卡和本外币储值卡等。然而，这些银行卡都将随着数字人民币推广，在中远期被数字人民币逐步替代，同时也将极大地影响国内外负责为商业银行制造各类银行卡的公司。《中国数字人民币的研发进展白皮书》中提到，2019年央行进行的中国支付日记账调查结果显示，银行卡交易笔数、金额分别为7%和23%。随着数字人民币的推广与发行，银行卡的交易笔数、金额在未来会呈下降趋势。数字人民币对银行卡业务的影响大致可以分为以下几个部分。

第一，信用卡业务。个人因购买住房和汽车向商业银行进行的信用卡支付将被数字人民币支付逐步取代，与信用卡业务有关的不规范活动(如恶意透支等)也将逐渐消失，信用卡催收、信用卡业务垫款等事件的发生率也将降低，未来商业银行的信用卡业务可能会被合并或撤销。

第二，储值卡业务。数字人民币松耦合的特性意味着其与银行账户不必然发生绑定，这将使商业银行的存款量大大降低，存放在储值卡的货币也会随之减少，从而使商业银行创造信用货币的基础不断减小，进而影响商业银行由再创造信用货币带来的业务。

第三，商业银行的中间汇兑业务和汇款业务也会急剧下降或迅速消失，商业银行原有的会计核算体系与信用系统也将会出现重大变革。同时，商业银行的资产负债表结构也将会发生相应改变，如在资产中的库存现金逐步消失后，在库存现金与存款准备金间进行互换的次数也会因此而进一步下降。不仅如此，随着数字人民币逐步推广开来，除产生上述直接影响之外，也会产生若干的"衍生"效果，从而使回购与逆回购、代收代付、同业存放、同业拆入、同业拆借等业务逐步减少直至消失。

第四，数字人民币松耦合的特性实现了"支付即结算"，可以方便一些不拥有传统银行账号的普通民众开立数字人民币钱包，而无须设立传统银行账号或绑定银行卡。交易过程中的点对点实时转账方便及时，还能够支持双离线支付，以防止因网络问题而影响付费体验。数字人民币具有法偿性及收款者不可拒付等特点，必将对原来市场上的一些需要绑定银行卡才能完成付费活动的第三方支付平台(如微信、支付宝等)产生一定程度的削弱作用。因此，在银行卡服务完全消失前，第三方支付服务将会被逐步纳入新形成的银行支付体系框架中。

6.1.3　电子银行

受数字人民币在市场上发行的影响，央行货币管理体系和零售支付体系将被重构，商业银行的金融与支付体系运作也将产生变化。从数字人民币的发行、流通再到交易，这一系列的过程都将极大地改变银行体系的现行运营流程，并为电子银行业务创新带来新的机遇。

首先，商业银行的存款业务受到数字人民币发行与流通的影响，迫使商业银行必须投入更多的精力致力于电子银行业务的创新与发展。由于数字人民币在成本上具有明显的优势，再加上其松耦合的特性——可与银行账户绑定，也可不与银行账户绑定，因此未来在数字人民币的大力推广下，不排除公众对数字人民币的兑换偏好和持有偏好增加，这将造成各商业银行的现有存款逐渐流向手机中的央行数字人民币钱包，商业银行的可贷资金减少、存贷款业务量下降，盈利空间被进一步挤压。

其次，在商业银行的电子银行业务中，信贷业务虽然是受冲击最大的业务之一，但数字人民币为其带来的机遇不容忽视。贷款客户报送给银行、税务局、会计师事务所等机构的数据几乎没有任何差别，给银行的信贷业务带来如下可能性。一是银行贷款的"在贷中审查、贷后检查"的流程会变得更加简单。人工智能代替人工来核对、审核报表的准确性、真实性，很大程度上减少了贷中审查时间，加快了审查速度；贷后检查更加方便，提升了贷款审批和投放效率。二是不正规的信贷业务会逐步减少，从而降低商业银行的不良贷款率，骗贷、挪用银行贷款等不良行为的发生率会越来越低。三是信贷资金周转速度会逐步加快，促进整个社会金融体系融资效率日益提升。

最后，数字人民币为商业银行以电子银行业务为基础提供数字人民币衍生金融服务带来了机会。在目前的资产清算交易模式中，每个参加者均对整个交易过程进行了一定的受理、转接、清算等服务，并获得了相应收益。使用数字人民币后，中间业务办理与转接清算机构的流程在支付过程中被直接跳过，用户和商家可以直接点对点进行交易。数字人民币钱包有可能成为发展电子银行衍生业务的重要工具，使得未来商业银行的数字人民币流通管理服务成为"利润中心"。

未来在发展电子银行业务时,为了实现并确保支付清算等中间业务的主导地位,商业银行还要考虑与数字人民币钱包有机结合的方法,在不同流通应用场景中解决好账户与数字人民币钱包的分层设计与并用问题。

6.1.4 反洗钱

商业银行在反洗钱工作中扮演着基础性角色,然而,目前需要注意的问题是,大量反洗钱业务的开展仍离不开人工的处理和操作,反洗钱相关系统的自动化实现程度不高,处理能力仍需进一步提升。

不法人员常常以购买的他人银行账户作为洗钱的主要工具,利用各种不同的支付渠道和工具(如手机银行等)实现跨行、省间多次转账汇款的操作,银行账户内不留或只留部分余额,使人难以判断银行卡等账户体系的实际控制人是何人,掩盖了真实交易人的交易背景。

交易信息和资金流动复杂,传统电子支付系统一般仅核对了交易双方的身份信息、交易规模及账户余额,而无法核实各笔资金的性质及来源。传统商业银行一般仅支持对在本行内的交易信息进行调查与核实,无法了解并获取跨行的交易资金及流水信息,调查与核实资金的最终流向及交易双方信息都比较麻烦,这也给反洗钱工作带来了障碍。反洗钱工作存在的难点如图 6-1 所示。

> 一是对客户身份的识别与确认、背景调查存在较大难度。因为商业银行在识别技术上仍然存在一定的不足之处,对客户的背景信息、交易资金来源、所在公司、从事职业等方面的有效识别手段不足,判断某笔资金交易的性质与客户所从事职业的身份是否存在明显关联关系也缺乏足够的证据支撑

> 二是存在洗钱嫌疑的交易数据量超负荷,大量待明确、需甄别的交易数据都需要人工来甄别复查,这个过程耗时又费力

> 三是对资金流向追踪和监控存在很大困难,尤其是第三方支付平台转账、跨平台转账等涉及多方机构的交易需进行协调时也存在一定难度

图 6-1 反洗钱工作存在的难点

数字人民币发行后,商业银行可以利用央行的"三中心"(认证中心、登记中心和大数据分析中心)提升信息处理和数据加工能力,以弥补在反洗钱工作中出现的不足,提高工作效率,降低工作难度,加强反洗钱力度,如图 6-2 所示。无论是在商业银行之间,还是在央行与商业银行之间,都可以建立信用信息互联往来机制,从而扩大了交易数据的来源途径。

认证中心	登记中心	大数据分析中心
对央行数字货币机构及用户身份信息进行集中管理	记录每一笔数字人民币及对应用户的身份信息,完成权属登记;记录交易流水,完成产生、流通、清点核对及消亡全过程的登记	进行反洗钱、支付行为分析、监管调控指标分析等

图 6-2 商业银行利用央行"三中心"进行反洗钱工作

央行数字人民币钱包通过与商业银行账户完成签约，数字人民币权属由商业银行提出交易申请，接着再由央行认证中心完成交易申请的集中处理。认证中心能够把交易对象数字人民币钱包的变更信息储存在信息系统中，同时对权属信息内容完成相关变更跟进与更新。大数据分析中心的数据采集、分析能力可以帮助建立并完善用户信用的全面画像，以提高征信的管控力度。认证中心与大数据分析中心两者业务的相互结合，能够极大加强央行对数字人民币流通的管理与监控力度。同时，央行数据分析中心处理数据的优势能够直接透过数字人民币钱包传递到商业银行端。

在具体操作层面上，首先，利用数字人民币的高可追踪性对数字人民币进行全过程监测，通过记载当下和先前交易过程的有关明细信息，将纷繁隐秘的诈骗行业抽丝剥茧，并利用分布式账本技术识别出洗钱犯罪活动的来源。其次，因为数字人民币之间的流动交易通常都是利用单位或个人在商业银行开立的数字人民币账户进行的，所以央行和商业银行都可以对数字人民币账户进行双边严格监管，一旦发生了某一账户的合法数字人民币总额变动过大的情况，那么央行和商业银行可中断该账户的支付功能，从而加强了对潜在洗钱、诈骗等非法活动实施控制的能力。最后，数字人民币还可以通过对智能合约系统的创新与完善，对相关业务模式进行更积极的创新，从而提升反洗钱活动的效率，并改善相关系统的时效性问题。同时，通过运用人工智能的深度学习，加强研究由大量数字人民币所形成的大数据集，并对大数据集进行重复的训练学习，以从中挖掘出洗钱犯罪活动的典型特征，从而掌握洗钱活动最新数据分析模型；并开展创新智能合约研究活动，以解决传统反洗钱体系中所面临的自学能力不足的现实问题，以便于在反洗钱工作中能够快速锁定可疑交易活动中犯罪分子的真实身份。

6.1.5　跨境结算

目前在跨境结算工作中存在的几大痛点为效率低、成本高、透明度低、标准过于绝对和无法全额到账。效率低的问题主要表现在：由于参与跨境结算的银行主体多、不同国家的银行运行时间不一、跨境结算基础设施运行效率不一，从而导致一笔跨境结算的付款流程过长，用户的结算体验较为不佳。成本高的问题主要表现在：一笔跨境结算经历的每个环节都会产生手续费；同时，由于环节多而造成的金融监管成本也相应上升。透明度低主要表现为在跨境结算时，由于监管方及市场参与者之间能够看到的信息并不全面，因而彼此之间的信息也无法互联互通，使得监管方和市场参与者都无法完全了解所有的信息。随着消费者对个性化服务的需求越来越强，传统商业银行标准化、统一化的产品和服务已经越来越无法很好地满足不同消费者的个性化需求。在当前的跨境结算中，普遍存在着货款无法全额到账的现象，这对互联网时代跨境结算业务的推广产生了极大的冲击。

我国推出数字人民币，对于加强人民币在国际货币体系和跨境结算业务中的地位具有重大意义和深远影响。央行发布的《中国数字人民币的研发进展白皮书》中提到，我国央行未来也将在"无损""合规""互通"的原则上探索跨境结算试点。数字人民币有可能成为中国日益增长的跨境贸易中一种有吸引力的支付媒介。

在跨境结算业务中，数字人民币具备以下优势。第一，交易成本低。数字人民币的跨境结算可以有效地减少中介的数量，从而减少对多个连续通信跳转的需求。流动性管理成本较低使得数字人民币具有显著降低跨境结算成本的潜力。第二，实现实时支付。数字人民币在跨境结算中实现实时支付的有效途径是消除中介,以此减少过度的通信跳数。第三,可扩展性强。尽管数字人民币是一种新的支付工具,但在应用中并不需要建立一个新的支付网络。由于其数字特性,我国可以通过网上银行等现有支付平台轻松分发数字人民币。这增加了数字人民币的可扩展性。

在研发数字人民币的过程中,商业银行应做好以下几点工作。

首先,商业银行需要全面地考虑跨境结算的有关要求,创新商业银行的跨境结算业务。根据商业银行现有的规模和体量,确定适应当下情况的数字化转型方案,制定适合自身发展的战略规划,在此基础上,搭建既符合发展现状又拥有自己特色的跨境结算体系。同时,商业银行还要利用分布式账本技术的特点,完善数字人民币在跨境结算方面所涉及的相应功能,以便更有效提升数字人民币的结算速度,并帮助越来越多的国家认可和学会利用数字人民币开展日常的交易结算。此外,如果商业银行在跨境结算中充分运用了数字人民币的高效性与便利性,那么就能够大大缩短贸易审批过程,从而极大地减少结算时长。

其次,商业银行应加强对跨境结算系统和信息技术的研发与运用。区块链技术的去中心化特性,使交易各方在今后不再需要使用一个中心系统来进行资金清算和存储交易信息,而将更主动地建立一个更加全面的新型跨国结算支持网络,以增加境内外结算的便利性。商业银行可以向终端用户提供 7×24 小时、接近"实时"的跨境交易金融服务,以提升商业银行在境外经营服务的能力。

最后,商业银行应当加强与境外清算机构的合作力度。就目前大型商业银行所掌握的资源而言,在境外开展跨境结算平台建设的最佳切入点便是境外分支机构。商业银行可运用现有金融业务牌照,加大与境外清算机构的技术协作,通过点对点的连接方式改变既有体系,逐步提升技术手段在系统平台构建中的重要地位与关键程度,最后实现智能合约化、交易智能化、技术与金融全面融合的支付生态系统。

6.2 数字人民币与商业银行支付

6.2.1 支付的概念

支付活动一般包括交易、清算和结算。其中,清算与结算都属于清偿、结清交易两方债权债务关系的主要步骤和手段。在支付活动中,同一银行内部账户的资金往来不需要进行清算而直接进行结算。但一旦涉及不同银行内部的账户资金往来时,则需要先进行清算后方可进行结算。结清跨行间账户资金往来的债权债务关系的过程,称为清算,而在商务活动中结清债权债务关系的最后成果,称为结算。

1. 清算

清算:在跨行支付场景下、开始支付结算前,由发起银行向接收银行发出支付指令后,接收银行接收、核对并确认支付指令,最后双方形成清算的结果。清算的结果即为全面交换结算工具与收付信息,也即最后的结算头寸。

清算流程的主要职能有两个,如图 6-3 所示。

```
┌─────────────────────────────┐    ┌─────────────────────────────┐
│ 在付款人账户机构与收款人账户机构之间 │    │ 计量出结算债权。核算总债权; │
│ 互换付款操作工具及交换相互付款信息 │    │ 计入待结算的净额或汇总债权 │
└─────────────────────────────┘    └─────────────────────────────┘
```

图 6-3　清算流程的主要职能

清算流程的结果，就是全面清理了付款人和收款人的所有收款、付款交易的有效债权。

2. 结算

结算是指通过对清算过程中形成的待结算头寸，分别在发起银行、接收银行之间做出相应的会计处理，并同时完成资金划转，最后告知付款与收款双方的过程。当前，一般商业银行结算业务的实现方法主要采用两种账户形式：一是在商业银行之间相互开立的代理账户；二是开立于央行、独立金融机构(如银联)或第三方支付机构的账户。

结算的大致流程如图 6-4 所示。

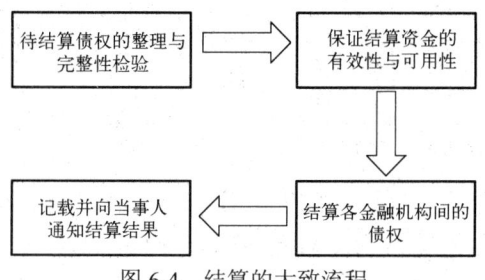

```
┌──────────────┐      ┌──────────────┐
│ 待结算债权的整理与 │  →   │ 保证结算资金的 │
│   完整性检验   │      │  有效性与可用性 │
└──────────────┘      └──────────────┘
                              ↓
┌──────────────┐      ┌──────────────┐
│ 记载并向当事人 │  ←   │ 结算各金融机构间的│
│  通知结算结果  │      │     债权      │
└──────────────┘      └──────────────┘
```

图 6-4　结算的大致流程

6.2.2　支付的流程

从人类使用货币的发展史看，从远古时期的最原始的以物易物，到如今的使用现金进行交易，我们可以发现，完成支付后，结算过程就完成了。但是在电子支付时代，支付结束并不一定代表立刻结算。根据支付过程的组成部分可将支付活动分为三类：单一债权债务关系的支付活动、有债权债务关系但不清算的支付活动及有债权债务关系且需清算的支付活动，如图 6-5 所示。而商业银行通常参与后两者的支付活动。

活动类型	银行参与	支付活动
单一债权债务关系的支付活动	无银行参与	交易
有债权债务关系但不清算的支付活动	同一银行参与	交易+结算
有债权债务关系且需清算的支付活动	不同银行参与	交易+清算+结算

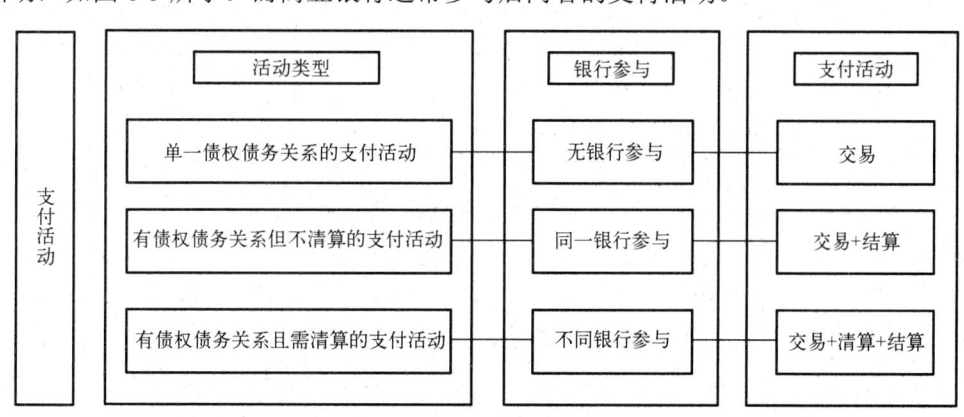

图 6-5　支付活动的三种类型

第一，有债权债务关系但不清算的支付活动。这种类型的支付通常发生于一个银行内、具有债权债务关系且不清算的支付中，由买家使用银行所发放的付款工具完成支付。而卖家若要取得货币资金就必须和银行产生交易，由银行在买家的银行账户存款金额中扣除商品的货币价值金额，并计入卖家的银行账户，卖家就取得了货币资金。这种方式下，卖家和买家的银行账户都在同一个银行，支付活动包括交易及结算两个环节，如图6-6所示。

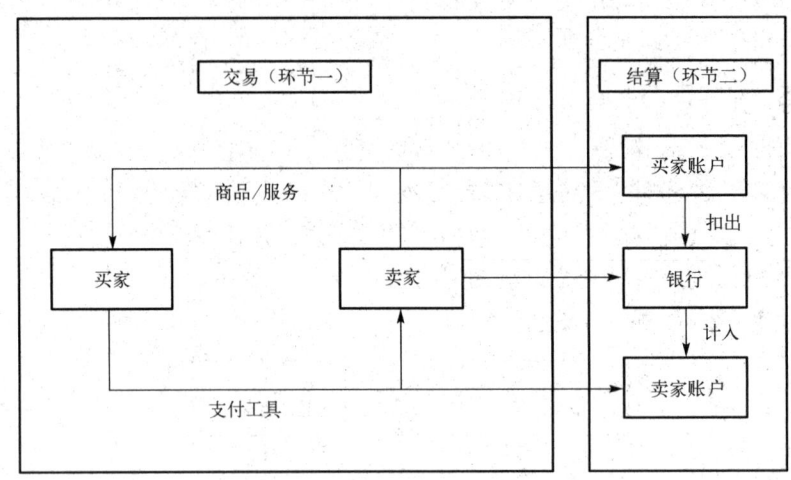

图 6-6 具有债权债务关系但不清算的支付活动

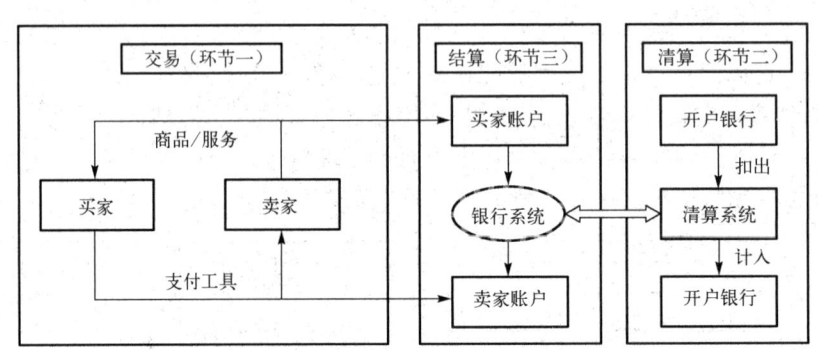

第二，有债权债务关系且需清算的支付活动。这种支付活动出现于银行账户在不同的商业银行，并使用商业银行付款工具支付的交易流程中，比上一种支付活动还要多一环节，即银行间资金账户的清算环节。该支付活动包括三个环节，即交易、清算和结算。清算（环节二）与结算（环节三）是密切关联的，只有当清算完成后，结算才能最后进行，如图6-7所示。

图 6-7 有债权债务关系且需清算的支付活动

举例来说，在交易活动中，买家想购买某种商品，必须要支付给卖家相应的货币资金，才能使交易完成。假如卖家和买家的银行账户在同一个银行，当买家使用该银行的付款工具进行支付后，资金会先流入该银行系统，再经过该银行系统转入卖家银行账户中。但如果买家与卖家分别使用A、B两个银行的账户，买家通过A银行的电子支付工具完成了付款，该资金首先会流入清算系统，然后再流入卖家在B银行的账户中。如今的清算体系不仅是单纯的央行清算体系，还包含了第三方支付机构和独立金融机构等。

值得注意的是，支付并不代表立即结算，这就有了常见的"T+0""T+N"等结算方式，即使是"T+0"，即所谓的实时结算，那也不是支付即结算，这背后有机构的垫付流程。"T+N"是目前收单中最常用的结算方法，意味着在 N 天之后结算，但由于"T+0"风险很高，因此监管对"T+0"结算的要求也比较多。

在目前的商业银行付款过程中，仍面临着以下不足：一是现行支付结算业务系统建立在层层代理开户的烦琐清算过程基础上，而不同商业银行的支付结算业务系统又彼此独立；二是由于商业银行支付结算方式受对账时间、空间的制约，过程比较烦琐，因此对交易结算的具体交易金额和笔数的会计核算具有一定滞后性；三是以银行中心化对账为基础的网络电子商务支付，由于环节众多，易受网络、交换峰值等各种因素的影响，因此容易出现系统效率低、资金在途风险高等问题。

6.2.3 数字人民币对商业银行支付的作用

数字人民币使商业银行原有的支付流程发生了极大的改变。在商业银行数字货币系统中，数字人民币存放于一个个数字人民币钱包中，而数字人民币钱包有别于现有的银行账户。在此基础上，数字人民币的支付转移机制可分为如下三种类型：第一，在已有的银行账户之间支付转移；第二，在银行账户与数字人民币钱包之间支付转移；第三，在数字人民币钱包之间支付转移。对于第一种类型，6.2.2 节已进行详细介绍，因此，本节将介绍后两者。

在银行账户与数字人民币钱包之间支付转移的流程较为简单，如图 6-8 所示。用户可自行发起从银行账户到数字人民币钱包或数字人民币钱包到银行账户的支付转移流程。从银行账户到数字人民币钱包的支付转移体现为银行账户金额的减少、数字人民币的增加；而从数字人民币钱包到银行账户的支付转移体现为银行账户金额的增加、数字人民币的减少。

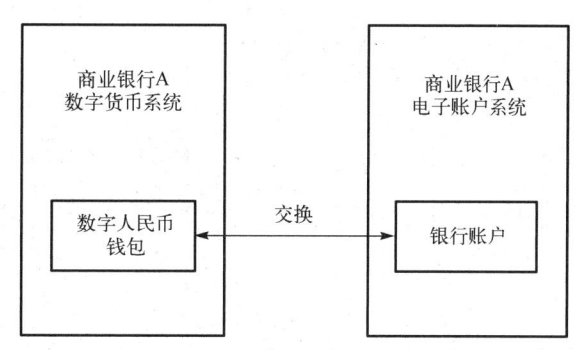

图 6-8 银行账户与数字人民币钱包之间支付转移流程

在数字人民币钱包之间支付转移的场景中涉及两个支付活动，即同一银行数字人民币钱包下的支付活动和跨行数字人民币钱包下的支付活动。数字人民币在同一银行或跨行发生的支付活动均涉及商业银行数字货币系统和央行数字货币系统，并未涉及清算机构，这是数字人民币钱包之间的支付转移与银行账户之间的支付转移的不同点之一，而导致这种不同的正是数字人民币具有的"支付即结算"的特点。数字人民币在同一银行钱包下的支付转移活动和跨行钱包下的支付转移活动分别如图 6-9、图 6-10 所示。在支付活动中，数字人民币是以载有所有者信息的加密字符串的形式进行转换的，分为来源币和去向币：来源币是转移之前的数字人民币，去向币是经过转移将来源币作废之后，新生成的数字人民币。

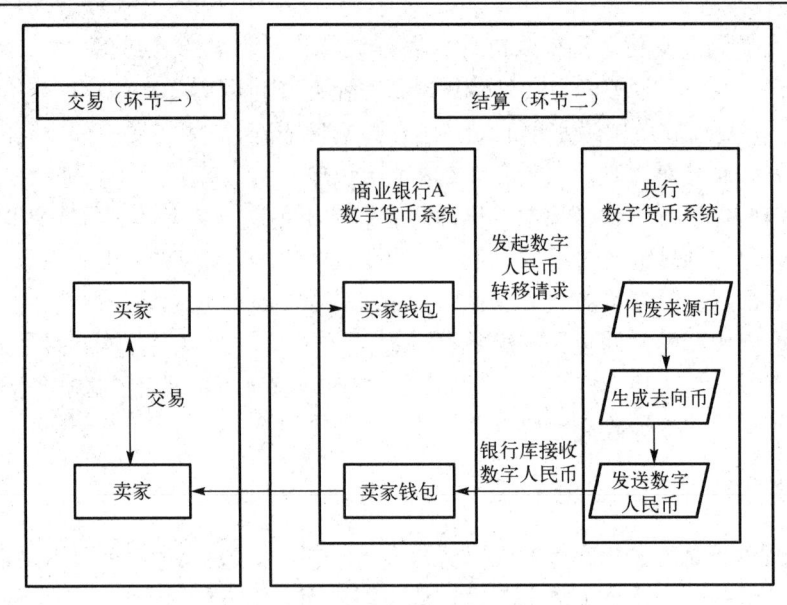

图 6-9 数字人民币在同一银行钱包下的支付转移活动

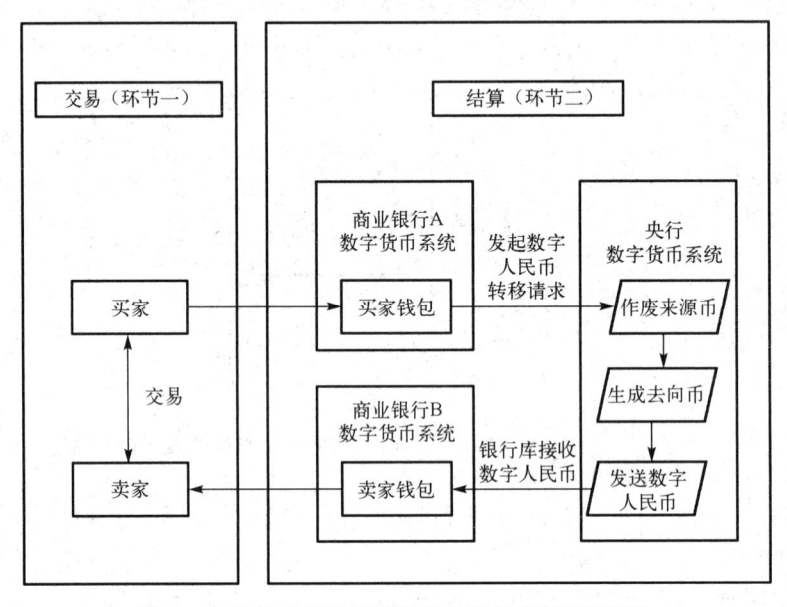

图 6-10 数字人民币在跨行钱包下的支付转移活动

综上所述，数字人民币对商业银行支付产生的作用巨大。

从积极的角度看，资金安全性提高。数字人民币支付系统采用了加密技术及分布式账本技术，比传统清算更安全。而且，由于数字人民币清算过程是点对点的资金划转，因此争议交易大大减少。另外，数字人民币的点对点实时结算，使得交易更加快速。在脱机交易场景下，数字人民币也支持"双离线支付"，这将极大扩展数字人民币的覆盖范围(可覆盖信号条件较差地区、边远地区等)，大大优化了客户体验。

从消极的角度看，数字人民币会冲击商业银行现有的业务体系、盈利模式与商业机会。数字人民币的"支付即结算"特点，使得债权转移直接在商户和消费者之间完成，商业银行的资产清算服务、支付结算业务等可能都将不再被需要。随着数字人民币的推广，这些已摆脱传统单一资金账户的新货币流通模式，对于目前的中心化记账、对账业务模式将产生很大的影响，将冲击各个商业银行所拥有的单一而不联通的收付核算结构，并对存款产生分流作用。另外，在数字人民币的"账户松耦合"形式下，数字人民币能够摆脱传统银行账户完成价值传递，使交易环节对银行账户的依赖程度大大减小。在当前的大数据时代背景下，商业银行的损失不仅是服务手续费减少，更主要的是丢掉了大量客户的成交记录与交易数据，以及失去了这些数据中潜在的各种商业机会。

在短期，由于公众适应了使用传统现金和第三方支付平台进行各类日常消费，以 M0 定位的数字人民币的需求量并不多，因此数字人民币难以对存款市场产生很大的分流影响。对于企业来说，由于数字人民币具有现金交易的时效性及转账的便利性，因此企业对数字人民币的需求会逐渐增大，从而导致企业的现金化程度逐渐下降，同时企业存款也会有所减少。对于商业银行来说，由央行和商业银行联合参与的各交易业务和付款系统都将重新构建。

长期来看，随着公众对数字人民币的接纳度增加，公众对持有现金资产的需求也大部分转向对数字人民币的需求。但是商业银行对数字人民币不支付利息，储蓄存款对公众来说仍然更有吸引力。而随着商业银行逐步实现数字人民币与储蓄存款之间的无门槛传递，银行存款可能走向新的动态平衡阶段。

6.2.4 数字人民币支付功能示例

目前，数字人民币钱包所包括的主要功能有扫一扫、付款、收款、转账、充钱包、存银行、碰一碰、硬件钱包、数字钱包管理及交易明细查询等。本部分将以中国农业银行的数字人民币钱包为例（见图 6-11），对目前商业银行的数字人民币钱包及其实现功能的概况进行说明。

图 6-11 中国农业银行数字人民币钱包界面

中国农业银行数字人民币钱包的功能如表 6-1 所示。

表 6-1 中国农业银行数字人民币钱包的功能

功　能	说　明
扫一扫	采用的是目前得到普遍应用的二维码近程在线收付手段，使用者通过数字人民币 App 直接扫描商家二维码或出示相应付款码，即可简单快速进行相应交易的收付
付款	以条形码和二维码的形式呈现，通过出示付款码，完成相关交易的付款
收款	以二维码的形式展示，可通过出示收款码，完成相关交易的收款，用户可设置收款金额
转账	该转账功能可实现数字人民币钱包的点对点转账，无须通过银行账户。在转账时，用户需输入收款钱包 ID 或本行钱包手机号、收款钱包名称、转账金额，可选填转账附言

续表

功　能	说　　明
充钱包	可实现从银行账户往数字人民币钱包内转钱，需选择付款账户、填写充钱包的金额
存银行	可实现从数字人民币钱包往银行账户内转钱，需选择转到的账户、填写存银行的金额
碰一碰	一种使用 NFC 技术进行的近程电子支付方法，既能够在线上完成也能够离线完成，前提是需要手机配备数字人民币硬件钱包。在线情景下，支持使用 POS 机及专有芯片设备完成收付；离线情景下，"碰一碰"仍可在安装了数字人民币硬件钱包的交易双方之间实现收付
硬件钱包	可与支持绑定数字人民币钱包的硬件钱包进行配对，如智能手环、智能手杖等。绑定后可实现用硬件钱包直接进行数字人民币的支付
数字钱包管理	包括钱包基本信息、绑定账户、支付密码管理、小额免密管理、自动存银行设置、钱包升级、钱包注销。其中，在"钱包基本信息"栏可查看钱包状态、支付限额及自定义钱包名称；"绑定账户"栏可给数字人民币钱包绑定多个银行账户；"支付密码管理"栏可对数字人民币的支付密码进行修改和重置；在"小额免密管理"栏中可设置是否开启小额免密支付，在开启状态下，还可以设置单笔交易限额、日累计交易限额等；在"自动存银行设置"栏可设置是否开启自动存银行功能，若开启，则系统每日会自动将钱包里的资金存入绑定的银行账户；"钱包升级"可升级数字人民币的类型；"钱包注销"可在余额为 0 时注销该数字人民币钱包
交易明细查询	该功能可查询收支、转账交易的所有明细情况

中国农业银行数字人民币钱包业务流程如图 6-12 所示。

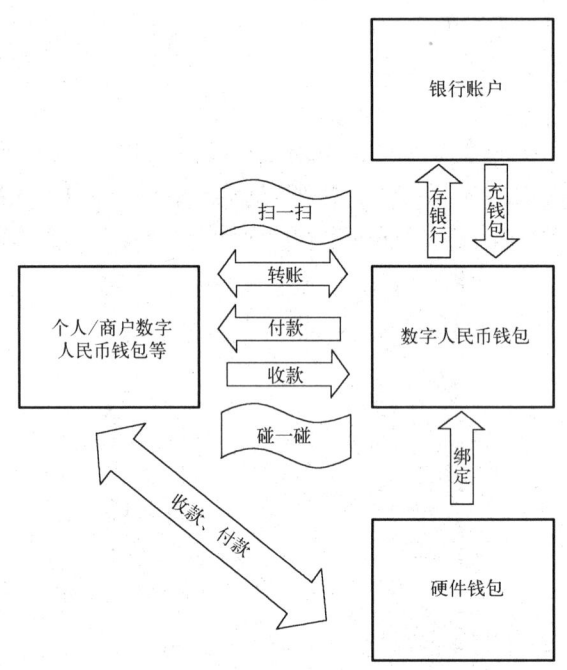

图 6-12　中国农业银行数字人民币钱包业务流程

6.3　商业银行应对数字人民币的策略

6.3.1　数字化转型

数字人民币的独特之处，就是数据收集过程的真实有效、无法伪造、不可篡改。数字人民币与当前金融服务技术的有机结合，能够实现对数据及时高效的收集记录、加载处理、智能分析及智能评价，商业银行应当及时进行大规模的数据采集处理、新一代人工智能、云计算等前沿技术研究与应用，从多方面、多角度、多层次进行全面的大数据挖掘、研究和运用，做好业务转型升级工作，在此基础上制订金融基础设施建设战略性计划，进一步开展完善作为信息储存和信息处理载体的大数据中心的构建工作，并积极探索信息基础设施建设的规范化、标准化，加强以网络、服务器、数据库系统和中间件设备等组件作为发行数字人民币后备支撑体系的重要功能，提升信息技术基础设施的安全性、可扩展性、灵活性、可靠性和高可用性。

1. 构建多元化、全面的商业银行数字化运营体系

首先，要求商业银行为客户在前端业务上提供更加精准、方便的服务，在业务中后端优化业务流程、做好风险管理与控制，并积极开展业务创新。加大对人工智能方面的人、财、物投入，模拟数字人民币发行后物联网全过程数据化，并利用人工智能的深度学习技术对现有系统进行强化训练。

其次，加强智能合约、分布式账本技术等先进技术的研究。从应用视角上来看，智能合约被大家普遍认为是一个可以自行担保的资金账户，当满足了某一特定的条件时，其核心程序就会实现资金的释放与流转。商业银行可以将数字人民币与使用成本相对低廉的智能合约技术加以集成，进而优化智能合约的设计，以达到提高客户使用体验的目的，从而简化物联网上冗长的供应链模式，提高运行效率，帮助商业银行拓展其在支付市场的竞争力。

最后，商业银行应利用新技术与现有金融业务的相互融通，促进数字化转型。在数字人民币的发展过程中，商业银行升级交易管理系统是决定其发展方向的重要驱动因素。通过科技研究和技术革新实现对数据处理系统的全面升级，进而完成银行信用信息管理系统的全面构建，促进大数据分析、人工智能等信息技术与数字人民币中涵盖的经济信息技术相结合，以及时获取和更新交易数据，从而增强对数据的智能判断和信息的高效处理能力。商业银行应当利用金融科学的新兴科学技术与先进管理手段，积极地开展金融管理创新，对传统信贷业务实现数字化管理的升级与转型，逐步建立多元化、智能化的商业银行信贷风险管理系统，丰富信贷管理层次，进一步扩大信贷管理深度，并逐步实现全业务流程互联网数字化办理服务。利用互联网信息技术，将传统商业银行风险控制模型由单个环节延伸至整个业务流程。与此同时，借助物联网技术和数字人民币的结合，商业银行能够即时获取并计算不同业务的数据指标，从而提升商业银行授信体系审核决策的准确率和维度，还可以在一定程度上帮助企业解决信息的不对称等问题。客户对数字人民币钱包的应用也有助于提高客户的消费黏性，同时也为相关的银行机构提供了其客户的交易信息和行为数据，协助银行机构洞察客户特征，输出人群的精准画像。商业银行应积极组织研究人才，在新技术应用领域中从多维度研究视角开展探索，重点开展数字人民币及其衍生商品系统与数字价值转移体系的基础理论研究和实践研发，以应对数字人民币时代的到来。

2. 赋能基础设施，促进业务升级

数字人民币的研究、开发和运用，对商业银行当前的金融服务基础设施的稳定程度、

安全和计算能力等各方面，都提出了越来越高的要求，这也需要商业银行进一步投入更多资金，实现对金融服务基础设施的改造、更新、升级和维护。因此，商业银行应当利用数字化技术更新基础设施，做好硬件、软件等技术层面的充分准备。

硬件层面，由于数字人民币支付即结算的特点，将对计算机计算能力与大数据存储能力提出极高的要求，商业银行后台服务器需提早进行相应准备。必须在适应数字人民币运行的基础上，对传统机器(如ATM机等)进行智能升级改进，从而使公众可以在ATM机等设备上进行现款的无感兑换及数字人民币的存取。例如，在2021年4月的第四届数字中国建设成果展览会上，中国银行向社会展示了"外币直接兑换数字人民币实体卡"的自助兑换机，给外国友人的在华消费带来了便利。中国银行还积极探索并推出了硬件钱包等可以辅助实现数字法币买卖、兑回、圈存、查询等功能的"数字货币芯片卡"，2021年2月以来，六大国有商业银行数字人民币钱包硬件相继进行试点，钱包形式更加丰富多彩，可视卡、指纹卡、可穿戴等产品相继推出。

软件层面，商业银行应升级当前的IT系统，使其能够适用于数字人民币的换代升级。商业银行原本的体系是以纸币和硬币作为主要交易方式、以数字系统作为辅助的M0体系，所以为了数字人民币的成功推广与应用，应及时进行研究、开发和更新，将其转化为用数字系统完全取代现金来完成交易的新型体系：面对客户端必须能够接收用户使用数字人民币提交的交易请求，而面向央行端则需实现数据编码加密和区块链格式转码的功能，并且还须受到央行的交易监管，并及时向客户端反馈当前的交易结果。因此，原本的商业银行IT系统应该迭代升级为一个适合数字人民币及以数字化交易为核心的新体系，以应对一个全新的数字人民币时代，如图6-13所示。目前，六大国有商业银行数字人民币钱包具备收付款、转账、还款等基本功能，公众可以通过"扫一扫"二维码、接近另一方的移动手机或收款机器"碰一碰"完成支付。子钱包使用范围不断扩张，已接入哔哩哔哩、京东等多个App。未来商业银行在将子钱包进一步扩张接入商户App的同时，完善软件上的功能，以适配数字人民币未来的发展。

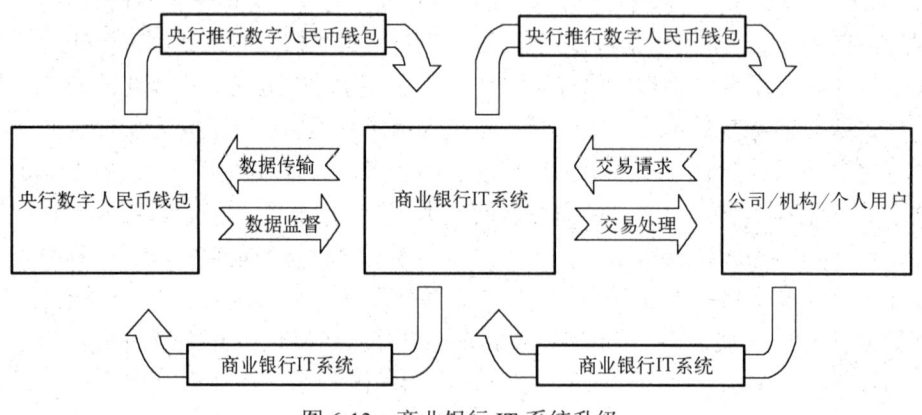

图6-13 商业银行IT系统升级

商业银行通过赋能基础设施，进而促进其业务转型升级。构建数字化信贷管理与支持系统已成为商业银行未来开拓各业务领域的基石。在数字人民币双层运营架构下，商业银行不仅可以继续保留已有的现金服务功能，还可以提供数字人民币的表外

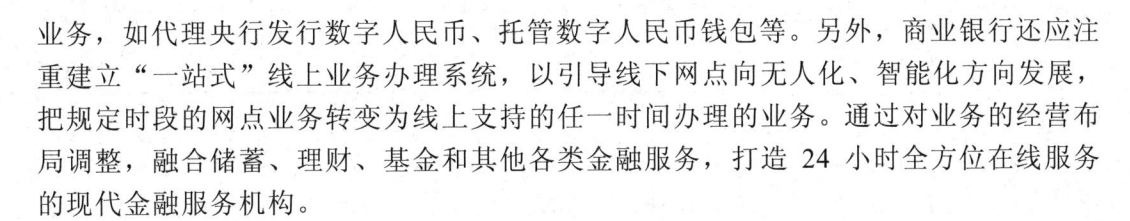

业务，如代理央行发行数字人民币、托管数字人民币钱包等。另外，商业银行还应注重建立"一站式"线上业务办理系统，以引导线下网点向无人化、智能化方向发展，把规定时段的网点业务转变为线上支持的任一时间办理的业务。通过对业务的经营布局调整，融合储蓄、理财、基金和其他各类金融服务，打造 24 小时全方位在线服务的现代金融服务机构。

6.3.2 应用场景打造

1. 多领域覆盖

目前，我国六大国有商业银行已全部开启数字人民币硬件钱包试点；同时，六大国有商业银行 App 内的数字人民币钱包已开始面向公众开展广泛测试，子钱包使用范围不断扩张，京东、滴滴出行等多家商户开通数字人民币支付。

随着数字人民币的多地试点，以及覆盖群体持续稳健地扩大，数字人民币的应用场景逐步扩展。试点由线下实体店向"线上网络平台+线下实体店"并行拓展，试点范围从高频率消费向便民服务渗透。数字人民币早期试点涵盖了餐饮业、零售业、生活缴费等日常生活的高频消费领域，并逐渐扩大至教育培训、便民交通、视频网站、车辆保养等消费场景。付款手段也由智能手机在线付款向双离线支付扩展延伸。

《中国数字人民币的研发进展白皮书》提到，截至 2021 年 6 月 30 日，试点场景已超 132 万个，范围覆盖了日常生活缴费、餐饮服务、公共交通出行、购物消费、政府公共服务等领域；开立个人钱包 2087 万余个、对公钱包 351 万余个，累计交易笔数 7075 万余笔、金额约 345 亿元。

2. 商户接入

商业银行对于数字人民币应用场景的打造，离不开商户对数字人民币的接入。商户接入数字人民币的类别，目前根据商户性质和规模大致可分成以下三种。

第一种，可进行管理系统更新与升级，像中石油、中石化、购物中心等大型商家集中收银的，只要更新或升级后台软件，商家的硬件设施无须替换。这种形式周期较长、成本较高，适用于大型连锁商户，但是接入以后所有店铺都会支持，并且商户体验良好。

第二种，直接投放支持数字人民币的 POS 机终端。这种方式简单直接、持续周期短、使用成本低、接入方式简单，支持扫码与碰一碰收款。目前新大陆全系列智能 POS 机均已支持数字人民币付款，实现了线下消费场景与数字人民币的高效连接，应用在零售、便利店、餐饮、商超等小额度高频率支付场景。

第三种，针对小微零售店，直接放置一个码牌或 NFC 标签牌，可以支持扫码和碰一碰收款。

3. 打造应用场景

数字人民币以小额零售为主要应用场景，可促进在个人业务领域(C 端)、企业业务领域(B 端)及政府业务领域(G 端)等各领域的交互操作(见图 6-14)。

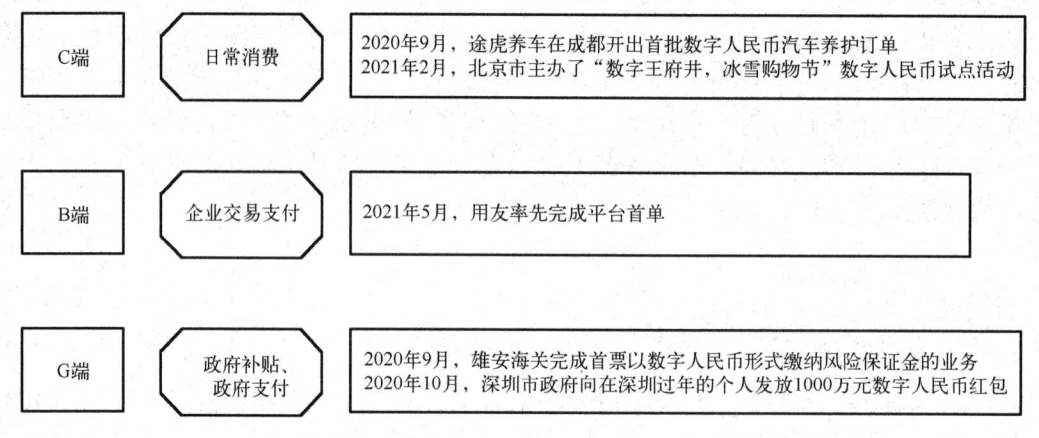

端别	场景	示例
C端	日常消费	2020年9月,途虎养车在成都开出首批数字人民币汽车养护订单 2021年2月,北京市主办了"数字王府井,冰雪购物节"数字人民币试点活动
B端	企业交易支付	2021年5月,用友率先完成平台首单
G端	政府补贴、政府支付	2020年9月,雄安海关完成首票以数字人民币形式缴纳风险保证金的业务 2020年10月,深圳市政府向在深圳过年的个人发放1000万元数字人民币红包

图 6-14　C 端、B 端和 G 端的试点应用场景示例

(1) 个人业务领域(C 端)

随着数字人民币的发行、数字人民币试点的逐步推广,数字人民币正逐渐渗透进人民的生活中。其在个人业务领域的推广,一般包括了日常消费中如餐饮业、零售业、生活缴费等高频率消费场景,以后将逐渐延伸至教育培训、便民出行、车辆保养等场景。在数字人民币的日常消费推广过程中,安全芯片主要会被应用于卡片、手机、可穿戴、收款终端等四大类型的产品设备中。例如,在装有安全芯片的卡上面可以有显示屏幕,展示支付金额与剩余金额,还能够植入生物识别功能,如指纹识别等,以进行付款时的认证。这样大大促进了数字人民币的推广。

在购物消费方面,2020 年至今由政府主导的数字人民币消费补贴已有雏形。就现阶段数字人民币的使用测试情况而言,国有大型商业银行的试点已经开始重视加强与数字人民币使用者的交流互动,以中国建设银行(以下简称建行)为例,其数字人民币子钱包除可以连接京东、滴滴出行等合作方外,还内嵌了建行旗下 B2C 购物网络平台"善融商务",以为使用者提供线上付款服务,如今已举办了数场促进数字人民币消费行为的活动,极大程度上盘活了建行支付流量客户。

在公共交通出行方面,从 2021 年 8 月 1 日开始,北京轨道交通地铁新增支持通过数字人民币线下交易买票、购卡、补票和充值,以及通过"亿通行"App 线上订票等情景的使用,这也是继此前"亿通行"App 支持数字人民币刷闸支付后的又一次应用升级。自此,北京市完成了对数字人民币在轨道交通过闸和订票交易情景的全部覆盖。

在低碳生活方面,数字人民币作为数字化的法定货币,天然具有低碳、环保等特点。在绿色金融理念深入发展的当下,助力低碳转型为数字人民币进一步发挥社会价值提供了良好机遇。在此背景下,中国农业银行(以下简称农行)、中国邮政储蓄银行(以下简称邮储银行)、建行与生活服务电子商务平台美团合作,共同推出了"用数字人民币享低碳骑行季"碳中和公益主题数字人民币试点活动,面向多个城市的数字人民币试点地区居民免费派发数字人民币低碳出行红包。试点地区的用户可通过美团 App 注册并报名领取数字人民币红包,用于美团共享单车骑行服务的费用支付。之后,每骑行一次美团共享单车,还可额外得到一定的数字人民币低碳红包奖励,用于对下一次的共享单车骑行费用的支付。这项试点活动的尝试也被视为对平台消费场景在出行应用领域的一种有益开拓和尝试,在协助开拓数字人民币消费使用场景和技术能力的同时，使得平台用户在日常消费中熟悉数字人民币的属性与使用方式，从而为巩固数字人民币在法定数字货币领域的全球领先地位奠定根基。

另外，数字人民币将为消费者打造文创、无人商店、移动便利店、工艺美术品、畅销图书等消费场景；双离线支付模式使得交易的买家和卖家可在信号不佳或无网络（如乡村偏远区域）的情况下，通过两部手机碰一碰的方式直接完成线下离线交易。

上述相关活动将数字人民币的创新功能及场景与碳减排的社会公共价值进行了充分融合，展示了数字人民币在推进生活方式便利化、绿色化上的广阔前景。

（2）企业业务领域（B端）

随着数字人民币在C端的应用范围拓展，其应用场景也逐渐渗透进B端领域。企业在开展业务交易时，如果选择使用数字人民币付款，一方面，对买方企业而言，支付更为简单便捷，且在试点阶段就可以大幅度节省支付的业务成本（如手续费）；另一方面，对卖方企业而言，还能够做到货款即时到账。数字人民币的使用大大提高了交易效率，极大地提升了用户体验。

企业在使用数字人民币进行交易及后续提现至银行对公账户的全过程中实现了"零费率"，并且可以实现实时支付与结算。因此，在对公业务中，使用数字人民币结算对企业而言十分具有吸引力。在许多对公业务领域，商业银行需要用前瞻性眼光提前布局以抢占先机。

现如今，商业银行正在加快企业对公钱包的开立和服务。以中国工商银行（以下简称工行）为例，其全面支持企业在手机银行、企业网银、网点柜面、便携智能终端等开立数字人民币对公钱包，创新支持非工行客户通过工行企业手机银行开立数字人民币对公钱包，通过工商、税务、财政等第三方平台场景开立数字人民币对公钱包，支持在企业内部打造如智慧食堂、党费缴纳、生活补贴发放等提高员工待遇的应用场景。

（3）政府业务领域（G端）

随着不同领域的数字人民币试点范围稳定有秩序地扩大，数字人民币试点场景也已逐渐深入社会公共服务等各领域，积极构建G端场景生态圈十分必要。

从公共服务缴费场景方面看，大连市地方税务局在社会保险缴费这一高频率社会民生服务应用场景方面，创新推动了数字人民币应用试点工作，试运行半个月的时间，全市约四百万灵活就业人员和预征期城乡居民均被纳入了社会服务体系规划建设中。在此基础上，大连进一步开展了"数字人民币缴纳社保费"扩围仪式，这也代表着数字人民币应用场景在大连市社会保险缴费领域继续扩展，同时，数字人民币也扩大了在政府等社会公共服务领域的应用场景。

另外，在一些地区数字人民币专门面向政府扶贫产品开放。2021年8月4日上午，西安市人民政府举办的"智联机关"数字人民币支付渠道开通暨帮扶贫产品宣传周活动宣布，目前，"智联机关"移动服务平台已至少上线17家企业百余种扶贫产品，并且全部产品均可使用数字人民币进行购买。

在与政府工作有关的场景内，职工薪资发放及各类公共服务缴费等支付活动，在未来均可采用数字人民币的形式开展。这里面涵盖的代发代缴业务，不仅会拓展商业银行与政府相关部门的合作关系，还将聚集庞大的资金和储存大量的高质量客户。针对工商、税务、财政等第三方平台场景开立对公钱包，政府机构也会面临如何完成资金划转、发放与归集等问题。

在此过程中，如何聚合各方资源优势切入创新场景来触达终端用户，通过培养用户的使用习惯来实现用户留存，是未来中长期内数字人民币发展面临的重要考验。基于此，可以通过"银行+数字人民币"或"平台+银行+数字人民币"等方式不断开展协同尝试，共同为数字人民币的场景、账户与技术添砖加瓦。

6.3.3 应用场景推广

移动互联网的核心资源就是"流量"，"流量"是市场、消费者、现金流。互联网时代所有行业的竞争只增不减，商业银行也应该思考如何引入"流量"。引入"流量"则意味着商业银行需要进行应用场景的推广，以此来吸引用户并增加用户的黏性。

1. 多环节流通

在进行应用场景推广之前，应先了解数字人民币的多环节流通。在发行机制上，数字人民币采用与传统人民币相同的"央行—商业银行"的双层运营模式：央行集中管理、商业银行分布式运营。双层运营模式的业务流程可概括为投放层与流通层，如图6-15所示。

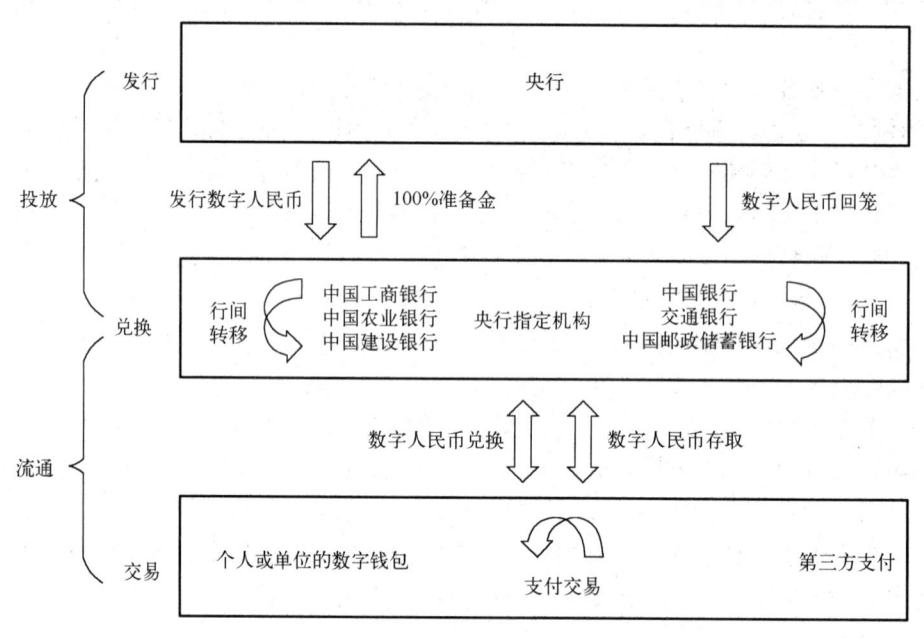

图6-15 数字人民币双层运营体系下的投放与流通

投放层解决的是数字人民币的制作与发行问题。央行主要负责该层的数字人民币制作与发行，按照100%准备金，面向由央行指定的代理运营机构投放、回收数字人民币。同时，为了达到对数字人民币的中心化管理和匿名可控的目的，代理运营机构需要每天将所有交易数据异步传送至央行系统，各代理运营机构也必须在第一时间内将数字人民币的大额或可疑交易向央行汇报。由央行负责记录并管理数字人民币总账，组织跨运营代理机构的数字人民币相互连通,并进行与数字人民币相关的资金的头寸清算,便于及时获取必要的交易数据以进行金融监管和反洗钱的等行动,确保数字人民币安全稳定的流通。

流通层解决的是面向公众兑换数字人民币、促进公众使用数字人民币交易的问题。在央行中心化管理的前提下,数字人民币代理运营机构和其他第三方流通服务机构共同提供数字人民币的市场流通服务并负责零售环节管理,实现数字人民币安全、高效运行。在整个数字人民币流通过程中,央行指定的代理运营机构直接面向公众开立个人和对公数字人民币钱包,代理央行提供数字人民币兑换和流通等服务,负责数字人民币的转移和确权,并基于用户绑定的银行账户进行兑换与存取。单位和个人是数字人民币用户,用户可在数字人民币钱包(母钱包)下开立一个或多个由商业银行运营的子钱包。对于第三方流通服务机构来说,虽不直接面向央行兑换数字人民币,但依然可以作为数字人民币在支付交易过程中的载体和基础设施,办理数字人民币的兑出、兑回和支付。

数字人民币的运营框架如图6-16所示。

类别	主体	主要职责
发行机构	央行	制作和发行数字人民币
代理运营机构	商业银行	向大众兑换数字人民币
第三方流通服务机构	其他银行及企业	不直接面向央行兑换数字人民币,但也支持大众使用数字人民币钱包,如美团、华为、哔哩哔哩等软硬件场景方和支持机构

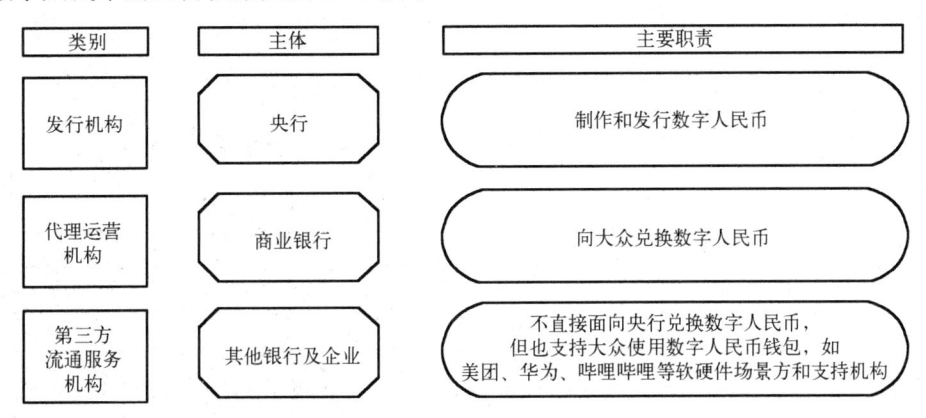

图6-16 数字人民币的运营框架

2. 发力应用推广

对于商业银行而言,重点应放在流通层的数字人民币应用推广上,即应在数字人民币的兑换及促进数字人民币的交易方面来发力。

从数字人民币兑换的层面来看,首先,应解决的是兑换渠道是否灵活畅通、可获得与是否方便的问题。一是商业银行等兑换机构与流通服务机构均需要提供相应的软硬件配套设备与支付运营环境,如数字人民币钱包系统等。数字人民币钱包研发部门应通过完善相关技术,使数字人民币钱包的操作更加简单。二是商户端受理环境改造有待加快。商户特别是线下商户资金受理环境的改造,是商业银行推行数字人民币试点工作的关键步骤之一。三是提高数字人民币的并发性能,以适应短时间内高交易频次的场景。其次,商业银行需要解决的是兑换过程是否易学习的问题。数字人民币的使用很大程度上依赖人群的数字素养,多数老龄人、偏远地区人群等缺少数字技能的群体使用数字人民币的意识亟待增强。因此,商业银行应对相关从业者进行数字人民币使用的专业培训,同时,采取适当的宣传措施,来提高不同群体对数字人民币的应用和兑换方式的接受程度,进而促进数字人民币的普及和使用。例如,举办数字人民币业务"进机关、进企业、进校园、进商场、进社区、进农村"等活动,宣传普及数字人民币基础知识,为政府部门、企事业单位提供对公钱包应用服务，挖掘企业内部场景建设需求，并指导企业职工开设个人数字人民币钱包。

在数字人民币交易层面上，应逐步建立更加多样化的支付场景，进一步加强数字人民币应用场景的推广，将数字人民币用于服务供应链场景是推动产业数字化发展的关键抓手。由于目前在国内各地的试点中，数字人民币都采用红包赠予方式进行推广普及，还无法从根本上转变个人用户的消费支付习惯，所以需要丰富与细分大量的应用场景，以提高用户的使用黏性，并积极协调组织各方面联合研究技术可行性和业务适配程度，充分整合利用可使用的资源并推进各类业务渠道融合，以形成与商业银行体系相对契合的、基于数字人民币运营服务的应用场景，降低传统商业银行在人民币系统转型中所面临的冲击。构建数字人民币与第三方支付平台的合作机制，引导餐饮业、零售业等小额度高频率消费场景实现数字人民币的广泛使用。探索发展个性化场景下的数字人民币特色应用，如图 6-17 所示。值得注意的是，数字人民币的流通应用场景不仅要覆盖传统货币的线下应用场景，还要覆盖网络应用场景。不需要强制推广数字人民币，而是要逐步推动数字人民币进入社会。

完善北京冬奥会有关场景，为北京冬奥会期间来京外籍人士创造便捷的数字人民币使用环境，树立数字人民币的国际影响力

商业场景，主要包括餐馆、住宿、零售、百货、文旅等零售场景，以及境内外贸易、供应链等B2B交易场景；搭建电影购票、智慧食堂客户端支付、智慧景区线上购票、停车无感缴费等数字人民币应用场景

政务及公用事业场景，主要包括政府及事业单位采购、税款上缴、公共交通收费、医院和学校收费等

面对菜场小商贩、个体经营户、老龄消费者、偏远地区消费人群等不依赖终端收付的潜在用户群体，数字人民币应用场景打造尚需进一步下沉

图 6-17 个性化场景下的数字人民币特色应用

此外，商业银行还应参考以往的应用场景案例，总结经验教训。例如，深圳市罗湖区之前开展数字人民币发行试点活动的基本流程，比较全面地展示了数字人民币钱包 App 安装与应用、转账、支付、充值、绑卡等各环节的操作流程，此案例是进行公众普及和市场推广的有效实践。参考各应用场景案例，可总结为以下几点：一是涵盖的消费群体更加广泛，投入额度更高，应用场景更广泛且更有针对性；二是通过"碰一碰"和"双离线支付"等方式，展示了数字人民币相对第三方支付平台的优越性；三是积极引入并拓展线上电商场景，增加运营机构和线下商户合作的数量。目前数字人民币钱包均可推送至京东 App、美团单车、滴滴出行、哔哩哔哩等。

从战略布局层面上，集中关注数字人民币的发展和数字人民币应用，构建数字人民币支付生态和完备的流通组织运营体系，完善配套组织机制，有助于加快推进受理环境改造，保障数字人民币有序流通并逐步走向常态化。随着数字人民币试点规模的不断扩大，商业银行对数字人民币的流通、硬件、并发量需求等各方面将有更详细的认知,应从各试点中总结经验。在积累经验的过程中,商业银行需探索出适合、有效、新颖、可长期沿用、可持续发展的试点方案,建立覆盖代理发行、流通、交易、维护等全环节的数字人民币组织运营体系。为实现"以客户为中心构建商业生态"的目标,商业银行可以利用数字人民币应用提供的契机,采取以"小额高频拉动高端低频场景"的策略,构建基于金融服务的生态,从而盘活资金流量,掌握数据,吸引新客户。

总结而言,商业银行对数字人民币应用场景的推广应把重点放在流通层的兑换及交易环节。在兑换环节,做到让公众易获得、易上手;在交易环节,做到准确投放资源、总结试点经验。让公众易获得、易上手意味着,商业银行可以通过在数字人民币钱包客户端个性化定制版本等方式,推动金融机构服务下沉,为普惠目标人群提供更贴合其需求的便捷金融服务,降低目标人群使用成本、便利目标人群支付应用,使目标人群能够享受现代数字经济发展的红利。而做到准确投放资源、总结试点经验则意味着,商业银行作为数字人民币双层运营模式中的兑换与流通层,应积极充当央行和政府金融资源精准投放的重要渠道,积极参与并总结试点工作中的经验教训,布局各式各样适合群众的应用场景,使各项金融政策和服务高效直达目标群体。

6.3.4 助推普惠金融服务

大力发展普惠金融服务有利于推动中国金融产业的可持续发展,促进中国国内大众创业、万众创新蓬勃发展,助推经济发展方式转型升级,促进中国经济社会发展更加公平和社会和谐。

数字普惠金融服务是指利用数字信息技术为原来因各种原因而受限的人群提供一套适宜的、负责任的金融服务,内容涉及付款、转账、存款、信贷、保险、证券、金融规划和账户报表等,提供服务的金融机构严格控制成本,在商业上具有可持续性。但实现普惠金融服务的难点之一,就是找到保持金融服务可持续的商业方式。而当前由于信息不对称和缺乏触达目标人群的有效手段,推动普惠金融服务的发展需要付出巨大的成本。

数字人民币的设计出发点之一便是为了提高普惠金融服务的数字化建设水平,其所依靠的信息技术及使用的方式都有利于金融机构减少了解用户并进行服务的成本,有助于打通商业银行普惠金融服务的快速发展瓶颈。数字人民币对普惠金融服务的好处体现在以下三个方面。(1)数字人民币大幅度地拓展了金融服务的涵盖范围。数字人民币支付体系将借助互联网、区块链和物联网技术,将账户开设、现金存取、储蓄信贷、支付转账、保险、结算、清算等业务的覆盖面扩大至各地,将金融服务普惠到中小微企业和普通公众。(2)数字人民币可以大幅度降低金融服务的交易成本,进而增加金融服务的交易便利性,使公众用得起、用得方便。(3)数字人民币能够提升金融服务的质量和消费者的满意程度。对于金融服务中的融资难、门槛高及服务差等问题,都可以尝试借助数字人民币来解决。

综上所述,数字人民币在普惠金融服务方面有巨大优势,商业银行应充分利用这些优势在普惠金融服务领域继续发力,做好以下两点。

1. 民生服务

首先，在基本支付方面，商业银行在数字人民币钱包的设计上，应方便公众尤其是特殊群体的学习与操作。其次，全方面支持日常出行、购物消费、居民医疗、学生教育、公益活动、扶贫等领域的民生服务，不断提升金融服务普惠水平。例如，打造老年人可随身携带的手杖、老年报时器、小区门禁、老人卡套、大屏语音播报支付钱包、学生电子手表等异形硬件钱包，致力于服务好社会弱势群体；应用"物联网+数字金融+消费扶贫"的创新模式推出可使用数字人民币的无人"助农超市"；通过"数字人民币+区块链+公益捐赠"一体化场景应用支持数字人民币公益捐助，使捐赠人可及时掌握捐款的去处和用途，做到捐助方向公开透明化；等等。

2. 乡村振兴

我国一直高度重视农业农村现代信息化技术工程的建设发展。已成为发展重要有力抓手的中国数字乡村建设正在整体促进和提升农业农村现代化发展水平，给中国农村经济发展带来了强大动力，已成为数字中国与乡村振兴战略的融合关键点。目前，中国城市与乡村的数字化程度存在着较大鸿沟，数字乡村建设区域发展不平衡、生产要素保障支撑能力相对薄弱、全面实施乡村振兴的协同性不足等问题仍然存在，因此如何在数字中国战略的大背景下，有效推动数字乡村建设，实现数字乡村建设与实施乡村振兴战略之间的有效连接，是当前做好农业农村工作亟须深入研究与突破的关键要素。

商业银行应当利用数字人民币助力数字乡村建设与乡村振兴，在这进程中，既需要进行战略谋划，又需要精确施策、对症发力。例如，中国农业银行以"服务三农"为主题，以"助农、惠农、兴农"为核心理念，围绕城市和农村的主要生产生活场景，建设广泛的、贴近百姓生活的数字人民币应用基础；在产品创新方面，挖掘数字人民币硬件钱包、智能合约的使用价值；在服务三农领域，利用智能合约提升涉农资金管理效率，夯实农村支付环境建设质量，为乡村振兴提供高品质金融基础设施，如图 6-18 所示。与此同时，中国邮政储蓄银行与京东于 2021 年 9 月联手举办数字人民币体验活动，面向成都新用户发放数字人民币红包，此次活动重点聚焦惠农惠民，为农村土特产扩宽线上销售渠道，有效助力乡村振兴和产业消费升级。

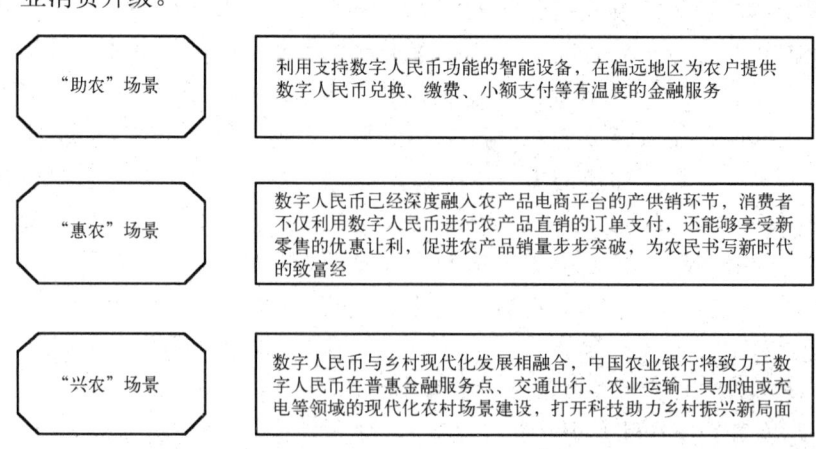

"助农"场景	利用支持数字人民币功能的智能设备，在偏远地区为农户提供数字人民币兑换、缴费、小额支付等有温度的金融服务
"惠农"场景	数字人民币已经深度融入农产品电商平台的产供销环节，消费者不仅利用数字人民币进行农产品直销的订单支付，还能够享受新零售的优惠让利，促进农产品销量步步突破，为农民书写新时代的致富经
"兴农"场景	数字人民币与乡村现代化发展相融合，中国农业银行将致力于数字人民币在普惠金融服务点、交通出行、农业运输工具加油或充电等领域的现代化农村场景建设，打开科技助力乡村振兴新局面

图 6-18 中国农业银行数字人民币的"服务三农"场景

本 章 小 结

数字人民币将对商业银行现有的经营与盈利模式、业务框架和账户体系及与内外部联系产生巨大的影响,给其带来不同程度的机遇与挑战。本章首先介绍了数字人民币对商业银行各个业务产生的影响,包括现金管理、银行卡、电子银行、反洗钱和跨境结算;其次介绍了清算、结算的相关概念与支付的流程,以及数字人民币对商业银行支付的作用;接着以中国农业银行的数字人民币钱包为例,对目前商业银行的数字人民币钱包进行了功能介绍;最后从数字化转型、应用场景打造、应用场景推广、助推普惠金融服务四个方面介绍了商业银行应对数字人民币的策略。

关 键 术 语

数字人民币;商业银行;数字化转型;普惠金融服务

思 考 题

1. 简述数字人民币对商业银行业务产生的影响。
2. 什么是清算、结算?现行清算、结算的流程是什么?
3. 简述数字人民币对商业银行支付产生的作用。
4. 简述商业银行的数字化转型。
5. 简述商业银行对数字人民币应用场景的打造与推广。
6. 商业银行如何利用数字人民币助推普惠金融服务?

案例分析

将有针对性地完善数字人民币设计和使用

2021年11月9日,中国人民银行行长易纲在发表视频演讲时表示,将有针对性地完善数字人民币的设计与使用。CBDC对货币政策和金融市场稳定性的深远影响,而该影响主要取决于CBDC的设计。在保护信息安全和保持金融市场稳定方面,央行妥善研究方案,有效地减少了负面影响因素。

当前,在世界范围内,110余国家已经在不同程度上进行了CBDC相关工作。就目前数字人民币研究的发展状况,易纲认为,对于中国来说,研究发展数字人民币主要是为了适应国内零售与消费需求,提高普惠金融业发展管理水平,以及改善货币与电子支付系统的运作效能。易纲还表示,将借鉴现金和银行账户管理方法,形成有利于发展数字人民币的管理机制,同时将继续增强核算效率、信息安全保障、电子防伪等功能。此外,还将促进数字人民币与现有电子支付工具之间的交互,以达到安全和便利的统一,完善数字人民币生态系统构建,进而增强数字人民币普惠性和可得性。

易纲强调,首先,保持数字人民币的M0定位,不计算与支付利息,以减少与银行存款的竞争。其次，实行双层运营双轨体系，即央行实施中心化管理模式，通过该体系保证对货币发行和货币政策的调控能力；商业银行和支付机构将作为中介的角色，为公众开展数字人民币兑换和收付业务。再次，设定了数字人民币钱包余额上限、交易总额上限等机制，以尽可能减少挤兑风险。同时，在试点推进过程中，对国家货币政策、金融市场发展和金融稳定性等方面产生的影响，也是重点试验内容。

谈到对数字人民币下一步的发展规划，易纲表示，数字人民币的使用和推广应坚持市场化的基本原则。由于区域面积广阔、人数众多、区域发展差异较大，这些原因再加上居民的消费习惯影响的行为，决定了在可预料的未来现金仍将长期存在。因此只要民众对于对现金的需求依旧存在，央行就不会停止现金供给或以行政命令对其进行替代。

资料来源：新华网

参 考 文 献

[1] 姚前. 法定数字货币的经济效应分析：理论与实证[J]. 国际金融研究，2019(01)：16-27.

[2] 陈斯. 中国版央行数字货币对商业银行影响分析[J]. 中国市场，2021(22)：29-30.

[3] 徐文彬. 央行数字货币(DCEP)重塑银行体系的前景展望[J]. 税务与经济，2020(05)：29-36.

[4] 姚前. 数字货币视角下的电子银行[J]. 中国金融，2017(03)：55-56.

[5] 孟梦. 商业银行数字化转型下跨境支付体系搭建[J]. 农银学刊，2020(06)：35-40.

[6] 帅青红. 电子支付与结算[M]. 大连：东北财经大学出版社，2015.

[7] 陆岷峰，周军煜. 数字人民币背景下商业银行业务未来发展前景、变革与重构[J]. 西南金融，2020(09)：3-13.

[8] 中华人民共和国中央人民政府. 中国数字人民币的研发进展白皮书[R/OL]. (2021-07-16). http://www.gov.cn/xinwen/2021/07/16/content_5625569.htm.

[9] 裴鸣岐，王军. 数字人民币的冲击与商业银行的应对[J]. 银行家，2021(02)：58-61.

[10] 姚前. 普惠金融视角下的数字货币[J]. 金融电子化，2016(10)：26-27+6.

第7章　数字人民币与第三方支付

📓 【学习目标】

1. 了解典型数字支付的运行和支付模式。
2. 掌握数字人民币的支付创新点。
3. 了解银行账户、网络账户和商户账户的功能与分类。

📓 【能力目标】

1. 总结数字人民币为第三方支付带来的机遇和挑战。
2. 阐述现有的三类账户对数字人民币发展的影响。

📓 【思政目标】

1. 思考数字人民币支付创新给社会发展带来的变革。
2. 思考数字人民币如何推动数字经济高质量发展。
3. 思考数字人民币在逐步推行时，应当如何统筹发展和安全。

📓 【知识架构】

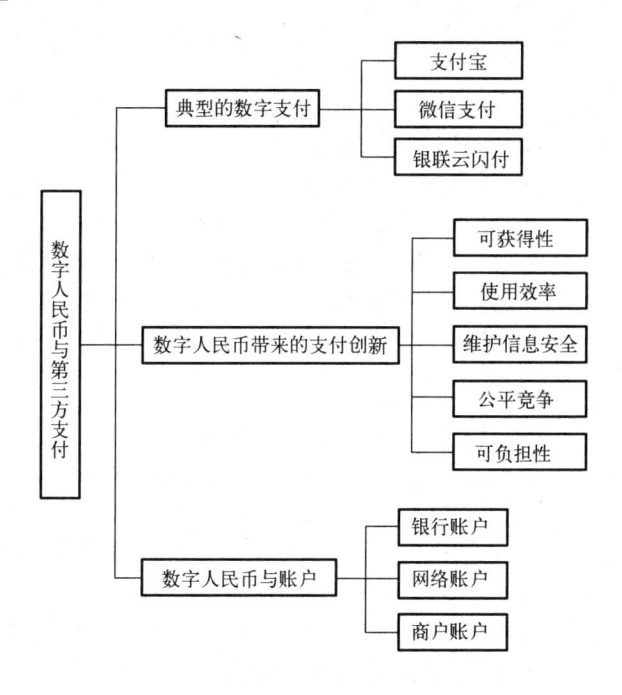

```
                          ┌── 支付宝
         ┌── 典型的数字支付 ──┼── 微信支付
         │                 └── 银联云闪付
         │
         │                          ┌── 可获得性
数字人民币 │                          ├── 使用效率
与第三方  ├── 数字人民币带来的支付创新 ──┼── 维护信息安全
支付     │                          ├── 公平竞争
         │                          └── 可负担性
         │
         │                 ┌── 银行账户
         └── 数字人民币与账户 ┼── 网络账户
                           └── 商户账户
```

【导入案例】

数字人民币时代即将到来，第三方支付面临机遇和挑战

2020年，我国第三方支付市场继续发展，用户习惯已建立，移动支付进入稳步增长阶段，但由于新冠肺炎疫情的冲击，互联网支付规模明显下降。同时，监管机构进一步加强对第三方支付市场的监管，不断完善行业监管规则，持续加大行业监管力度，使第三方支付行业进一步朝着合规化的方向有序发展。

中国互联网络信息中心第47次《中国互联网络发展状况统计报告》数据显示，截至2020年12月末，我国手机网络用户规模达9.86亿人，较2020年3月末增加了8885万人，网民中使用手机上网的比例提升至99.7%，较2020年3月末上升了0.4个百分点。艾瑞咨询数据显示，2020年，我国第三方支付行业移动支付交易规模达到249.3万亿元，较上年同期增加了23.1万亿元，同比增长10.2%。其中，2020年第一季度第三方支付行业移动支付交易规模与上年同期相比下降了4.0%，成为首个同比下降的季度，其主要原因是新冠肺炎疫情的影响，但随着疫情的逐步缓和，线下商业复苏明显。随着用户移动支付习惯的逐步建立，以及移动支付场景覆盖率的不断提高，我国移动支付市场交易规模结束了快速增长期，进入稳步增长阶段。

资料来源：《中国支付清算发展报告》（2021）

现阶段，数字人民币研发试点工作正在稳步推进中。数字人民币是法定货币，也是一种电子支付手段，其发行推广将对我国支付体系，特别是对第三方支付带来深远影响。当下典型的数字支付各有哪些特点？在支付层面上数字人民币带来怎样的创新？它对现有账户有何影响？本章将介绍数字人民币与第三方支付的相关知识，以解决上述问题，方便大家学习思考。

7.1 典型的数字支付

2021年年初，中国支付清算协会公布了《2020年移动支付用户问卷调查报告》，其中数据表明，微信支付、支付宝和银联云闪付是该年度民众最频繁使用的移动支付产品前三类。三种移动支付产品用户使用比例如图7-1所示。

7.1.1 支付宝

1. 平台简介

支付宝（Alipay）是在2004年由阿里巴巴集团创建的独立第三方支付平台，由支付宝（中国）网络技术有限公司运营。它针对中国的电子商务行业的在线支付问题提供了解决方案。

支付宝提供的服务主要分为以下三种。

（1）个人服务

支付宝提供的个人服务涵盖了衣食住行等方面的支付，如订酒店、买机票等，还包括转账、个人理财、信用卡还款等服务，覆盖面非常广。随着支付宝的发展，其服务功能越发强大，为个人生活带来更大的便利，如有理财想法的用户可以直接从支付宝平台了解理财产品信息，根据平台的理财建议挑选并购买。

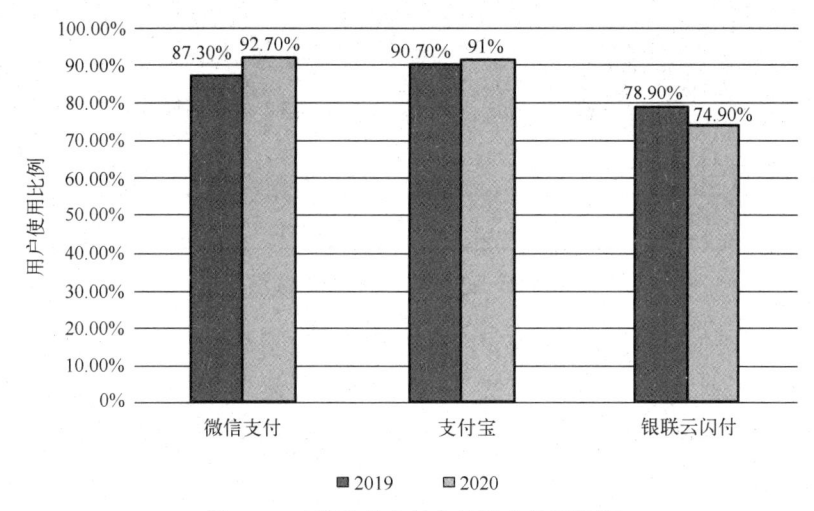

图 7-1　三种移动支付产品用户使用比例

（2）卖家服务

对卖家而言，支付宝除提供基础的收款服务和交易担保之外，还提供一些针对卖家的福利项目，如快捷免费的登录、担保交易收款套餐等。为了更好地吸引并留住卖家群体，支付宝又推出在线客服、支付宝购物券、卖家活动这类营销管理服务。

（3）与银行合作

支付宝与银行合作，意味着某种程度上的资源共享。具体来说，支付宝可以与银行共享大量的优质用户群体，用户群体的扩大使得支付宝可以更便捷地流入大额交易资金。同时，支付宝共享的优质用户群体具有一定的消费能力，为银行提供了广大的消费、理财等金融服务市场。从这方面来说，支付宝与银行的合作对彼此都十分有利。

2．支付运行模式和付款方式

（1）支付运行模式

网络在线交易者享受支付宝提供的"中介服务"，主要有第三方担保和代收代付等服务。这种服务实际上就是支付宝在买家从付款到确认收到货物的这段时间里，替双方暂时保管该笔货款。这其中，支付宝起到"信用中介"的作用。

在使用支付宝支付前，用户要注册一个支付宝账户。根据监管条例，央行要求用户实名认证。早在 2014 年，核实用户身份及其银行账户信息就成为用户使用支付宝的前提条件。自 2016 年 7 月起，实名认证信息填写不完整的用户，会被限制一定额度的转账和支付。完善实名认证之后用户可以享受更多支付服务，关键的是这可以有效地保护用户的支付安全。

在平台上购物支付时，使用支付宝付款的流程如图 7-2 所示。

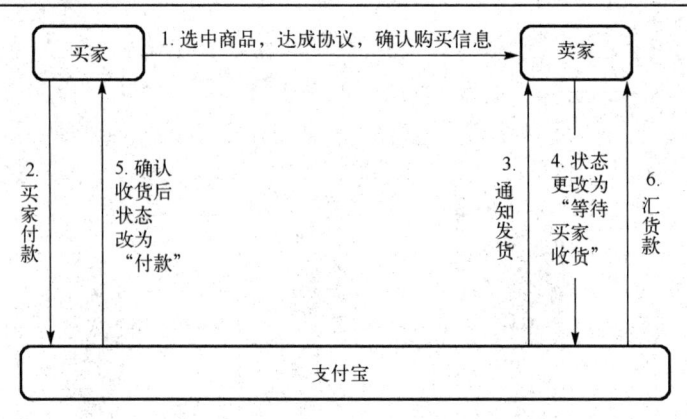

图 7-2 使用支付宝付款的流程

就第三方支付的业务转接模式而言，支付宝的业务不是由银联的跨行支付清算系统转接的，而是依托于商业银行的业务系统，并与商业银行建立直联关系。这种支付系统并不直接接入央行的大小额支付清算系统，而是在商业银行开立专门账户用于用户的支付和清结算。

(2) 付款方式

使用支付宝进行支付时，付款方式主要分为以下三种。

① 余额支付。

从用户的银行卡或其他方式转账进入支付宝账户的金额，如通过对方扫描支付宝收款码进行转账而收到的金额，就构成了支付宝账户的余额。

日常消费和转账时支付宝账户中随时可取用的金额是可用余额，可随时用于消费和转账。而如果账户没有实名认证，则账户中的余额可能显示为"不可用余额"。可用余额和不可用余额是支付宝余额的两大分类。

② 虚拟信用支付。

虚拟信用支付具体表现在支付宝上主要是我们常说的"花呗"，其全称为"蚂蚁花呗"，实质上是一种消费信贷产品。用户可以在支付宝 App 里申请开通"花呗"，根据各用户信用级别的不同，用户可获得相应的消费额度（一般在 500～50000 元）。用户可以预支额度先进行消费，然后在消费入账后的下个还款日还款。并且，"花呗"支持自动还款服务，对超前消费爱好者而言十分便利，使用"花呗"在平台消费的支付流程如图 7-3 所示。

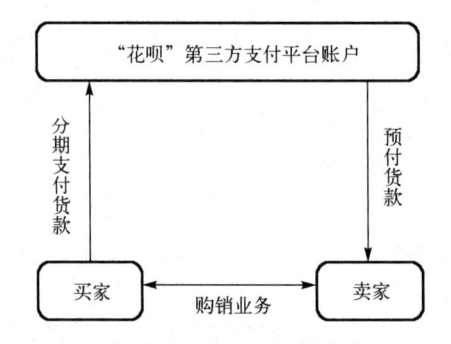

图 7-3 使用"花呗"在平台消费的支付流程

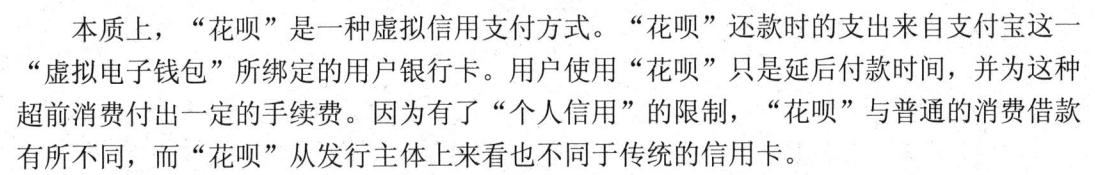

本质上，"花呗"是一种虚拟信用支付方式。"花呗"还款时的支出来自支付宝这一"虚拟电子钱包"所绑定的用户银行卡。用户使用"花呗"只是延后付款时间，并为这种超前消费付出一定的手续费。因为有了"个人信用"的限制，"花呗"与普通的消费借款有所不同，而"花呗"从发行主体上来看也不同于传统的信用卡。

③ 银行卡支付。

支付宝支持用户绑定并使用借记卡和贷记卡。日常支付中的转账卡和储值卡就属于借记卡，借记卡是由银行签发的一种允许持卡人先存款、后使用的银行卡，没有信用额度且具有不可透支性。贷记卡则不同，它具有信用额度，持卡人可在其所拥有的信用额度内先消费后还款。根据发行对象和发卡机构等的不同，贷记卡存在很多种类，"金卡"就是常见的一种。

3. 支付安全

支付宝覆盖范围广，用户众多，涉及海量资金的安全。在安保方面，支付宝设置了重重安全机制来保障用户的支付安全。具体支付安全措施不完全列举如下。

(1) 双密码设置

用户在登录和查看自己的支付宝账户时需要输入一个密码，接下来通过平台进行资金流转，如进行扫码支付时，用户又需要输入另一个密码，两个密码缺一不可。也就是说，支付宝有"双密码设置"，分别用于用户的登录和支付。此外，支付宝系统设置了用户若是连续三次输错密码，账户将被自动锁定3小时，之后再自动解锁。

(2) 手机绑定

手机绑定的操作可以使用户及时知晓账户是否安全，一旦有问题就可以迅速联系支付宝，保护账户资金安全。用户可以将支付宝与手机短信绑定，这样一来，在进行手机找回密码、手机短信支付等操作时，用户就能收到来自支付宝的短信通知。

用户还可以开通更高级别的安保服务——"手机动态口令"（手机验证码），它也基于用户手机的绑定。开通服务后，账户在找回密码、修改银行账户信息、进行一定额度的账户资金变动等操作时都需要手机验证码确认，让用户看到账户的安全掌握在自己手中。

(3) 数字证书

数字证书（Digital Certificance）是由权威的第三方机构 CA 中心签发的证书，主要通过"私钥"和"公钥"这一对密钥进行加密和解密，这种架构能够保障网上传递信息的完整和机密，并维护支付的安全性和便捷性，更可以使得支付具有"唯一性"。用户拥有一张银行数字证书后，就可以申请绑定使用该证书登录支付宝账户，安全而且便捷。

4. 盈利模式

支付宝的盈利来源主要是各项服务收费、利息收入、广告收入、其他金融增值性服务等。

(1) 各项服务收费

各项服务收费是支付宝盈利收入的一大来源之一，如向淘宝平台卖家征收的技术服务费和支付宝收付款服务费。在支付宝提供的部分服务中，有一部分是可免费使用的。当前，支付宝自身的服务体系尚未完全建立，并且市场也尚不成熟。但随着技术的进步，第三方支付群体将不断扩大,支付宝试用群体用户也将越来越多,免费服务将不可避免地转为收费服务。

(2) 利息收入

支付宝的利息收入是其收入的又一大来源,可以形象地比喻成"借鸡生蛋"。用户通过支付宝进行的网购付款是"实时付款",即下单购买时已经做出支付交易,而支付宝会将这笔货款"延后"支付给卖家,通常按照周甚至是月结算。这段时间里会发生巨额的资金沉淀,这些资金以"存款"的形式保存在银行里,支付宝可以获得银行支付的存款利息。

(3) 广告收入

支付宝拥有广大使用群体,并且这部分群体往往具有很强的消费能力,这为其带来了巨大的广告投放市场。支付宝主页上会发布一些横幅广告、插页广告等,借助大数据可以使投放更精准、针对性更强。除这类营利性的广告之外,支付宝主页上也会投放一些能让用户了解更多行业技术信息的公益广告,这起到引起用户兴趣、留住用户的作用。

(4) 其他金融增值性服务

这部分服务包括支付宝代理的和自己推出的理财产品。用户在支付宝平台上就可以直接购买到由支付宝代理的诸如各类基金的第三方理财产品,相比把钱存进银行收取存款利息,这些理财产品的年利率要高一些,十分具有吸引力。另一类则是支付宝自身推出的金融理财类服务,最广为人知的是余额宝。它是支付宝与天弘基金合作推出的余额增值服务,就其实质而言也是一种存在风险的货币基金,只不过风险和收益都比较小。用户开通余额宝后将资金转入其中,基金公司会在第二个工作日里确认这笔资金的份额,并开始计算收益。余额宝里的资金并不是无法提取的,用户可以随时正常使用余额宝中的资金进行购物的支付和转账等。

7.1.2 微信支付

1. 平台简介

与支付宝类似,腾讯集团于 2013 年发布的微信支付同属第三方支付平台,它主要提供在线支付服务,为各类企业及小微商户提供专业的收款服务和资金结算解决方案,并能够在一定程度上保障用户的账户安全。2020 年,微信支付的用户使用比例略微超过了支付宝,达到 92.70%。

2. 商业与用户价值

(1) 便捷交易和沟通

红包、支付+会员等功能是微信支付推出的具有自身创新性的产品,提高支付效率的同时也让传统习俗更有新意。在社交和交易的同时,带来更多乐趣。

(2) 智慧生活体验

微信支付的服务场景覆盖了"线上+线下"模式,它所带来的"高效智慧体验"主要体现在零售、餐饮、出行等生活的各方面,这让用户在一定程度上告别了假钱和实体钱包,让用户更加自在、更有安全感。

(3) 产业升级和商业价值输送

微信支付提出"智慧解决方案",以此助力传统行业转型,使其搭上"互联网+"的直通车,为传统行业注入新鲜血液,推动产业升级。

3. 支付模式和应用场景

在支付功能方面,微信支付与支付宝有相似之处。不过由于支付宝的出现时间较早,它拥有更多的支付方式,如指纹支付、NFC 支付等,更能满足越来越多样化的支付场景。而微信最初定位于社交,在发展过程中微信支付主要开发出了付款码支付、小程序支付等方式,一定程度上微信支付的功能较少。

但同属于第三方支付的微信支付的支付原理和支付结算流程与支付宝是类似的。总体而言,这种第三方支付平台的支付原理如图 7-4 所示。

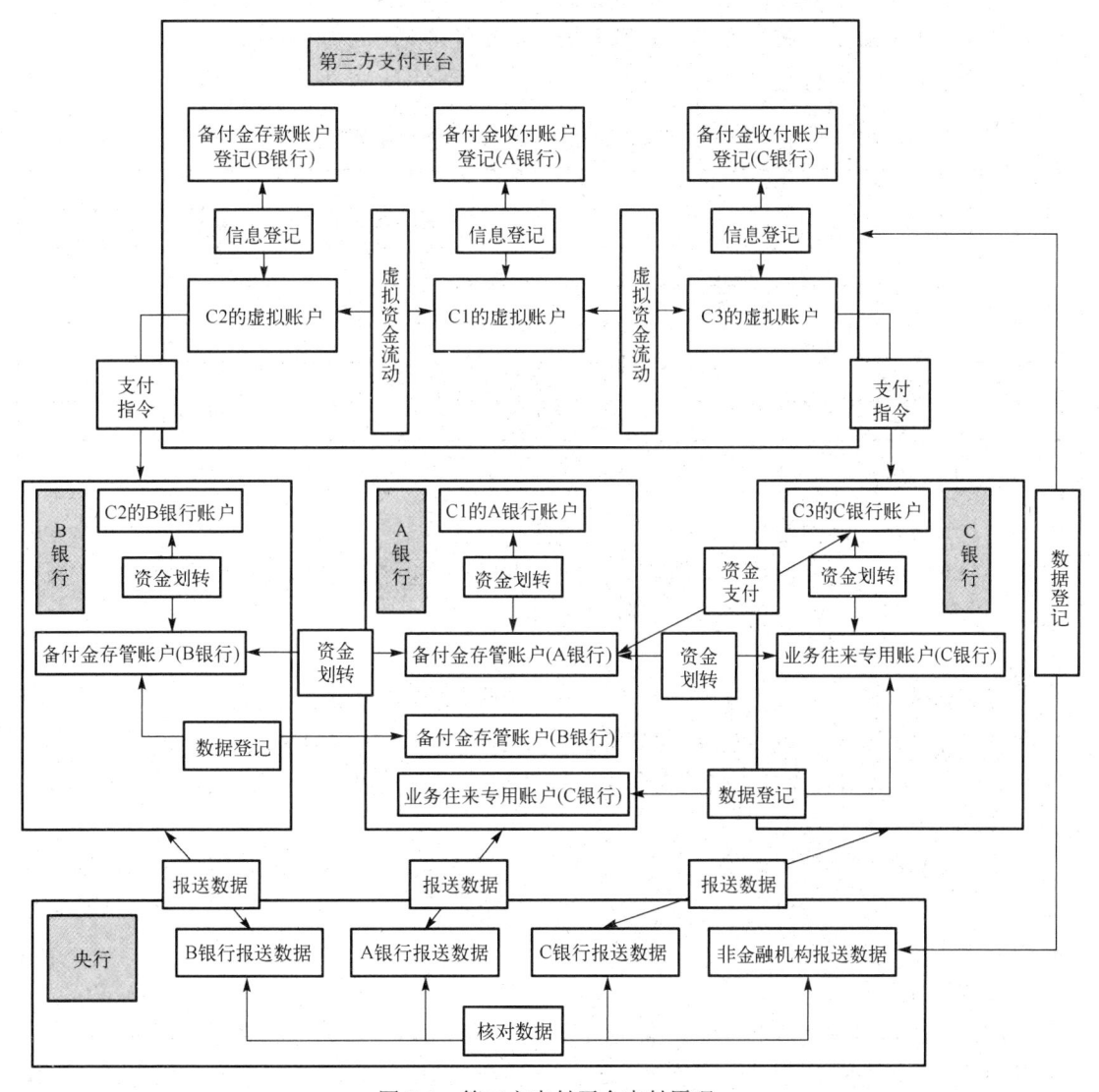

图 7-4 第三方支付平台支付原理

如图7-4所示,对于第三方支付平台来说,A银行是备付金存管银行,开设有备付金存管账户;B银行是备付金合作银行,开立有备付金收付账户和备付金存管账户;C银行为业务往来银行,开立有业务往来专用账户。使用第三方支付平台实际支付时,第三方支付账户间的资金流动是虚拟的,实际的资金流动发生在商业银行内部用户账户与银行备付金账户之间。

微信以"微信支付,不止支付"的理念创造了适合我国民众的多种应用场景,用户可以使用微信支付外出就餐、购物、旅游、就医等,如此一来企业、门店和用户等多个交易方就可以通过微信连在一起,即拉近了距离又提高了效率。支付时,用户可以通过打开微信展示条形码供商户扫描、使用微信自行扫描商户的收款二维码,或者在微信内的商家页面上完成支付,还可以通过刷脸设备完成刷脸支付,等等。随着支付场景的变化升级,微信随之推出代金券、立减优惠等营销新工具,来满足卖家和用户日益增长的需求。在全国的大小商铺中,微信收款二维码、条形码扫描器随处可见。

在金融领域,支付宝与微信支付的场景覆盖有所区别,如表7-1所示。

表7-1 支付宝和微信支付的场景覆盖对比

金融领域	支付宝	微信支付
银行	网上银行	微众银行
理财	余额宝	理财通
信用	花呗	—
小贷	阿里小贷	微粒贷
众筹	淘宝众筹	腾讯众筹
评级	芝麻信用	腾讯信用

4. 支付安全

与支付宝类似,微信支付的每笔交易同样必须经过某一银行账户,微信支付里的"电子货币"本质也是数字化的存款货币。因此,微信支付也存在类似的支付安全问题。为应对安全风险,微信支付推出了以下几种安全防护措施。

(1) 技术保障

微信支付由腾讯集团推出,它的支付后台得到腾讯的大数据技术支持,借助云计算,平台能够及时判定用户是否在进行风险交易行为。这种"幕后"的身份保护可以可靠地保证用户交易的安全性。此外,微信支付的安全认证和提醒也从技术上保障交易的每个环节的安全。

(2) 安全机制

微信支付提供支付密码验证、登录终端异常判断和提醒、实时监控交易、发现异常则紧急冻结交易等"全方位"的安全机制,做到每个步骤都保护用户的账户安全,从支付体验的各个环节考虑用户的深层次需求。

(3) 客户服务

微信客服可以做到24小时全天候服务,为微信支付开辟的专属客服通道也会快速响应并判断处理用户的问题。用户在使用微信支付遇到困难时可以随时拨打客服电话,让困难得到及时解决。

7.1.3 银联云闪付

1. 平台简介

银联云闪付一般指"云闪付",是一种非现金收付款的移动交易结算工具,是由央行指导、中国银联联合各商业银行和支付机构开发运营的移动支付应用,正式发布于 2017年 12 月。

2. 功能简介和支付模式

(1)功能简介

"云闪付"App 是由银联联合各方打造出的成果。银联云闪付在标记化技术的支持下,能够将实体银行卡重新产生一个数字序列,并将这个唯一的序列储存在带有安全芯片的 NFC 装置(如手机、智能手环和手表)中。具体操作上,银联云闪付用户先通过"云闪付"App 把银行卡绑定到具有 NFC 功能的手机中,这样一来,银行卡就被"虚拟化"成为云端支付卡,相当于用户在手机"云闪付"App 里拥有了一张"替身卡",然后即可在支持非接触受理的 POS 机上刷手机直接支付。银联云闪付的特色产品包括苹果 Pay、三星 Pay、华为 Pay 等,用户不用打开"云闪付"App,甚至不用解锁手机或联网,出门带上一部手机即可无忧通行,尤其针对交通出行、过闸验证等对支付速度和便捷程度要求较高的场景,这些服务可为用户带来便捷体验。

由于"云闪付"App 是由多方联合研发运行的,因此它拥有部分出品方机构的支付功能及其相应的优惠。具体而言,银联云闪付的功能如下。

① 跨行银行卡管理。

"云闪付"App 在管理跨行银行卡方面的功能十分强大,早在 2018 年 8 月就可以绑定国内所有的银联卡[①],并且最多可一次性管理 15 张银联卡。用户可在"云闪付"App 内办理诸如申请办卡、管理跨行银行卡的交易、查询账单、还款等多种金融业务。

② 场景全覆盖。

"云闪付"App 的支付场景覆盖了"线上+线下"模式,可供铁路、民航、全国超 10 万家便利店和商超、300 多个城市的水电煤等公共服务行业的商户使用,并在不断地拓展支付场景和开发新的功能。2021 年 8 月,支付宝已完成接入银联云闪付工作,第一步开放的线上交易场景是淘宝平台,截至 2021 年 8 月,淘宝平台上 85%的商铺已经支持用户使用银联云闪付付款。至于线下场景,支付宝与银联云闪付已实现收款码"扫码互认"。使用"云闪付"App 里的银联二维码扫码付款已经获得新加坡和中国港澳地区的卖家支持,这一付款方式后续将发展到中东等地区。

③ 周边优惠和卡权益查询。

"云闪付"App 用户可以开启手机定位功能,根据所处位置实时查看自身周边的优惠和随时更新的活动剩余名额。

用户若想要知晓所持银行卡的权益和优惠,就要先在"云闪付"App 内绑定银行卡,

---

① 银联卡是指符合统一业务规范和技术标准要求,并且在指定位置印有"银联"字样的银行卡。

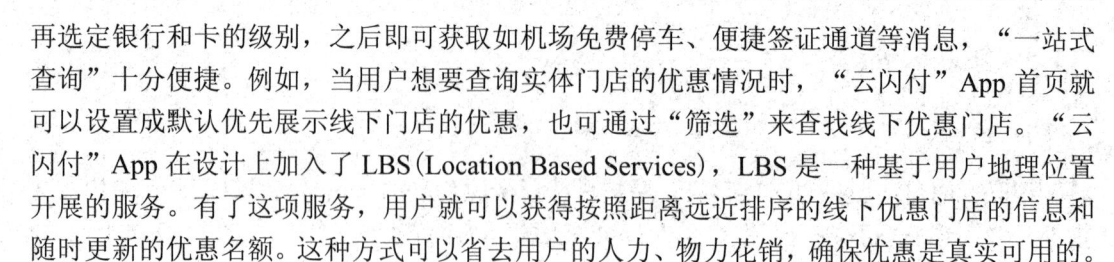

再选定银行和卡的级别,之后即可获取如机场免费停车、便捷签证通道等消息,"一站式查询"十分便捷。例如,当用户想要查询实体门店的优惠情况时,"云闪付"App 首页就可以设置成默认优先展示线下门店的优惠,也可通过"筛选"来查找线下优惠门店。"云闪付"App 在设计上加入了 LBS(Location Based Services),LBS 是一种基于用户地理位置开展的服务。有了这项服务,用户就可以获得按照距离远近排序的线下优惠门店的信息和随时更新的优惠名额。这种方式可以省去用户的人力、物力花销,确保优惠是真实可用的。

(2) 支付模式

从支付形态上来看,银联云闪付属于银联支付的一种,而银联支付是典型的"四方"转接模式,其交易主体主要涉及发卡银行、收单银行、银联、卖家。这实际上是"三方"模式的变种,即在银行、卖家和消费者基础上演化而成。银联的清算包括"清分"和"资金划拨"两个步骤,银联在支付指令清分的基础上,通过主动借记和贷记成员机构的清算账户来实现跨行结算。就系统地位而言,银联支付系统是可以直接接入央行大小额支付清算系统的"特许参与者",并在央行开立备付金账户,用于完成成员机构、第三方机构和直联商户的清算和资金划拨。而支付宝和微信支付这种第三方支付平台采用的则是"三方"模式,它们的支付系统是不能直接接入央行支付清算系统的。

当用户进行一笔交易时,银联网络会将这个刷卡支付的指令输送到发卡银行,交易的银行账户就会被扣除相应金额。之后,银联通过大额支付清算系统进行跨行清算的资金转移,招商银行(以下简称招行)和工行的央行备付金账户及银联都会收取一定的转接费。在银联 POS 机直联卖家的情况下,卖家在收单银行的结算账户会被贷记扣除转接费后的金额。图 7-5 以交易金额 1000 元为例展示了银联 POS 机直联卖家情况下的刷卡收单结算过程。

3. 应用场景

银联联合产业各方为用户提供全方位、多选择的支付服务。银联云闪付可应用于公交和地铁、餐饮、超市和便利店、公共缴费、医疗健康等方方面面。与第三方支付平台支付宝和微信支付相比,使用银联云闪付进行支付时,只需要将一台开启了 NFC 功能的手机靠近 POS 机即可,可以不联网,也不必启动"云闪付"App。

以新冠肺炎疫情的防控为例,中国银联联合专业机构,在"云闪付"App 中上线了核酸检测在线预约和支付功能。截至 2021 年 8 月,"云闪付"App 已上线 30 项与健康码相关的服务,累计覆盖全国 2000 多个城市,方便了各地居民的健康通行。云闪付"核酸检测"小程序已支持全国 30 多个省区市,累计覆盖北京、广州、成都、杭州、西安、郑州、南昌、合肥等全国 180 多个城市的 300 多个核酸检测采样点。具体操作上,用户首先要在"云闪付"App 中搜索"核酸检测"小程序,进入后,"云闪付"App 会依照用户当前所处位置推荐就近的核酸检测采样点,用户选择合适的核酸检测采样点并完成线上支付后,即可进行线下检测。此外,"云闪付"App 也会提示已接种疫苗的公众要在公共场合戴口罩、注意保持社交距离,应当持续做好个人防护措施。

4. 支付安全

银联云闪付的支付安全保障主要体现在以下方面。

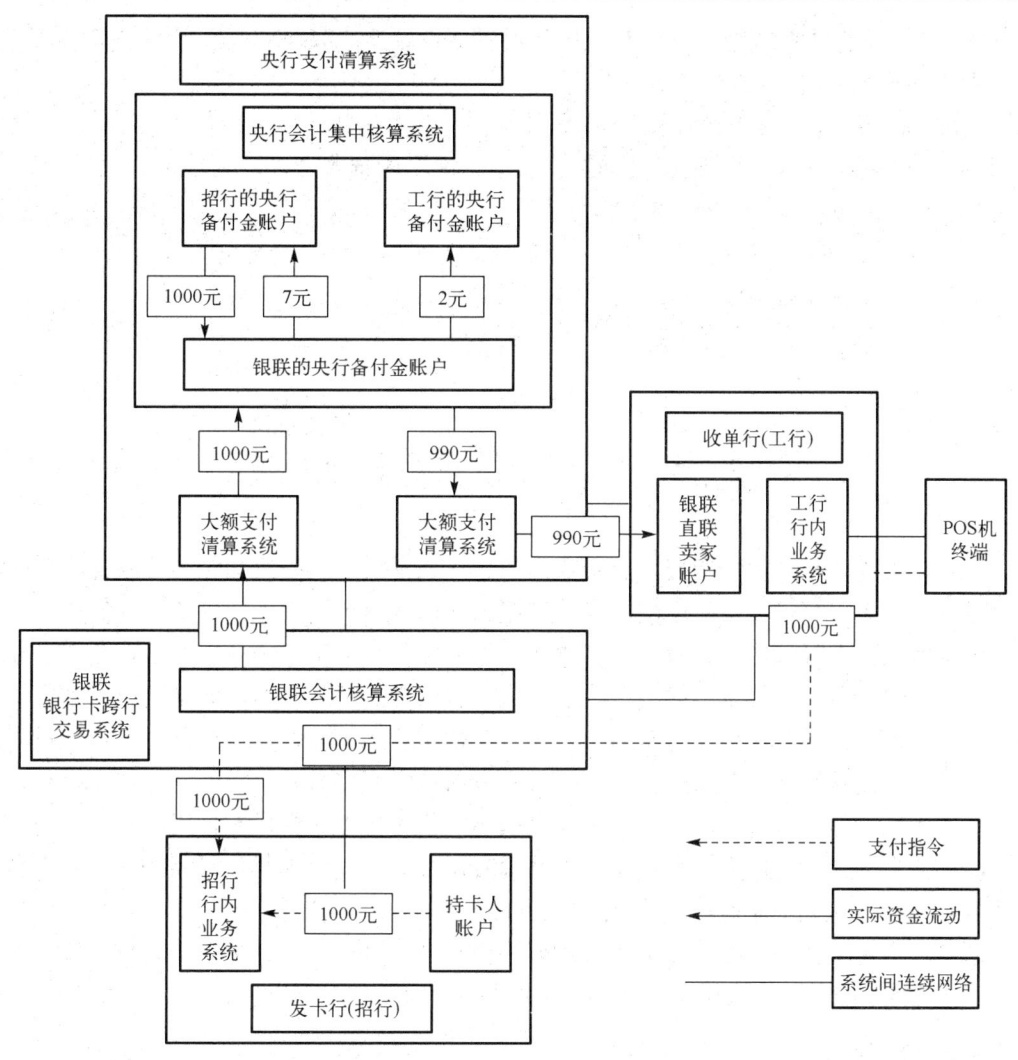

图 7-5 银联 POS 机直联卖家情况下的刷卡收单结算过程

注：图中转接费计算标准按交易额的 1%计算，总额为 10 元，其中 1 元应归银联，在图中并未体现出来，特此说明。

(1) 硬件防护

"云闪付" App 的使用前提是用户需要将银行卡绑定到具有 NFC 功能的设备(如手机、智能手环和手表)中，这些设备中内置有通过安全检测和认证的芯片。这是从"硬件"的角度保障用户银行卡的信息安全，杜绝非法读取用户普通信息或篡改机密信息的可能性。

(2) 支付标记

银联遵循国际 EMV(Ease of Movement Value)的支付标记化规范，为实体银行卡新生成一个唯一的数字序列。这一序列仅被用于移动设备上的支付，并被安全存储到 NFC 设备中，防止实体银行卡信息的泄漏。

(3) 金融 IC 卡标准

银联云闪付产品遵守国际 EMV 标准和国家金融标准，其安全机制和保护范围包含了从发卡到交易的全生命周期；并且与金融交易受理设备的"双向认证"机制决定了只有经过认证的入网设备才能正确受理云闪付交易。

(4) 设备身份认证

用户只有在进行身份识别后（如通过指纹验证或正确输入密码），才能通过线下 POS 机或线上商户 App 进行支付交易。

(5) 安全稳定的后台系统

银联后台系统在将银联云闪付交易输送到发卡银行处理之前，会先将这种交易转换成"实体银行卡交易"，这样就能保证持卡人的实体银行卡信息不会在商户端或收单的时候泄露。

7.2 数字人民币带来的支付创新

随着金融服务数字化的发展，金融账户的种类更丰富，功能更加完善，"普惠"的特点更突出，大大提高了大众的生活质量。但提高使用效率、更有力地反欺诈及保护个人隐私信息等要求向金融账户的管理提出了挑战。这就要求金融服务的数字化要在便捷性和安全性之间走出一条可持续发展的道路。很显然，我们需要更坚实的实名制基础、更灵活的服务支持、更高的可获得性和可负担性，确保金融账户成为金融服务数字化发展的重要载体。而数字人民币在这方面可以提供一些具有创新点的解决方案。

数字人民币是一种公共产品，由央行向国内零售支付市场提供，使用时不计付利息，也不收取交易手续费。从数字人民币试点情况看，数字人民币支付与现存的第三方支付某种程度上存在相似性，而比第三方支付又有相对优势。

总之，数字人民币在系统设计上具有账户松耦合、可控匿名、可编程、双离线支付等特点。这些特点赋予数字人民币独特的优势，为金融服务数字化发展带来支持和支付创新。

7.2.1 可获得性

根据《中国数字人民币的研发进展白皮书》的介绍，数字人民币支持账户松耦合。与传统的实体现金支付和现存的第三方支付相比，数字人民币的这一特点可以提高支付服务的可获得性，从而提高金融服务的覆盖率。

"耦合"在软件领域具体指软件组件间的依赖度。那么账户松耦合就意味着通过数字人民币进行的交易可以减少对金融中介的依赖程度，也意味着可以脱离银行账户实现"端对端"的价值转移。相反，当下的第三方支付采用的是账户紧耦合方式，这种方式对金融中介的依赖程度很高，如用户进行交易活动的前提是必须绑定银行账户。传统现金支付的载体形式为实物化的纸币或硬币，交易时可以直接使用而无须依赖第三方中介机构，数字人民币就保留了现金的这一特点，破除了"账"和"币"的绑定。

支付服务的可获得性，即意味着支付服务的覆盖范围要更近距离地涵盖更多的人群。不仅要做到服务自身的便利，还要让公众更便利地接触到这项服务，尽可能地缩小公众和新兴支付服务之间的"鸿沟"。我国是人口大国,其中儿童及老弱残障人士、身处落后偏远地区的居民基数很大,这部分人很可能因为消息闭塞等而缺少传统的银行账户。数字人民币"不基于账户"的设计可以方便这部分人在不便的情况下开设数字人民币钱包,并且有利于加深他们对数字人民币的认知。此外,研发者联合运营机构针对残障人士进行的无障碍设计,如优化数字人民币 App 的屏幕阅读器、升级语音助手和放大阅读字体等,进一步打破了残障人士和先进金融科技之间的无形壁垒。对于数字化时代下老年人难以接纳和使用电子化产品和服务的问题,研发者推出了数字人民币可视卡硬件产品,如将数字人民币"装进"铜钱形状或普通硬质形态卡片的可视化硬件中,便于不能很好理解电子技术又不便携带现金出门的老年人使用。如此一来,数字人民币就将扩大服务人群,使公众能够以相对均等的方式接触更先进的服务设施,更便捷地挑选并获得金融产品或服务,真正享受到数字金融技术带来的好处。

7.2.2 使用效率

现有各银行的支付清算系统之间不互通,清算流程无一例外都十分复杂。支付清算的对账流程要通过各个协议,对账的时间和地点还会限制结算方式,在核算交易结算的笔数和金额时也存在滞后性。此外,现有电子支付基于"银行中心化对账"模式,中间环节繁多,易受网络条件、交易峰值等因素的影响,因此支付清算系统效率仍不让人十分满意,且资金在途风险较高。现有支付清算系统运作流程如图 7-6 所示。

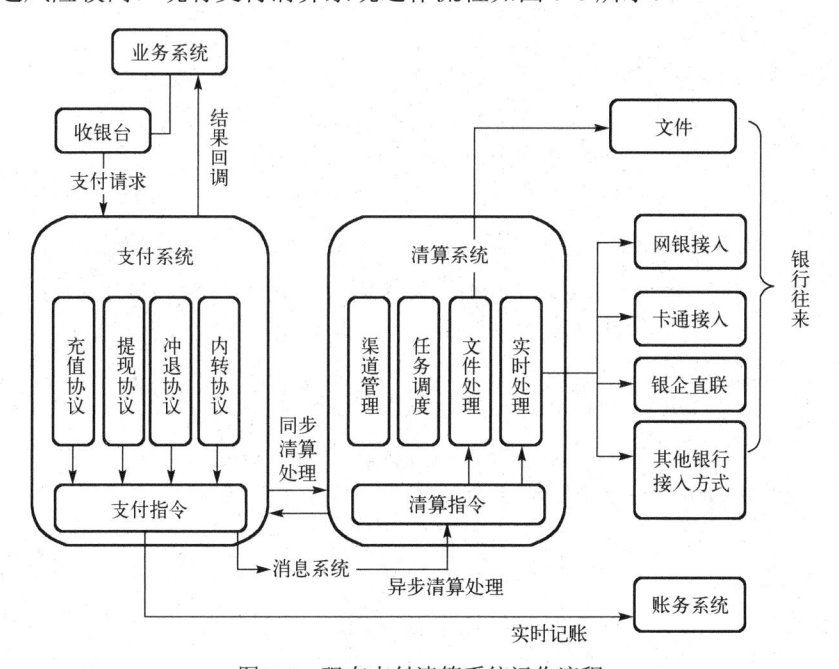

图 7-6 现有支付清算系统运作流程

数字人民币采用分布式账本技术,这种基于区块链的创新在一定程度上可以有效解决现有支付清算系统步骤烦冗、耗时耗力和核算滞后的问题。简而言之,分布式账本技术就是一种存储数据的技术,分布式账本相当于一个可以在使用者之间共享、复制和同步的"去中心化"分布式数据库，可以记录网络参与者之间的交易，如数据的交换等。这样一来，调解不同账本的时间和花销就可以通过这种"共享"的方式来消除。再加上松耦合机制，使用数字人民币可以实现"点对点"的逐笔、实时、全额结算，省去了中间烦琐的清算、结算和对账过程所用的时间和金钱开支(省去图 7-6 的中间部分)，也就是实现"支付即结算"。如此一来就能有效打破各个银行的支付清算系统相互独立所带来的账户信息壁垒，从而提高业务的结算效率和商户资金周转效率。

除此之外，数字人民币的可编程性使支付功能得到智能升级，也同样可以提升现有支付服务的使用效率。根据《中国数字人民币的研发进展白皮书》的介绍，"可编程性"是数字人民币的突出特点之一，这一点是通过不影响货币功能的智能合约来实现的。这使数字人民币能够在保障安全合规的前提下，根据交易双方商定的条件进行自动支付，促进业务模式创新。相反，不具有可编程性的货币十分常见，如微信支付和支付宝里的电子货币。这种电子货币本身必须依赖于第三方(如银行)的资金托管，并且运行的各个环节都处于相关机构的监管之下，它们本身是不能够"自我管理"和"自我监督"的，因此和可编程性货币相比它们并不具有智能属性。可编程的属性让数字人民币可以用于条件支付、担保支付等更复杂的支付功能，日后可以为"三农""支微支小"等普惠金融和绿色金融创新赋能。这种智能属性可以使数字人民币在管理和监督方面更加省心，无形之中提升使用效率。

7.2.3　维护信息安全

2021 年央行工作会议指出，要严格落实互联网平台公司在金融活动方面的监管工作。根据此次会议，近年来我国金融账户屡被用于非法交易，具体表现为被用来为跨境赌博、电信网络欺诈等违法犯罪行为收款，通过账户的买卖、租赁来逃避公安部门的追查和打击等。由于账户实名制的执行和落实程度不高，近几年出租、出售银行账户的行为十分猖獗，甚至明码标价。从破获的案件看，大量的银行卡被收集起来走私到国外，形成了一个收购、倒卖银行账户的黑色产业链。随着支付账户交易的普及以及收款码这一载体的广泛应用，这些不法分子甚至借势"创新"了收款、洗钱等手段，如"跑分"等。

针对以上提及的问题，具有可控匿名性的数字人民币可以成为防控并打击洗钱等违法犯罪行为、维护金融安全的有效武器。这一特点的落实运行可以更有效满足用户进行合理的匿名交易的需求，同时最大限度地保护用户隐私安全。数字人民币从防控大型金融犯罪到进行日常小额支付都可以使民众更放心。

首先，数字人民币具有一定的"匿名性"。根据国家在支付安全方面的法律法规，使用现存的第三方支付平台时要先将系统绑定银行账户，而银行要求必须实名制开户，这种几乎完全不匿名的支付在某些时候会出现信息泄露的情况。例如，电商平台购物的支付环节常用的银行卡支付或花呗支付等方式，用户需要把所有的支付信息全部填进去。而第三方支付平台可以在征得用户同意后，在不违反相关法律规定的前提下收集和使用用户数据，这容易造成隐私泄露。若是使用数字人民币，用户的支付信息就会被加密打包处理后再出现在平台上，让平台无从下手。这种带有匿名性质的支付方式和传统的实体现金支付十分相似，而支付过程又更为安全迅速。

其次，这种"匿名性"需要保证在"可控"的范围内。数字人民币在设计上要在保护合理的匿名需求和打击金融犯罪行为之间做出平衡。这种"可控"必须是以"风险可控"为前提的、有限度的匿名。如果匿名程度过高而不受控，数字人民币可能被金融犯罪加以利用助纣为虐，适得其反，如比特币。国际清算银行总裁 Agustin Carstens 在《数字货币与货币体系的未来》中谈到，不存在所谓完全匿名的系统，保留"可控性"对于支付系统的安全、反腐败、反洗钱、反恐怖主义融资极为重要。

因此，数字人民币在设计上进行了"折中"，最终敲定了"小额匿名、大额可溯"的方式。假如发生了通过数字人民币进行的金融犯罪，这一设计能够帮助民众追回财产，保护财产安全，为应对金融犯罪提供了新思路。

此外，数字人民币也遵守《中华人民共和国民法典》《中华人民共和国个人信息保护法》等相关法律法规，在全面使用后会建立更加完善的个人信息保护制度及内控机制，将去标识化地处理所有使用者的个人隐私信息，保障和维护个人及金融服务的安全性。

7.2.4 公平竞争

安全、便捷、无支付成本，是数字人民币相对于现有的第三方支付平台所表现出的极大优势。数字人民币目前尚处于推广前期，因而对第三方支付平台的影响可能不算大。同时，第三方支付平台也在参与数字人民币的运营体系构建，参与程度和带来的影响是否深远尚不可知。

就实质而言，数字人民币与现存的第三方支付平台并不冲突：数字人民币是数字形式的法定货币，其本质就是"钱"；而第三方支付平台从总体功能上来说，是服务于货币流通的"钱包"，是货币的支付运行设施，仅是一种支付的"方式"。仅仅从这方面来讲，数字人民币与支付宝、微信支付等第三方支付平台并无竞争关系。

由于数字人民币能够有效提高支付服务的可获得性和支付产品的使用效率，它能够为各大支付服务机构的创新发展提供公平的准入机会，促进市场竞争择优。另外，数字人民币具有法偿地位，加上分布式账本技术和账户松耦合机制的应用，可以打破支付市场中的机构壁垒、工具壁垒和平台壁垒，实现数字人民币的全场景支付，提升零售支付服务的可达性和社会总福利水平。

数字人民币钱包可以依据分级限额、开立主体和权属等维度划分成不同的类型。这些不同类型的钱包具有多样化的特点，构成了"钱包矩阵体系"。具体而言，数字人民币钱包可以依据分级限额分为不同等级的钱包，依据开立主体的不同分为个人钱包和对公钱包，依据不同权属分为子母钱包，等等。这为商业银行设计多样化、个性化的支付产品带来了更大的创新空间。

可以看出，在现阶段，数字人民币能够发挥技术和系统设计上的优势，满足市场主体多场景、差异化、特色化的金融创新需求。尽管数字人民币在一定程度上冲击了第三方支付平台的业务，但它也为第三方支付平台的进一步发展找到了新的突破口，为之提供了更健全、完善的金融基础设施，某种程度上能够化解第三方支付平台过于依赖银行账户的问题，使第三方支付平台去拥有更广阔的、全新的市场空间。数字人民币的各个优势可引发第三方支付平台对未来的思考，从而使第三方支付平台去充分地开发自身潜能，如把"用户感受"作为首要目标导向、进一步研究增值业务与数字人民币应用场景、应用新技术和新服务模式、拓展市场并推进传统业务的转型升级等。守正创新的数字技术应当为市场创造公平的竞争环境，确保金融产品合法合规和安全有效，真正做到"普惠"二字。

7.2.5 可负担性

在目前的第三方支付服务体系中，买卖双方在进行交易时会使用第三方支付平台进行收付款。在这一过程中，信息流与资金无法瞬时同步，并且第三方支付平台会按相应标准收取一定的费用。以支付宝为例，手续费是其盈利的一大来源。支付宝需要交给银行的手续费和它从商户收取来的手续费之间存在差额，这部分差额就是支付宝在手续费方面的盈利。虽然在日常支付中这部分手续费并不多，但是收取的手续费会随着金额的增加而增多，对于大额的交易来说手续费是一笔不小的支出。因此对于商户，尤其是规模并不大的商户而言，这就增加了使用第三方支付平台的"负担"。

而数字人民币的使用者则可以省去这笔手续费。原因在于数字人民币直接接入央行清算系统，还略去了冗杂的中间环节。前文提到，数字人民币可以不基于银行账户，那么只要数字人民币所有权发生转移，支付全流程就可以说是完成了，也就是"支付即结算"，对金融中介的低依赖性使得数字人民币在使用时可以免去中间环节的各种服务费，还可以使得交易效率大大提高。此外，数字人民币的一大特点在于，可以免费投放与流通，这也降低了用户交易成本，提高了"可负担性"。

从深圳进行的数字人民币试点来看，试点商户在收到数字人民币之后，可以立刻将数字人民币转入关联的银行账户，这一步骤意味着数字人民币瞬时从"现金"转变为银行存款。并且，对比第三方支付平台还要收取提现手续费，这一转变过程完全免费；相比于传统现金，又节省了先收取实体现金、再去银行存钱的时间和精力。因此，可以很好地鼓励商户，尤其是小规模商户采用数字人民币收款。

此外，针对当前在使用第三方支付平台时保护个人隐私成本高这一问题，能做到可控匿名的数字人民币可以有效化解。数字人民币的这些特点都有助于减轻经济负担，提升"可负担性"，并优化营商环境。

7.3 数字人民币与账户

我们将现有账户分为三大类（见图 7-7）：一是银行账户，根据个人银行账户分类管理制度分为Ⅰ类、Ⅱ类、Ⅲ类账户；二是由互联网企业或非持牌机构开立的网络账户，细分为支付账户和虚拟账户；三是各类商户开立的商户账户，按使用范围细分为单用途账户和多用途账户。各类账户与数字人民币、数字人民币钱包之间存在着联系和区别。

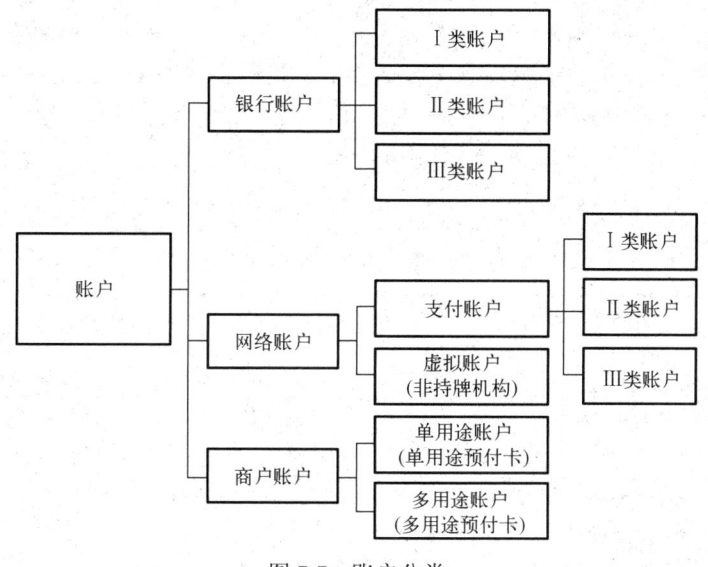

图 7-7 账户分类

7.3.1 银行账户

银行账户是社会上所有资金运行的起始和尽头，是个人生活的基础。银行账户方便了人民群众，服务效率高，对改善社会运行、满足人民群众的幸福追求非常重要。银行账户服务备受央行重视，央行采取了许多有效的措施来改进这一服务。

个人银行账户，是自然人以身份证或相应的证件，因投资、消费、结算等而开立的可办理支付结算业务的银行结算账户。2015 年以来，央行根据当前国情，为适应银行账户业务革新与蓬勃发展的需要，全面启动了个人银行账户制度改革工作，以实施个人银行账户实名制管理和保护银行客户的权益为核心任务，以兼顾安全性与有效性为基本原则，以构建账户资金安全管理工作与信息保障机制为总体目标，严格遵循积极技术创新和预防风险相互协同的管理工作思想，进一步建立并推行个人银行账户分类管理制度。央行陆续印发了相关通知，将个人银行账户分为Ⅰ、Ⅱ、Ⅲ类银行账户（以下简称Ⅰ、Ⅱ、Ⅲ类账户），并划分给每类账户不同的功能。个人按照支出需求和使用资金的风险程度使用各个类型账户，以此满足在支出时弱化资金风险、保障个人账户安全的需求。该制度推行以来，各界反映较好，各地银行业金融机构（下面简称商业银行）和公众设立Ⅱ、Ⅲ类户的愿望更加浓厚，账户开立的数量和相关业务办理的速度都大幅提高。

1. Ⅰ类、Ⅱ类、Ⅲ类账户介绍

Ⅰ类账户属全功能账户，最常用的借记卡即属Ⅰ类账户。Ⅰ类账户是"钱箱"，将个人的收入和重要资金均存储于此账户之中，安全标准也比较高，一般用于现款存取、高额度的转账消费、理财投资等。Ⅰ类账户具有高度安全性、高资金额度、适合大额支付的特征。

Ⅱ、Ⅲ类账户是虚拟的电子账户，即在现有Ⅰ类账户基础之上增加的两类功能逐层下降、投资风险逐层降低的电子账户。Ⅱ类账户是"钱夹"，除日常消费、网上购买、上网交费使用该账户办理外，还可进行投资理财，其单日累计支付额度不超过 1 万元。Ⅲ类账户是"零钱包",适用于资金量比较少、使用频率较大的交易业务,特别适用于银行基于主机的卡模拟技术(HCE)、手机安全单元(SE)、支付标记化(Tokenization)等新技术手段所进行的移动支付服务(包括"闪付""免密支付"等),其账户余额不得超过2000元。Ⅱ类、Ⅲ类账户的主要优点是便利性突出、资金量比较小,特别适合用于小额支付。三类账户的对比如表7-2所示。

表7-2　Ⅰ类、Ⅱ类、Ⅲ类账户对比

银行账户分类	主要功能	账户余额	使用限额	账户形式
Ⅰ类账户	全功能(就是常见的借记卡、存折)	无限制	无限额	借记卡及储蓄存折
Ⅱ类账户	储蓄存款及投资理财,限制消费和缴费,限额向非绑定账户转出资金业务	无限制	非绑定账户转账、存取现金、消费、缴费:日累计限额合计1万元、年累计限额合计20万元	电子账户(也可配发实体卡片)
Ⅲ类账户	限制消费和缴费,限额向非绑定账户转出资金业务	账户余额不超过2000元	非绑定账户转账、存取现金、消费、缴费:日累计限额合计2000元、年累计限额合计5万元	电子账户

综上所述,Ⅰ类账户是所有资金出入的"总源头",一个人在同一银行只能开立一个Ⅰ类账户,若要再开立新户,则只能办理Ⅱ、Ⅲ类账户。Ⅱ类账户不同于Ⅰ类账户的地方就是非绑定账户转账、存取现金、消费、缴费有限额;Ⅲ类账户不同于Ⅱ类账户的地方就是只可以受理小额消费或缴费付款,而无法申办其他任何业务。商业银行不准利用Ⅱ类账户和Ⅲ类账户直接向储蓄存款人开展存取现金业务。Ⅲ类账户设定余额在2000元以内,这样就更能保障消费者使用该账户时的安全性。其实,三类账户不是人人都要开立的,设置账户分类机制主要是使客户可以根据不同的自身情况做选择,以降低风险。

2. Ⅰ类、Ⅱ类、Ⅲ类账户开户渠道

Ⅰ类、Ⅱ类、Ⅲ类账户开户渠道如表7-3所示。

表7-3　Ⅰ类、Ⅱ类、Ⅲ类账户开户渠道

开立方式	银行面对面	电子渠道非面对面
Ⅰ类账户	带身份证 工作人员面核后开立	不可
Ⅱ类账户	带身份证 无须绑定Ⅰ类账户或信用卡账户进行身份验证	采用可靠验证方式登录电子渠道开立Ⅱ、Ⅲ类账户时,如绑定本人本银行Ⅰ类账户或信用卡账户开立的,开立Ⅱ、Ⅲ类账户时无须个人填写身份信息、出示身份证件等
Ⅲ类账户	带身份证 无须绑定Ⅰ类账户或信用卡账户进行身份验证	

3. Ⅱ类、Ⅲ类账户便利化开立和使用

央行建立个人银行账户分类管理制度的主要目的是通过分类使用账户,并设定最高资金额度,以此保障账户资金的稳定和安全。为了进一步提升客户体验,优化个人银行账户服务,最大化利用该分类管理功能,央行在广泛研究、深入征询各界宝贵意见的前提和基石上,出台了《关于改进个人银行账户分类管理有关事项的通知》(银发〔2018〕16号)(以下简称《通知》)。《通知》首先做出了开立使用Ⅱ、Ⅲ类账户的便利化改进,再着重强调对Ⅲ类账户的应用推行，要使Ⅲ类账户在小额支付方面的重要功能充分发挥，继续促进Ⅱ、Ⅲ类账户作为个人进行网络交易、移动支付和小额消费及缴费的主流途径。

《通知》执行后，个人在开设Ⅱ、Ⅲ类账户时可获得如下两点方便。一是开户途径的多样化。《通知》规定，国有商业银行、股份制商业银行须在2018年6月底前完成各个电子渠道受理个人Ⅱ、Ⅲ类账户开立等服务，其他银行在2018年年底前完成。人们可以按照自己的操作习惯，从各类开户途径中选取最方便的途径开立Ⅱ、Ⅲ类账户。二是简化开户需要办理的手续。《通知》还指出，个人通过安全认证方法在电子渠道开立Ⅱ、Ⅲ类账户时，无须填报个人身份信息、提供证明文件，贯彻账户实名制的规定，进一步明显改善开户体验。

由于移动支付小额化、高频化特点突出，个人用户对移动支付的应用便利度需求日益增强，为了逐步促使Ⅲ类账户作为个人移动支付的主流渠道，向社会公众提供适应个人移动支付特征的银行账户服务，《通知》在贯彻安全性和有效性兼顾的原则、严格执行账户实名制管理、确保账户资金稳定和安全性的前提下，积极引导地方商业银行深入开展Ⅱ、Ⅲ类账户服务创新，建立多样化的非现金支付方案，并积极促进个人用户使用Ⅱ、Ⅲ类账户替代Ⅰ类账户进行互联网交易和移动支付。个人还可将Ⅱ、Ⅲ类账户绑定交易账号，受理交易账号充值和快速付款等服务，以满足个人小额、高频的付款需要，并确保个人资金安全。

如此一来，用户就能够按需主动管理好自己的账户，简洁迅速地将资金量较大的账户设置成Ⅰ类账户，或是将常常进行移动支付消费的账户降级，甚至增加设置Ⅱ、Ⅲ类账户进行相关消费。这样既可以有效保证账户资金的安全，也可以享受各种便捷、创新的支付服务，统一了交易的安全性与便捷性。

4．数字人民币钱包与银行账户

数字人民币钱包是数字人民币的载体和触达用户的媒介，是指运营机构根据客户的真实意愿为其开立的，用于存储数字人民币并记录余额、客户凭以发起流通指令、反映账本明细信息的电子账簿。通俗地说，数字人民币钱包就是存储和支付数字人民币的工具。数字人民币钱包是自愿开立的存储、接收数字人民币的工具，只需一个手机号或邮箱账号即可开立，后续可根据使用需求进行升级。数字人民币钱包可以绑定银行账户，并将银行账户资金兑出为数字人民币，也可以将数字人民币兑回为银行账户资金。换个角度说，数字人民币钱包中的钱在客户手中；银行账户中的钱在银行体系，是银行对客户的负债。

7.3.2　网络账户

这里的网络账户指互联网企业开立的账户，我们将网络账户分为支付账户和虚拟账户。

1．支付账户

支付是社会经济活动引起的债权债务清偿以及货币资金之间的转移行为。支付的本质就是资金转移的过程,而支付账户就是资金转移的基础。

支付账户,是指获得互联网支付业务许可的支付机构(非银行支付机构)根据客户的真实意愿为其开立的,用于记录预付交易资金余额、客户凭此发起支付指令、反映交易明细信息的电子簿记。支付账户原来是支付机构为了便于客户网上支付,以及解决在电商交易过程中买卖双方怀疑信誉问题而专门设置的,和一般银行账户有明显差别。

提供账户服务的主体不同。支付账户是支付机构为客户开设的,银行账户是由银行为客户开设的,两方的账户资金都用于收付款结算,但银行账户还具有保值、增值等作用。

账户资金余额的特性与保障机制有所不同。支付账户余额实质为预付价值,类似于预付卡中的剩余金额;客户拥有其剩余金额的所有权,但该剩余金额是由支付机构以其自身名义存储在商业银行中的,事实上受该机构管理和支配。同样,由于其余额只代表了支付机构的企业信用,不像央行货币受明确的法律条例保护。如果支付机构发生经营风险或信用风险,则可能出现账户上的剩余金额被冻结,不可提出转为银行存款,可能导致客户产生巨大的经济损失。

另外,支付账户等级与银行账户等级完全相反,银行账户Ⅰ类账户是最高级,而支付账户是Ⅲ类账户权限最高。表 7-4 所示为支付账户的分类与管理规定。

表 7-4 支付账户的分类与管理规定

支付账户分类	余额付款功能	余额付款限额	认证条件
Ⅰ类账户	消费、转账	余额付款交易自账户开立起累计不超过 1 千元(包括支付账户向客户本人同名银行账户转账)	以非面对面方式,通过至少一个外部渠道验证身份
Ⅱ类账户	消费、转账	所有支付账户的余额付款交易年累计不超过 10 万元(不包括支付账户向客户本人同名银行账户转账)	面对面验证身份,或者以非面对面方式,通过至少三个外部渠道验证身份
Ⅲ类账户	消费、转账、投资理财	所有支付账户的余额付款交易年累计不超过 20 万元(不包括支付账户向客户本人同名银行账户转账)	面对面验证身份,或者以非面对面方式,通过至少五个外部渠道验证身份

数字人民币钱包和支付账户有以下区别:

(1)数字人民币钱包中存储的是国家法定货币,是安全等级最高的资产,具有法偿性;而支付账户余额只代表了支付机构的企业信用,如果支付机构发生经营风险或信用风险,可能导致客户产生巨大的经济损失。

(2)数字人民币钱包与银行账户松耦合,可在不依赖银行账户的前提下进行价值转移;支付账户必须依赖于银行账户。

(3)数字人民币钱包支持可控匿名,有利于保护个人隐私及用户信息安全;而使用支付账户需要实名制,且存在个人信息泄露风险。

(4)数字人民币钱包有支付即结算的特性,交易速度快,实时到账;而支付账户可能存在到账延迟等问题。

(5)使用数字人民币钱包的成本低,没有转账、提现费用;而使用支付账户,其所属的支付机构会收取一定的转账、提现费用。

(6)数字人民币钱包支付无壁垒,商家不能拒收;而使用支付账户,可能存在商家拒收、限定所属支付机构等问题。

(7) 数字人民币钱包支持双离线交易，不受网络状态限制；部分支付账户支付需要网络，不能离线支付。

(8) 数字人民币钱包选择多样，可以使用硬件钱包而不必依赖手机；使用支付账户必须依赖手机、平板、电脑等通信设备。

2. 虚拟账户

这里的虚拟账户指由非持牌金融机构开设的账户，虚拟账户所买卖的币种是非持牌金融机构所发放的虚拟货币。虚拟货币是一种特别的虚拟商品，具备了使用加密技术、分布式账户等类似技术，以数字化形态出现等特征，但并不具有国家信用背书，并非真正的货币，不能作为货币在市场上流通使用，只能在限定区域内流动，包括比特币、以太币等，还包括泰达币等这些所谓的稳定币。

而数字人民币则是由央行统一发行的法定货币，有国家信用背书，具有法偿力，其功能和货币相同，是纸币和硬币的数字版。数字人民币和比特币这些虚拟货币相比，具有根本上的区别：数字人民币与纸币和硬币等值，具有法律效力和很强的安全性；虚拟币属于虚拟资产，不存在什么实际价值基础，并没有权威的信用背书，也根本没法保持市场价值稳定。

目前，以比特币等虚拟货币作为交易币种，会面临着市场、交易、技术、合规等四种风险问题。一是市场风险。进入市场的比特币等虚拟货币有数量规模限制，会导致这些虚拟货币供不应求，会让人们争相去高价购买，因此很容易被某些机构操控。二是交易风险。面对供不应求的虚拟货币，人们容易产生一次性赚得盆满钵满的贪欲，买卖杠杆往往会扩大数倍，当市场价位波动很大时，交易风险就变高了。三是技术风险。虚拟货币交易平台的抗风险能力能否匹配交易量的快速增长、区块链等技术能否承受安全性的考验等，这些都是技术上的风险问题。四是合规风险。虚拟货币因为交易存在着高度匿名性、去中心化等特征，所以已沦为洗钱、走私、非法集资等犯罪活动的主要载体，交易不仅不受法律保护，还违反了法律法规。而且，和其他金融诈骗手段相同，虚构货币交易平台突然消失的情况也有存在。

所以，为维持好正常的经济与金融秩序，为数字人民币提供良好的发展环境，金融管理机关应当加强对虚拟货币违规"挖矿"与交易经营活动的打击力度，而对违规参与虚拟货币买卖、炒作并为其提供支付业务的机构、平台，将配合司法机关进行调查处理，加大这些机构、平台的违法违规经营成本，加强整治活动的震慑力。2021年9月24日，央行等10部委联合发布的《关于进一步防范和处置虚拟货币交易炒作风险的通知》明确指出，虚拟货币兑换、代币发行融资及虚拟货币衍生品交易等相关业务都是违法行为，一律严格禁止，坚决依法取缔；境外虚拟货币交易所通过互联网向我国境内居民提供服务同样属于非法金融活动。另外，中国还将逐步加强一般投资人素质教育，以提升一般投资人对虚拟货币的危险性辨识与预防能力。投资人应当充分认识比特币等虚拟货币的实质价值与投资风险，经受住引诱，保管好钱包，并不得参加一切形式的买卖、炒作等活动。

7.3.3 商户账户

商户开立的账户对应的就是其发放的预付卡。2010年央行的《非金融机构支付服务管理办法》首次提出了"预付卡"这一概念。预付卡是指发卡机构以特定载体和形式发放的、可在发卡机构之外购买商品或服务的预付价值。通俗而言，预付卡是指由商户或组织发放的、带有特定面额，能够用于购买产品或服务的使用凭证，包括各类消费卡、商品卡、礼品卡等，实质上也是发卡机构或其协作单元给持卡人的一项债权和保证。持卡人可凭卡请求发卡机构或其协作单元提供相应的产品或服务。商用预付卡通常包括以磁条卡、芯片卡、纸券等为载体的实物卡片，和以密钥、串码、图像、生物特性信息等为载体的虚拟卡片。目前，国内的商用预付卡依使用差异又分为单用途预付卡和多用途预付卡。单用途预付卡是在发卡企业里面使用的，包括了超市信用卡、美容卡、健身卡等。多用途预付卡是可以在众多特约商户中使用的，在这里也包含了城市一卡通、商通卡、福卡等。表7-5罗列了单用途预付卡与多用途预付卡的主要差异。

表7-5 单用途预付卡与多用途预付卡的对比

预付卡种类	发卡机构	使用范围	主要特点	监管机构
单用途预付卡	商业流通企业	发卡企业内部	发卡企业的辅助业务，其主要作用在于提前收回成本、防范财务风险、稳定客户群体、辅助销售渠道、提升企业品牌价值	商务部
多用途预付卡	获得支付业务许可证的第三方支付机构	跨地区、跨行业、跨法人	发卡机构的主营业务；双边市场，即一方面是商户拓展，另一方面是卡片销售；发卡量及合作商户的规模决定发卡机构的盈利能力	央行

1. 单用途账户（单用途预付卡）

单用途账户对应的是单用途预付卡，发卡机构必须是向商务部备案、从事单用途卡业务的企业。2015年7月7日公布的《单用途多用途预付卡管理办法（征求意见稿）》更进一步完备了有关概念，即单用途预付卡是由商务企业所签发的，仅限于向该企业、该企业自有经营场所、该企业下属企业，以及相同品牌特许经营体系的企业交易产品和服务的商用预付凭证。单用途预付卡由商务部监督管理。

对于发卡机构而言，单用途预付卡的发放者身份存在特殊性。单用途预付卡必须为符合条件的企业所发放，也就是只能从事某些行业的企业法人可以发放，而按照国家法律规定，上述行业分为零售业、住房和饭店业、居民服务业，除此之外从事任何行业的企业都无权发放单用途预付卡。

从实际应用范畴出发，单用途预付卡的应用范围有局限性。它只限于在该企业、该企业自有经营场所、该企业下属企业等范围使用，这是为了防止单用途预付卡发放量过大对金融市场的货币流通量造成冲击所做的预防性法律规定。所以，单用途预付卡只限在发卡企业经营的区域内通用，即发卡企业应当和消费者交易企业是同一个主体。

在单用途预付卡模式下，由于发卡机构是商业流通企业，所以该种商业预付模式通常只作为该发卡企业的辅助业务。这种模式可以提前收回成本、防范财务风险、稳定客户群体、辅助销售渠道,以及起到提升企业品牌价值的效果。

2. 多用途账户(多用途预付卡)

多用途账户对应的是多用途预付卡,其发卡主体必须是已取得支付服务牌照、从事预付款卡发放和受理服务的支付机构。从应用范围看,多用途预付卡能够跨地区、跨行业、跨法人应用。多用途预付卡一般以翼支付、财付通、城市一卡通等为典型代表。

多用途预付卡由央行监管。央行已正式批准了《支付机构预付卡业务管理办法》等多项规章制度,这些规章制度的逐步施行,对支付机构开展或提供业务(如多用途预付卡的发放和接受顾客备付金的存储、管理与运用等)均进行了规范,为挪用、挤用、挤占顾客备付金画下安全红线,并建立了风险准备金计提制度和顾客备付金审核校测制度。

在多用途预付卡业务模式中,发卡机构应该是第三方支付机构,该种模式是发卡机构的主营业务。对发卡机构来说,这种模式具备了双边市场特征:一方面着力于商户拓展;另一方面着眼于卡片销售。所以,发卡量和合作商户的规模,决定着发卡机构的盈利能力。该种模式下发卡机构与金融机构的运营模式和状况比较类似。

多用途预付卡是一种先付款再购买的消费方式,具备携带方便、应用便利的优点。在中国,多用途预付卡自诞生开始就呈现出强劲的发展势头,并且仅仅数年便快速扩大了市场,逐渐成为一般消费者所常用的一项电子付款与结算工具。这一消费方式一方面带动了社会消费,从而产生了促进内需的效果;另一方面也有效改善了消费者的现金使用偏好,从而提升了中国社会非现金消费水平。另外,多用途预付卡的普及和应用也为电子商务的发展及数字人民币的广泛应用起到了积极推动作用。

3. 单用途账户与多用途账户的监管问题

单用途预付卡和多用途预付卡都存在着监管漏洞。两类预付卡所参与的市场主体数量很多、发行量巨大,都发挥着类似与银行账户一样的结算功能。因为缺乏专业的法律法规对预付卡实施监督管理,所以预付卡在发行、使用、资金存管等各方面都积聚着巨大的风险,如侵害消费者合法权益、挪用沉淀资金。商务部已经把预付卡细分为单用途预付卡与多用途预付卡,两种预付卡之间其实还有着必然的联系。不过,我国有关政府部门在监管的过程中把二者放在了"两个笼子"中。对于多用途预付卡,基本上按金融服务监管,在发放多用途预付卡前,发卡机构必须持有相应的牌照,对多用途预付卡的各种收费也在监管范围内。而对于单用途预付卡,按普通的交易监管,不要求发卡机构在发卡前完成备案,在发卡之后的一个月内在有关机关完成备案便可,对先前收取的资金不进行监督管理。两种预付卡在监管方面是全然不同的,导致了不少企业把发卡的重点偏向于单用途预付卡,这也就为商务部门的监管工作留下了越来越大的盲点。

4. 数字人民币与商户账户

数字人民币具有技术特性和法偿性,结合智能合约技术,可以在预付卡领域发挥巨大作用,能有效解决预付卡监管等问题。

数字人民币具备可编程属性,可以加载智能合约用于条件支付、担保支付等较为复杂的支付功能。比如，数字人民币加载单用途预付卡管理智能合约，有助于发卡机构提高效率，解决单用途预付卡领域存在的挪用资金、侵害消费者权益等问题。数字人民币在预付卡领域的价值具有一定独特性，原因在于预付产业链过长，而数字人民币 M0 的定位及支付即结算的特性，会让运营和监管都更加便利。

除了技术优势，数字人民币具有的法偿性让其在预付卡这种交易场景中具有极大发挥空间。在可用阶段，数字人民币预付卡无法被拒收；而当商户跑路、资金未被消费者使用核销时，会触发智能合约的相关协议，实现冻结资金。

对于行业主管部门，数字人民币智能合约技术可赋能监管手段，实现预付交易信息完备、环节透明的目标；对于消费者，数字人民币可以将预付资金风险降至最低；而对于商户，目前主要的价值在于，消费者打消预付资金风险顾虑后，有助于成为商户长期客户，进一步增加消费黏性。

本 章 小 结

微信支付、支付宝和银联云闪付作为最受国内用户青睐的移动支付工具，在日常支付中占有很大的比重。代表第三方支付平台的它们在支付运行模式、应用场景和支付安全保障方面有相似之处也有不同之处。

相较于传统的第三方支付，数字人民币具有更安全、更便捷等的特点。同时，金融服务的数字化需要在便捷性和安全性之间走出一条可持续发展的道路，数字人民币在这方面可以提供新思路。按照设计来逐步推行数字人民币，可以提升支付服务的可获得性和可负担性，提高使用效率，维护信息安全并引导健康的市场秩序，促进百花齐放、公平竞争。

现有账户主要分为三大类，这些账户在功能、用途、使用范围、风险等方面有所区别。一是银行账户，根据个人银行账户分类管理制度分为Ⅰ类、Ⅱ类、Ⅲ类账户；二是由互联网企业或非持牌机构开立的网络账户，细分为支付账户和虚拟账户；三是各类商户开立的商户账户，按使用范围细分为单用途账户和多用途账户。

关 键 术 语

数字支付；数字人民币；支付创新；支付账户

思 考 题

1. 总结并简述典型数字支付的各自特点。
2. 数字人民币相比于现有第三方支付平台有哪些支付创新点？
3. 谈谈你对数字人民币投入使用的看法。
4. 简述现有三类账户的功能。

案例分析

数字人民币首次应用于证券行业

2021年11月19日，中国证券监督管理委员会北京监管局、北京市地方金融监督管理局公布了首批拟纳入资本市场金融科技创新试点的16个项目名单，其中包括了证券行业数字人民币应用场景创新试点。

这也是数字人民币试点以来，首个应用在证券行业的金融创新项目。作为数字人民币应用场景的扩容方案，该金融科技创新试点项目由中国银河证券股份有限公司、中国工商银行股份有限公司联合申报。

项目显示，该方案围绕客户购买金融服务、理财产品的实际需求，设计了"数字人民币购买付费金融服务""三方存管体系下数字人民币投资场外理财产品""数字理财钱包体系下数字人民币投资场外理财产品"三种证券行业应用场景。

除了在证券行业的应用场景创新，还进行了账户类型的创新。试点项目提供的账户类型对比传统账户类型有三点区别：第一，新设立了客户专用的对公数字人民币钱包；第二，可在现有三方存管体系下绑定数字人民币钱包；第三，可开立数字理财钱包。该项目的应用价值在于，通过数字人民币的特性，一方面可强化合规风险，增强监管能力；另一方面也可简化客户操作步骤、提高资金效率。

值得注意的是，其服务对象为已开立二级或以上数字人民币钱包的银河证券存量个人客户，以及已开立二级或以上数字人民币钱包后在银河证券开立数字理财钱包的个人客户。简单来说，其服务对象需开立二级或以上数字人民币钱包，同时也仅对"10+1"个试点城市和冬奥场景试点开放。

参 考 文 献

[1] 2020年移动支付用户问卷调查报告[R]. 中国支付清算协会.
[2] 2021年移动支付用户问卷调查报告[R]. 中国支付清算协会.
[3] 李二亮. 基于用户选择行为的移动第三方支付竞争策略研究[D]. 北京：中央财经大学.
[4] 柏亮. 数字人民币概论（二）：特征、应用与产业图景[R]. 零壹智库，2021.
[5] 柏亮，于百程. 数字人民币时代，第三方支付面临的挑战与机遇[R]. 零壹智库，2020.
[6] 关于改进个人银行账户分类管理有关事项的通知（银发〔2018〕16号.
[7] 非银行支付机构网络支付业务管理办法（中国人民银行公告〔2015〕第43号）.
[8] 董希淼. 加强虚拟货币的整治与监管[J]. 中国金融，2021(11)：82-83.
[9] 孙方江. 我国多用途预付卡支付风险及监管思考[J]. 金融科技时代，2016(02)：22-29.

第8章 数字人民币与数字经济

【学习目标】

1. 了解数字人民币生态体系构成。
2. 了解数字金融数字化背景。
3. 了解数字人民币如何助力数字经济发展。

【能力目标】

1. 掌握数字人民币生态体系内部交互情况。
2. 掌握数字人民币如何助推数字金融生态体系构建。
3. 了解数字经济如何助推共同富裕。

【思政目标】

1. 了解数字人民币在我国数字经济社会发展中的优势。
2. 探索数字人民币在我国数字金融体系建设中的关键作用,思考央行货币政策变化如何助力我国数字经济发展。
3. 明确我国数字人民币使用为共同富裕目标带来的促进作用。

【知识架构】

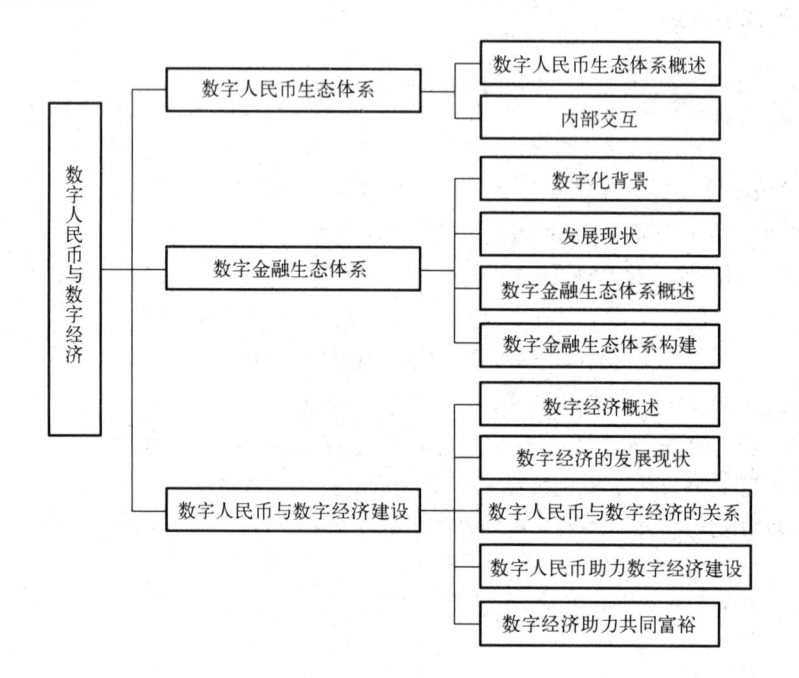

```
                         ┌─ 数字人民币生态体系概述
          ┌─ 数字人民币生态体系 ─┤
          │              └─ 内部交互
          │
          │              ┌─ 数字化背景
          │              ├─ 发展现状
数字人民币 ─┤─ 数字金融生态体系 ─┤
与数字经济  │              ├─ 数字金融生态体系概述
          │              └─ 数字金融生态体系构建
          │
          │              ┌─ 数字经济概述
          │              ├─ 数字经济的发展现状
          └─ 数字人民币与数字经济建设 ─┼─ 数字人民币与数字经济的关系
                         ├─ 数字人民币助力数字经济建设
                         └─ 数字经济助力共同富裕
```

第8章 数字人民币与数字经济

【导入案例】

打造数字人民币生态体系，弥合数字鸿沟，助力共同富裕

在北京丰台丽泽金融商务区举办的 2021 中国(北京)数字金融论坛上，中国人民银行有关领导在主题发言中就金融发展新路径提出深挖数据价值、布局数字基建、研发数字货币、发展数字信贷、弥合数字鸿沟 5 条建议。

深挖数据价值，激活转型升级内生动力

金融创新发展始终离不开数据的有力支撑。金融机构要高度重视数据工作，充分释放数据潜能，点燃金融数字化转型的"数据引擎"。

在数据治理方面，建立涵盖采集、处理、分析、使用的全流程管理体系，统一数据标准规则、做好分级分类，建设企业级数据字典和资源目录，着力提升数据准确性、有效性和易用性。

在数据共享方面，坚持最小必要、专事专用原则，探索应用多方安全计算、联邦学习等技术，在保障原始数据不出域前提下规范开展数据共享，实现数据可用不可见、数据不动价值动。

在数据应用方面，加强金融与公共服务领域信息互联互通，运用联合建模、图计算等手段，建立以客户为中心的数据服务能力，深挖数据综合应用场景，实现数据对金融服务实体经济、普惠百姓民生的多向赋能。

在数据保护方面，严格落实《中华人民共和国数据安全法》《中华人民共和国个人信息保护法》等法律法规，建立数据全生命周期安全保护机制，运用匿踪查询、去标记化等措施，严防数据误用、滥用，切实保障金融数据和个人隐私安全。

布局数字基建，夯实数字金融发展底座

2020 年 3 月中央政治局常委会会议提出加快新型基础设施建设。金融业要顺应数字技术发展新趋势，着力打造布局科学、安全可靠的数字基础设施，筑牢金融转型与创新发展的"数字底座"。

在数据中心增效方面，综合功能定位、区域分布、电力保障等因素，统筹规划建设，加快数据中心绿色低碳升级改造，建立健全多场景协同联动、多节点一体管控的智能运维机制，构建高可靠、多层级数据中心容灾体系，为金融机构数字化转型保驾护航。

在算力体系扩能方面，运用云计算技术稳妥推进分布式架构转型，部署技术先进、规模适度的边缘计算平台，探索建立行业公共算力基础设施，支撑金融瞬时高并发、大流量业务对计算资源的需求，为金融业务高效运转注入强劲动力。

在网络通信提速方面，优化建设高可靠冗余网络架构，深入推进 IPv6 规模部署和应用，运用 5G、物联网技术打通"云管边端"四个层面，实现网络资源虚拟化、流量调度智能化、运营管理自动化，提升业务承载能力和交易流转效率。

研发数字货币，提升金融服务普惠水平

数字人民币是金融供给侧结构性改革的重要内容，有利于推动社会生活、生产方式的数字化转型。中国人民银行坚持"安全普惠、创新易用、长期演进"设计理念，稳妥推进数字人民币研发工作，在多地开展真实用户试点验证和分批次大规模集中测试，充分检验

数字人民币业务系统稳定性、产品易用性和场景适用性，取得了阶段性成果。同时，我们也看到一些问题亟待解决，如数字人民币规则制度有待完善、受理环境有待优化、支付体系有待健全等。下一步，中国人民银行将坚持开放包容原则，从供需两方面发力，组织持续优化数字人民币底层业务能力和基础技术平台，积极对外赋能，共同打造数字人民币生态体系。

在规则制定方面，以中心化管理、统一认知、实现防伪为前提，充分发挥数字人民币结算效率高、隐私保护强等优势，既不能完全按照账户去管理，也不能照搬纸币去要求，该打破的要打破，该约束的要约束。

在技术实现方面，发挥好指定运营机构各自优势和专业经验，持续开展技术迭代，保持整体先进性，充分利用现有金融基础设施，支持与传统电子支付系统间交互，推动不同运营机构数字人民币钱包间、数字人民币钱包与银行账户间的互联互通，实现安全与便捷的统一。

在生态建设方面，坚持双层运营体系，研究既能激发创新活力又能提升服务质效的长效机制，营造激励相容、公平公正的市场环境，充分发挥各参与方的积极性和创造性，探索产业主体共同参与、竞争选优的可持续发展模式，满足更广泛用户群体和不同场景的需求，提升数字人民币普惠性和可得性。

发展数字信贷，深耕服务实体经济使命

数字信贷在一定程度上补齐了传统融资模式在服务小微民营企业及农户、个体工商户方面的短板。金融业要用好数字信贷这个服务实体经济的"新利器"，积极探索普惠金融可持续发展新范式。

一是降本增益。运用数字技术推动审贷放贷流程智慧化再造，基于一体化中台沉淀可共享、可复用的业务能力，综合工商、税务等多维数据综合研判企业经营状况，降低研发、运营、风控成本，提升融资服务效能。

二是提质扩面。构筑广连接、易触达的服务网络，依托数字渠道建立全流程"云上办""掌上办"的服务触点，运用物联网、卫星遥感等技术掌握企业生产经营全链条"数字足迹"，减少对融资抵押物的依赖，提高信贷融资可得性、下沉度和渗透率。

三是精准滴灌。发挥人工智能、区块链等技术优势，加强对产业链、供应链生产经营主体的数字化认知，准确识别融资需求真实性，动态监测信贷资金流向、流量，通过更多元、更智慧、更精准的数字信贷产品为实体经济"输血供氧"。

弥合数字鸿沟，助力构建共同富裕格局

金融业要始终把满足人民对美好生活的新期待作为出发点和落脚点。金融科技是弥合数字鸿沟、解决发展不平衡不充分问题的重要手段。

一是纾解城乡间数字化建设鸿沟。全面实施金融科技赋能乡村振兴示范工程，推动构建"线上线下打通、跨金融机构互通、金融与公共领域融通"的新型服务渠道，建立"一点多能、一网多用"的惠农综合服务平台，推动农业供应链资金流、商流、物流深度融合，将金融资源精准配置到农业重点领域和关键环节，助力农业产业现代化发展。

二是破解群体间数字化应用鸿沟。聚焦老年、少数民族、残障等人群日常生活中的高频金融场景，因人而异打造适老化、民族版、关怀式移动金融产品，运用智能移动设备延伸金融服务触角，不断提升服务深度、广度和温度，让守正向善的科技创新成果更多更公平惠及全体人民。

三是缓解机构间数字化发展鸿沟。大型金融机构要发挥示范引领作用，以数字化转型为契机，通过能力输出、技术辐射、同业协作等探索以大带小、以强扶弱的协同发展新模式，激活全行业数字化经营动能。中小金融机构要充分把握"地缘、亲缘、人缘"固有优势，善用外力，合作共赢，加快数字化转型，构建差异化竞争力和精益管理体系，赋能地方经济和小微企业健康发展。

资料来源：央广网

2021年来，数字经济在带动经济复苏、支撑稳定就业等方面发挥了不可替代的作用。作为数字经济的重要组成部分，数字金融是经济高质量发展的内在需要。

数字货币逐渐步入公众视野，法定数字货币正从理论走向现实，数字人民币在不久的将来必定成为我国货币体系的重要组成部分，且为我国数字金融生态体系建设和数字经济发展发挥重要作用。

8.1 数字人民币生态体系

数字化彻底地改变了货币和支付系统。在2016—2021年间，全球经济飞速发展，数字人民币经历了根本性的演化，加速了世界货币体系的根本性改变。目前，世界各国对央行数字货币仍处于观望状态，而我国数字人民币试点工作正在紧锣密鼓地进行。从目前来看，数字人民币的应用将在技术、运营、管理和监督等方面对现有的货币金融理论和监管体系提出一系列挑战。数字人民币将成为国际化、具有系统重要性的大型社会经济平台的关键，再次定义支付与用户数据的互动，重塑我国乃至国际货币体系的架构，建立一个完整的由央行、商业银行和政府监管部门等参与的平衡有序的数字人民币生态系统，以确保数字人民币的发行、流通和分配、回收各环节的闭环控制。

8.1.1 数字人民币生态体系概述

数字人民币生态体系是围绕数字人民币的发行、流通和监管形成的闭环，主要由核心圈层、次核心圈层和衍生圈层构成。通过信息和数据的共享，每个圈层共同进化，实现每个圈层之间的自组织和他组织。构建数字人民币生态体系，可以有效整合与数字人民币相关的所有机构和组织，提高数字人民币发行、流通和监管的服务质量。数字人民币生态体系如图8-1所示。

包容性和放大效应是数字人民币生态体系的两大特点。包容性可以使得各个圈层实现完美联动。同时，支付的发展促使数字人民币生态体系持续接受新事物，数字人民币生态体系完成了由内到外的蜕变。

1. 核心圈层

核心圈层采用"双层运营+第三层建设"的架构，主导角色由政府和央行担当，并由其他成员协助实现数字人民币的发行、监管和流通。双层经营是指"央行—商业银行"的双层经营体制。为发行的数字人民币的信用担保是由双层经营体制中的上层机构央行来提供的，保证数字人民币享有与实体人民币同样的法律权益；而数字人民币的投放工作则由受央行委托的商业银行来完成，商业银行需要向央行缴纳相同的存款准备金，来保证不超额发行数字人民币。

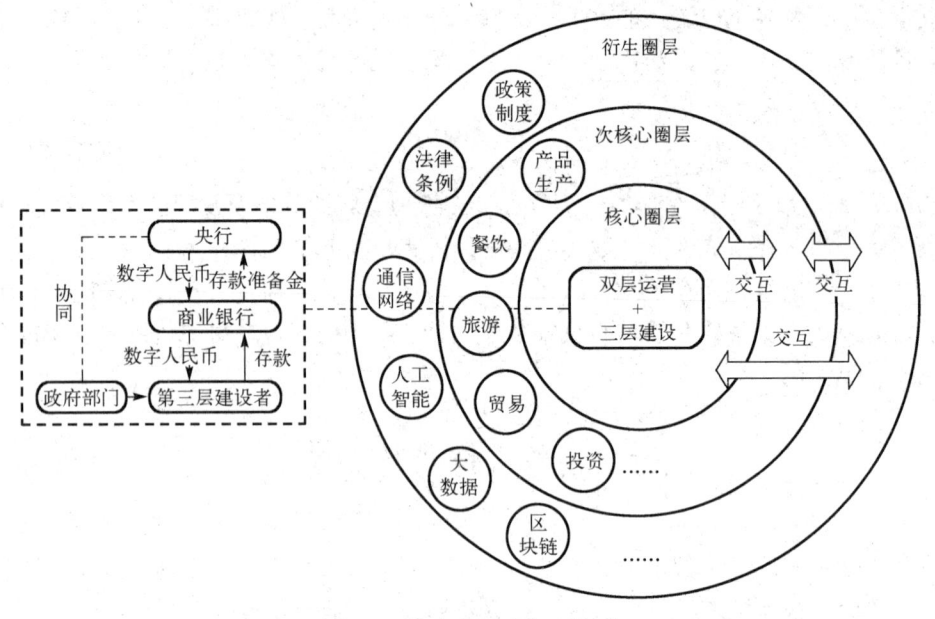

图 8-1　数字人民币生态体系

同时，我国正在大力拓展数字人民币的应用场景，积极推进数字人民币第三层建设，确保有效落地。商业银行以外的其他金融机构、支付机构、金融科技公司、电商平台企业和社交平台企业等第三层建设者，通过其在商业银行的银行账户，按照 1:1 比例，申请转换数字人民币。商业银行与第三层建设者合作，探讨用户如何通过多元化平台和支付终端方便地实现数字人民币的转移、如何通过数字人民币实现在线购买商品和服务，以及如何更好地利用数字人民币的智能合约功能等，不断解锁数字人民币的"新玩法"，推动数字人民币支付场景多元化发展。

作为核心圈层的管理者，政府部门对第三层建设所包含的各个主体进行监督管理。政府职能部门是保证数字人民币良好运行的重要因素。

2. 次核心圈层

次核心圈层主要涵盖产品生产、餐饮、旅游、贸易、投资等各种经济活动。主要功能是调节数字人民币在经济活动中的流通，让数字人民币在各个领域广泛流通是振兴数字人民币生态体系的关键一步。

以我们日常生活中简单的商品交易活动为例。在数字人民币生态体系中，我们可以使数字人民币渗透到交易活动的信息流、资金流、物流中，数字人民币像血液一样流动在经济活动的各个环节（见图 8-2），引领大家进入新消费、新场景、新业态，并逐步建立一个完善的数字人民币生态体系。

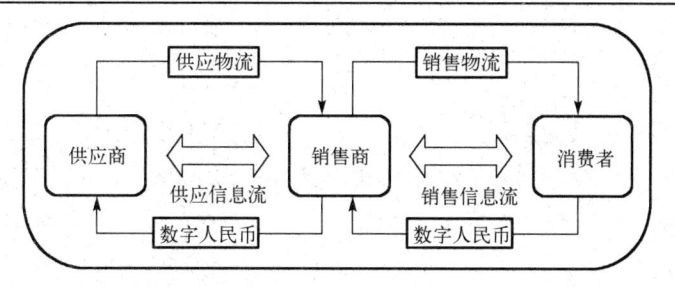

图 8-2　数字人民币在经济活动中的流动图

　　交易各主体进行信息传递和交换的过程被称为信息流,主要涵盖两个方面:一是供应商和销售商之间传递关于商品价格、需求、供应等信息的供应信息流;二是收集销售商与消费者之间关于产品销售、需求、服务等信息的销售信息流。交易资金在各项经济活动中的支付、结算和转账等流转过程被称为资金流。物流是人们在线上线下进行各种有形商品交易时所产生的如商品包装、存储、货物装卸、运输、配送等货物流动的活动。

　　信息流、资金流和物流构成了各类经济活动中商品从生产、分配到交换、消费再到生产的各种系统循环转化过程。在商品交易活动中,信息流扮演的是及时准确地传递信息的角色,资金流则促使商品价值更有计划地实现转移,物流则是完全根据信息流和资金流来完成的。信息流是一切商品交易活动的基础,为资金流和物流活动提供决策依据,对资金流和物流起引导作用。商品价值实现是通过资金流来实现的,而商品的使用价值则是通过物流来实现的。我们会发现物流是一切资金流动的前提,物流价值需要靠资金流来担保,而且资金流会随着物流的变化而进行变化调整。

　　2020 年以来,纸币和票据逐渐被数字人民币替代,数字人民币可以将资金的有效利用率最大化,使资金更好地服务于各种经济活动,促进物流、信息流和资金流三流一体化,降低企业经营活动成本,进而提高经济效益。在数字人民币时代背景下,数字人民币生态体系发挥了统筹资金、优化配置、支持产业链各环节的作用。通过对需求和供给中各种资源进行合理分配,数字人民币将大大提升资源配置效率,建设稳健发展的产业链生态。

　　3. 衍生圈层

　　衍生圈层主要由政策制度、法律条例等宏观环境和通信网络、人工智能、大数据、区块链等微观技术环境构成。

　　宏观环境是数字人民币良好运行的重要保障。政府部门在制定及完善相关法律法规的同时,逐步构建与数字人民币相适应的政策制度框架。金融监管部门为了给消费者提供健康、规范的数字人民币使用环境,也在同时不断完善监管体系。

　　微观技术环境是数字人民币进一步优化的动力。三大电信运营商为数字人民币的使用提供了良好的通信网络基础,技术研发机构通过进一步完善数字人民币的支付功能,更好地满足用户需求。未来,数字人民币与通信网络、人工智能、大数据、区块链等技术将继续提高数据资产价值,实现对三大产业的数据赋能,推动各领域的智慧化进程,带来巨大的社会效益和经济效益。

8.1.2 内部交互

央行负责数字人民币的发行,商业银行、第三层建设者通过将数字人民币流转至次核心圈层(各项经济活动中),促使数字人民币的交易和流通得以完成。数字人民币的流通受政府的监督和管理,衍生圈层为数字人民币的发行、流通和监管提供社会环境、法律环境、信用环境、信息技术、信息资源等。

在数字人民币生态体系中,各个主体并不是独立存在于生态环境中的,某些主体扮演着多种角色。例如,政府不仅是管理者,还参与次核心圈的各种经济活动。商业银行与第三层建设者等不仅可以为数字人民币的良好运行提供保障,还可以参与次核心圈各种经济活动,所以整个数字人民币生态体系是一个互相作用的有机整体,如图 8-3 所示。

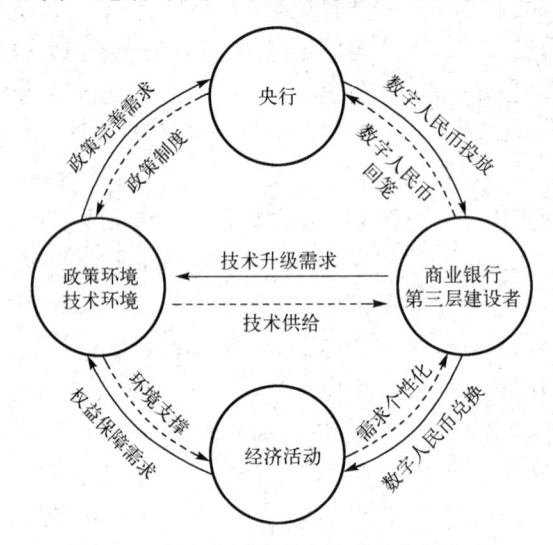

图 8-3 数字人民币生态体系的内部交互

数字人民币生态体系的发展是一个长期过程,各个圈层之间相互影响、相互制约。核心圈层作用于次核心圈层,"双层运营+第三层建设"的架构体现了数字人民币从发行到流通的过程。其中,更多的消费平台、支付机构等将被纳入第三层建设,这将有利于将衣食住行等 C 端核心应用场景接入,扩大消费群体,促进数字人民币流通。核心圈层作用于衍生圈层,通过营造与数字人民币发展相适应的政策环境,政府与央行鼓励市场主体进行数字人民币相关技术的研发,从而保障数字人民币生态体系的良好运行。

次核心圈层与衍生圈层反作用于核心圈层,消费者使用数字人民币有利于央行实时、高效地监控货币使用情况和交易范围,维护国家金融安全与稳定。利用大数据、云计算等技术对这一交易数据进行进一步分析,可为政府制定国家预算、财政投入和政府补贴等相关财政政策提供依据。银行活期账户与数字人民币的转换(M1 与 M0 转换)对商业银行存款准备金管理提出了更高的要求,流动性变化带来的一系列问题也对商业银行的风险防控能力提出更高的要求。

次核心圈层与衍生圈层相互作用。次核心圈层作用于衍生圈层:消费者使用数字人民币时出现的新需求将引领无机环境下技术基础的创新发展,推动 5G、人工智能、大数据、区块链等先进技术与数字人民币有机结合,进行多样化的应用创新。衍生圈层作用于次核心圈层:无机环境下技术基础的创新发展,有利于拓展和优化数字人民币的支付功能,并且优化消费者体验,推动数字人民币在各个领域的智慧化进程;在技术环境不断优化过程中暴露出的制度完善需求,将促进制度环境的进一步优化,进而更好地保护消费者的合法权益。

数字人民币生态体系各个圈层功能、角色清晰,圈层当中的任何一个主体的发展变化都可能对整个生态体系产生一定的影响,只有圈层之间无缝交互、相互适应和协调,才能保证生态体系中的每一个主体都能良性健康成长,生态体系平衡发展,形成一个相互联系、相互依存、相互作用的竞争性动态平衡系统。

8.2 数字金融生态体系

如果把经济比作人体,那么货币就类似人体的血液,把各种因素输入经济的各个环节、各个部分,并进行资源配置,从而使经济得以稳健发展。数字金融是由数字技术驱动的金融创新。数字金融与互联网金融、金融科技等概念既有联系又有区别。它们都利用数字技术,使传统金融行业逐步融入"开放、平等、协作、共享"的互联网精神;实质就是利用现代科技成果革新现有的金融产品、业务模式、业务流程等,提高数字经济发展的质量和效率。但数字金融更突出与其他业态的深度融合,更加注重数字赋能服务实体经济和百姓生活。数字货币时代的到来,加快了"血液"流动速度,促进了金融数字化转型,一个和谐的数字金融生态体系将逐渐成型。经济生态的原则和规律适用于该体系。同时,各种价值要素被注入经济发展的良性循环过程中。

8.2.1 数字化背景

数字化使社会运作和经济发展透明化、标准化,它不仅可以提高生产力,促进各个行业的数字化转型升级、增加金融包容性,还直接改变了现有的产业组织、社会分工和宏观经济运行。数字货币在数字经济的发展过程中扮演了相当重要的角色。相应地,金融和科技领域也迫切需要进一步拥抱数字化,正在加速数字化转型的进程。数字经济时代,作为社会经济发展连接器的金融业,其数字化转型进程在不断加速,而产业的数字化也给金融业带来了新的机遇和挑战。数字金融的力量越来越凸显,其价值主要包括以下几个方面:一是提高金融竞争力和运营效率,把合适的产品卖给合适的客户,打破以往的金融数据和资源、期限的不匹配;二是弥补所谓功能的不足,实现通用和长尾是数字金融时代的愿景;三是确保金融安全,发挥数字金融价值的溢出作用,在实现金融安全和可持续经营的同时,充分发挥技术进步的责任,建设智慧城市,助推国民经济增长。

2015 年以来,数字技术蓬勃发展。5G、智能新基建等为数字金融创新赋能,金融业登上发展风口。自 2020 年以来,我国加大力度推进 5G 建设,相关报告指出,截至 2021 年 6 月,中国的 IPv4 地址数量为 3.93 亿个,IPv6 地址数量为 62023 块/32,IPv6 活跃用户数量为 5.33 亿个;中国域名为 3136 万个,移动电话基站为 948 万个,互联网宽带接入端口为

9.82 亿个和光缆线路为 5352 万千米。除政策加持之外，5G、人工智能、区块链等技术将推动各行业加速发展。2020 年，我国 5G 正式进入规模商用时期，5G 基站建设进入高速发展阶段，预计到 2022 年年底，我国 5G 基站总数将达到 200 万个，如图 8-4 所示。

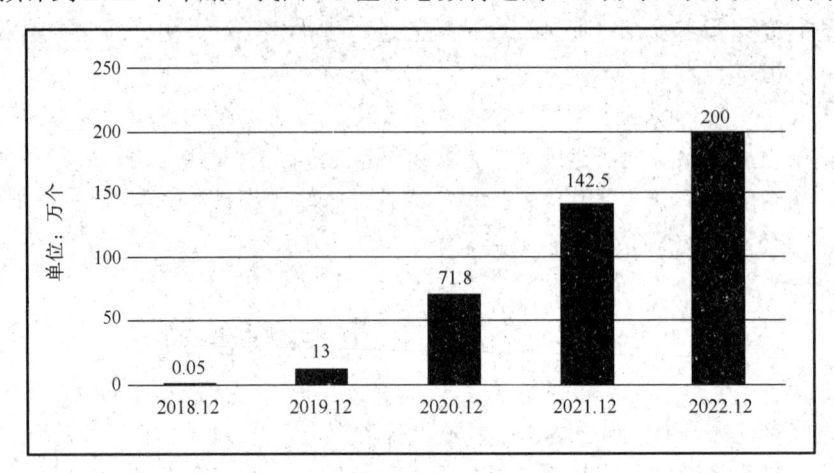

图 8-4　2018—2022 年我国 5G 基站建设情况

从技术演进的角度来看，5G 不是简单的"4G+1G"，而是通过网络底层技术和多领域集成应用，为各行业提供更为泛在的移动互联基础设施和移动场景下人工智能、大数据、区块链等新技术应用落地的基础网络环境，实现了工业、金融、能源、交通、电力等领域的数字化转型。在 5G 技术的推动下，数据智能、区块链和信息安全等技术用于信贷、风险防控和数据要素开放，构建了新型 B 端群体信用服务体系，金融服务效率大大提升，企业融资难、融资贵问题也将得到解决。利用多技术生态融合应用从两大维度推动金融业数字化转型：一是升级现有金融服务，提升获客能力；二是创新服务业务，开拓服务新领域。

自新冠肺炎疫情暴发以来，金融行业线下服务大幅受挫，各大网点与营业部客流量锐减，金融机构传统获客留客能力受到了较大冲击，"零接触"服务乘势而上，加速了金融业的数字化转型。中国银行业协会统计数据显示，新冠肺炎疫情期间，各银行机构线上业务服务平均替代率达到 96%，移动支付业务量有了极大增长。"零接触"服务将改变传统的金融服务方式，加快金融业数字化转型进程。

8.2.2　发展现状

在毕马威(KPMG)和金融科技投资公司 H2 Ventures 联合发布的"2019 年全球金融科技 100 强榜单"(Fintech100)上，蚂蚁金服和京东数字科技名列第一位和第三位。以国际眼光来看，中国拥有全世界影响力最大的移动支付产业，大科技平台和互联网银行围绕移动支付打造的全方位金融服务在国际金融服务业中举足轻重。随着数字人民币时代的到来，中国数字金融影响力将会大大提高。

中国数字金融发展受到国际社会的高度关注。国际货币基金组织(IMF)连续三年邀请北京大学数字金融研究中心在华盛顿联合主办闭门研讨会，共同探讨中国数字金融的发展前景。此外北京大学数字金融研究中心还与国际清算银行(BIS)、国际货币基金组织、布鲁金斯学会等国际机构一起研究中国数字金融问题。

在新发展格局背景下,数字金融迎来发展机遇。数字经济与实体产业的结合无疑是今后几年社会关注的焦点,数字技术与产业的深度融合成为"十四五"时期发展的重点目标。服务于实体经济的数字金融在产业数字化转型过程中将迎来黄金发展期。在数字人民币的时代背景下,推进人民币数字化,是实现从金融业信息化管理转到金融业数字化经营的弯道超越发展的良好契机。与很多发达资本主义国家的金融业相比,我国金融业发展时间较短,很多模式和方法都是借鉴或吸收国外金融业的做法。因此,我国央行可以利用数字人民币的推广和普及,将信息技术和金融业务深度融合的金融科技作为重要组成部件,倒逼中国金融业数字化转型升级,循环不断地将"血液"运输到国民经济各行各业,助力经济社会持续稳定发展,更好地支撑经济高质量发展。

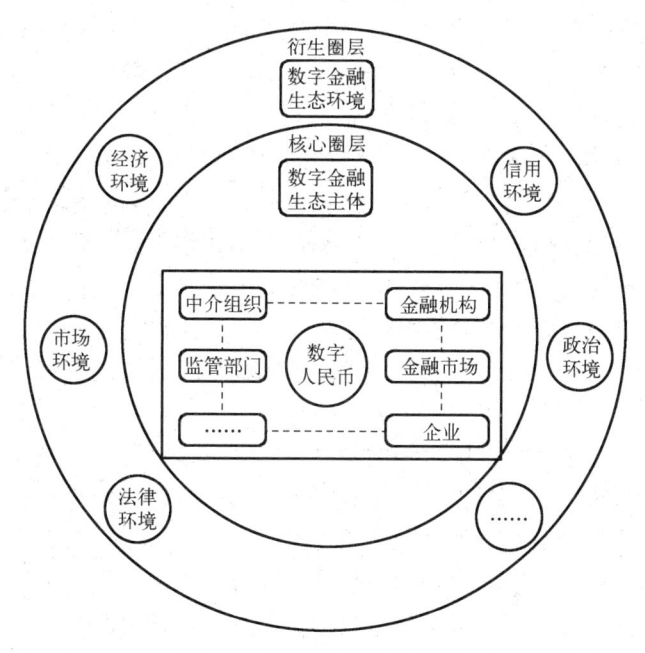

8.2.3 数字金融生态体系概述

数字金融生态体系是数字金融交易主体与其生存和发展的内外环境(数字金融生态环境)通过信用流动和货币循环形成的一个相互联系、相互影响、可自动调节的统一整体,如图 8-5 所示。数字金融生态主体通过金融调节机制作用于数字金融生态环境,而数字金融生态环境反作用于数字金融生态主体,对数字金融生态主体的利益诉求和金融的健康发展产生影响。

图 8-5 数字金融生态体系

数字金融生态主体是指金融产品和金融业务的直接生产者和参与者,主要包括以银行、证券、保险为代表的金融机构、金融市场、企业、监管部门和中介组织等。数字金融生态环境是指影响金融业生存和发展的各种因素的总和,包括政治、经济、市场、法律、信用环境和其他与金融业发展相互影响的因素。

如果说金融是现代经济的核心、实体经济的血脉，货币则是经济核心的核心，是经济血脉中流动的血液。数字经济的发展既需要数字金融，也需要数字人民币。在数字金融生态体系中，数字人民币应用于数字金融生态体系的各个方面，如同血液一般在主体间流动，帮助构建稳健的数字金融生态体系。

8.2.4 数字金融生态体系构建

产业的数字化转型需要良好的金融环境作为基础，金融也需要通过数字化转型满足行业的需求，并最终建立基于数据驱动的良性数字金融生态体系。

数字金融是金融业未来发展的战略方向，也是数字化转型过程中金融发展的新内涵。数字金融的最终目标应该是通过网络化、数据化、智能化的产业生态和数字金融生态体系，实现产业与金融的高效融合；通过多元合作和激励机制，实现共生协同，形成可持续良性循环的、各方利益共赢的金融服务生态。要实现这一目标还有很长的路要走，但是数字人民币如同催化剂般加快了这一进程。我们可以借助数字人民币的力量，培育和发展一批有影响力的新兴金融机构、要素交易所和配套服务机构，形成开放、合作共赢的数字金融产业生态圈，为我国提供更高质量、更高效、更普惠的数字金融服务。

第一，数字人民币推动了数字金融创新。通过数字人民币在各个行业的试点可知，数字人民币的推广使用，促进了金融与民生服务体系的互联互通，帮助经济活动和金融服务实现了多方面的提升：服务规模扩大了，服务体验改善了，服务效率提高了，并且成本降低了，风险也得到了控制，不断为数字金融创新赋能，推进数字金融生态体系建设。

第二，数字人民币增强了数字金融产业的集中度和拓展了数字金融的应用覆盖面。数字人民币作为一种高频、高覆盖、高安全性和高风险的货币，其技术系统要求无疑是很高的，所以需要充分利用现有的人工智能、区块链、云计算、大数据、物联网等技术。作为国家金融数字基础设施建设，数字人民币生态体系的建设无疑为金融科技行业提供了巨大的市场和良性发展机遇。数字中国建设中金融科技力量的引入会帮助建立数字金融企业孵化园或产业园，促进数字金融规范发展，服务小微企业、民营企业、"三农"和低收入群体，拓宽金融科技在多种服务领域的实践，与金融机构和区块链科技企业合作开拓创新应用场景。

第三，数字人民币加速了金融机构的数字化转型。通过总结数字人民币多次试点经验可以看到，持牌金融机构可以结合自身实际情况，设计顶层金融科技创新框架和发展战略，并鼓励其他金融机构运用数字化手段创新金融服务，在未来数字金融行业中形成"技术+市场"的领先优势。实现金融与科技的良性互动和升级发展，提升中国金融科技硬实力，并为中国金融业迈向智能互联的数字化时代提供先发技术优势。

第四，数字人民币提升了数字金融的国际影响力。数字人民币加速了人民币的跨境应用国际化进程，人民币与外币的结算、清算得以推动。中国率先实践数字人民币，以国际领先的结算、清算技术标准构建基于 M0 的"支付即用"模式，以"技术"与"市场"双轮驱动，实现数字人民币的技术牵引和跨境应用的突破，开启人民币国际化的数字化通道。在国家"一带一路"倡议下，我国金融机构大力发展国际合作，践行"走出去"战略，承接优质项目，创新跨境移动支付、跨境结算等金融业务，拓展国内外应用场景，打造具有国际影响力的金融品牌论坛峰会，开发数字金融指数产品，发布数字金融发展报告，助力数字金融生态体系稳步发展。

第五，数字人民币深化了金融监管的数字化实践。数字人民币在快速发展的同时，需要不断完善现代金融监管体系。未来，数字人民币的风险防控体系也将是一种多领域、线上管控程度更高、防控措施更多元化的数字化风险防控模式。金融监管的数字化也促进了科研机构、科技公司、监管机构和金融机构的合作，不断推动数字金融和监管技术的研究和应用。金融监管的数字化可以更加全面有效地防范欺诈、恐怖主义融资和洗钱等非法支付风险，防止资本的无序扩张，深化对金融科技创新的监管，提升风险防控能力，构建健康稳定的数字金融生态体系。

8.3 数字人民币与数字经济建设

8.3.1 数字经济概述

20世纪末，大数据、云计算等新兴数字技术迅猛发展，带动数字技术从信息产业外溢。传统产业数字化的同时，新的产业和新的经济运行模式也应运而生。被称为数字经济之父的唐·塔普斯科特在自己的书中提出了数字经济的概念。数字经济是以数字化的知识和信息（数据）作为关键生产要素，以数字技术为核心驱动力量，以现代信息网络为重要载体，通过数字技术与实体经济深度融合，不断提高经济社会的网络化、数字化、智能化水平，加速重构经济发展与治理模式的新型经济形态（如图8-6所示）。

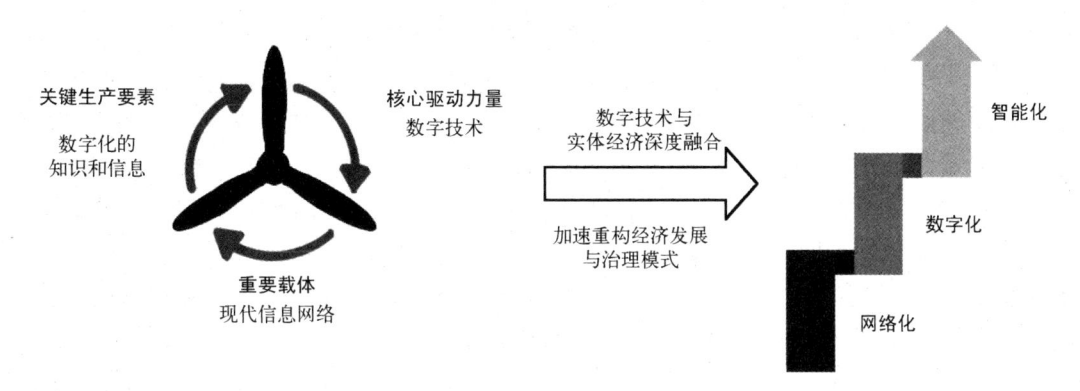

图8-6 数字经济的概念

数字经济的关键生产要素是数据，数字技术与实体经济的深度融合提升了数据的价值，工业数字应用的潜力也得到释放。在这种历史背景下，生产要素、基础设施、组织模式、主导产业、经济特征、经济体制和经济运行规律发生了翻天覆地的变化，数字经济得到了飞速发展。中国信息通信研究院发布的《中国数字经济发展白皮书（2021）》显示，2005—2020年，中国数字经济产业增加值增长迅猛。从2005年的2.6万亿元增长到2020的39.2万亿元，数字经济占GDP的比重从14.2%提升至38.6%。

在2020年世界移动大会上，与会专家结合目前的数字经济发展形势指出，中国数字经济发展正在加速，并呈现出"五纵三横"的新特征。五纵即基础设施数字化、社会治理数字化、生产方式数字化、工作方式数字化及生活方式数字化；三横即线上化、智能化和云化，如图8-7所示。

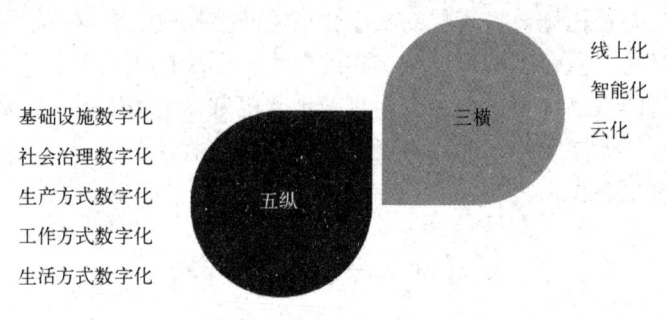

图8-7 数字经济"五纵三横"的新特征

8.3.2 数字经济的发展现状

中国在1994年步入了互联网时代。2003—2012年中国网民数量飞速增长，中国数字经济不断涌现新业态，迎来高速发展期。到2012年年底，我国移动互联网用户首次超过台式计算机，成为第一互联网终端，中国数字经济由此迈入移动互联网时代，这也就意味着中国数字经济进入成熟期。2013年以来，我国数字经济蓬勃发展，为国民经济持续稳定增长注入了新动力。

数字产业化稳步发展。在2021年世界互联网大会乌镇峰会上，《世界互联网发展报告2021》和《中国互联网发展报告2021》发布。《中国互联网发展报告2021》认为，从规模上看，我国数字产业化规模在2020年已达到7.5万亿元，我国数字经济总规模已稳居全球第二，年均增速达到15%，数字经济和实体经济的融合在不断深入，产业数字化转型成效亦非常明显，不断催生新产业、新业态、新模式，并向全球高端产业链迈进。从结构上看，不断优化的数字产业结构让软件和互联网产业占比继续以小幅稳定的态势提升。中国信息通信研究院发布的《中国数字经济发展白皮书(2021)》显示，2020年在新冠肺炎疫情冲击和全球经济下行叠加影响下，我国数字经济依然保持9.7%的高位增长，成为我国稳定经济增长的关键动力。中国电子商务交易额在2020年达到37.21万亿元，同比增长4.5%；电子商务规模位居全球第一位，实物商品网上零售额占社会消费品零售总额的比重达到近25%。电子商务服务业营业收入达到5.45万亿元，同比增长21.9%。预计到2025年，我国数字经济规模将达到60万亿元。同时，数字经济的高速稳健发展，促进了新型市场主体的快速成长，提供了许多就业岗位，成为保障就业的又一新路径。

产业数字化纵深推进。推动一个产业高质量发展的重点是推动产业数字化转型升级，加快产业基础高级化和产业链现代化，促进经济循环和产业链畅通。现在一个产业的数字化转型已经从单点应用发展到持续协同演进，数字化融合和平台赋能成为推动产业数字化发展的关键，产业数字化不仅为数字经济的发展源源不断地增添新动能，还为国民经济发展持续提供强大支撑力。现在全国各省市都牢牢把握数字化、网络化、智能化方向，深入实施智能制造工程，纵深推进工业数字化转型。我国工业数字化进程不断加快，工业、农业、服务业的数字化水平不断提高。

数字化治理能力提升。近年来，我国从中央到地方的公共服务供给能力明显提高。建设数字政府，就是要对出现的问题主动快速反应、提供个性化反馈和精准服务，实现政府治理效率提升。在中国，新型智慧城市已步入效能导向、协同集约的创新阶段，发展的重心也逐步由统筹规划向长期可持续发展方面转变。

数据价值化进程加快。数字经济的关键生产要素是数据。数据正在成为企业经营决策的新驱动、商品服务贸易的新内容、社会全面治理的新手段，带来了新的价值增值。加快推进数据价值化、发展数据要素市场是发展数字经济的关键。从产业角度看，我国已经在数据的挖掘、标注与存储、智能分析处理，数据库安全管理等环节形成了相对完善的数据产业体系，数据风险防控能力和应用能力持续不断提升。

8.3.3 数字人民币与数字经济的关系

1. 内在逻辑

数字经济需要数字金融，数字金融需要数字人民币。数字人民币将为数字经济的发展构建新优势，提升经济发展的质量、效率。受新冠肺炎疫情影响，"非接触式经济"带来的新的消费体验和生活场景重构将加速数字人民币的推广应用。作为数字经济发展的基础动力条件，数字人民币生态体系的发展尤为关键。

数字产业化是数字人民币的发展前提。数字产业就是数字经济发展的主导产业，它为数字经济发展提供 5G、人工智能、大数据、区块链等技术产品和服务。数字人民币作为 M0 的替代品，其本身不实际使用区块链技术，而是借鉴了区块链技术的核心思想。数字人民币是新一代信息技术下，一种支持双离线、可控匿名支付的、具有价值特征的数字支付工具，是数字产业化在金融支付领域的新应用。

产业数字化为数字人民币搭建了多样应用场景。产业数字化是数字经济的重要组成部分。产业数字化除带来产业的提速增效外，还会催生新业态、新模式、新产业，这些新业态、新模式、新产业会进一步丰富数字人民币的应用场景。丰富的应用场景，也将有效增强数字人民币对产业数字化的适应性，促进产业数字化转型升级。

数据化治理是数字人民币的重要组成部分。运用数字技术创新服务监管方式，平衡数据的隐私保护与风险控制两者的关系，深挖数据价值，将数据治理上升到社会层面，建立健全行政管理体系，优化由有效的行政决策、执行、组织和监督构成的新型政府治理模式，实现社会效益最大化和数字经济可持续发展。

正如纸币取代金币，推动金融治理变革一样，数字人民币也将推动央行金融治理变革。随着数字人民币的推广和深入应用，未来央行的金融监管政策将更加多元化，时效性和传导效果也将更强，同时，未来货币政策将逐步从数量调控转向价格调控。事实上，数字人民币在优化货币支付功能和减少对私人支付服务（如现金交易）的依赖方面具有天然的优势，可以通过加强数字人民币的授权管理，来减轻央行监管压力，并且可以有效提高财务治理水平。

数据价值化是数字人民币的必然要求，数据的价值包括但不限于数据收集、验证、确认、标注、定价、交易、数据流和数据保护。显然，使用数字人民币进行支付，可实现数据的采集、储存、复用、可追溯，这是数据价值的重要体现。此外，在完善支付体系方面，数字人民币可以有效弥补实体货币与电子货币在安全性、支付效率等方面的不足。

  2．现实联系

  数字人民币是我国数字基础设施的重要组成部分，推进数字基础设施建设可以为数字经济强国建设提供有力支撑。对中央来说，数字经济的稳健发展首先要做好顶层设计，然后制定恰当的行业规则和合理的产业布局规划，指导数字经济基础设施建设，提高资源配置效率，为数字人民币的推广应用创造和完善基础条件。一方面，政府必须在战略布局上做好具有前瞻性的规划导向，进一步放开市场准入条件，发挥市场在资源配置中的调节作用，优化数字基础设施体系。另一方面，还要认真考虑数字人民币的供需场景，需求起到一个牵引作用，政府在基础设施建设上应该把应用场景建设放在首位，支持与鼓励行业龙头企业结合自身需求参与到数字基础设施建设中来，以实现精准匹配数字基础设施建设中的供应和需求，并最大限度地实现数字人民币的应用，将数字人民币嵌入数字基础设施、数字金融、数字物流、数字交易市场等场景，形成全产业链应用生态，夯实数字经济内在发展动力。

  数字人民币加快了数字贸易发展。我们要顺应 5G 等数字技术的发展应用之势，充分发挥在电子商务领域的领先优势，依托互联网发展，带动数字贸易发展，为我国数字经济提速增效。数字贸易、数字金融和数字人民币之间具有天然的适应性。一方面，充分强化数字人民币"线上化、非接触式、可传递"的特点，进一步提升产品和服务的数字化水平，为人民美好生活提供更多样化的消费选择。另一方面，数字人民币应用场景的不断拓展，可以培育出多种多样的由工业互联网驱动的数字贸易形式。

  稳步推进数字人民币的应用是构建数字经济强国的有力途径。第一，数字人民币的研发使用已经走在世界前沿，在未来国际货币体系中一定会显示出其先发优势，提升数字人民币的国际地位。在推进数字人民币试点的关键时期，我们应该加强数字人民币、数字贸易和数字经济三者联合统一发展，在统筹布局上要保证国内、国外步调一致，稳步推进人民币数字化和国际化，更好地服务于国际贸易中的跨境投资、支付、结算等业务，发挥其作为世界储备货币的作用。第二，扩大数字人民币试点范围。在当前数字人民币的试点探索的基础上，不断总结数字人民币的发行、经营管理经验，将数字人民币应用场景推广到自由贸易试验区和自由贸易港等先进领域。第三，数字人民币有助于宏观经济政策的优化和适应性调整。深化系统研究，加强数字人民币对货币政策影响的分析和研究，推动数字人民币法律体系、监管体系与风险防控体系三系协同建设。

8.3.4 数字人民币助力数字经济建设

  数字资产化是推进数字经济建设的重要前提，数字资产迫切需要数字人民币。数字资产的发展，不仅可以有效拓展数字人民币的应用场景，还可以为未来数字人民币的发行、推广和应用奠定坚实的基础，两者的协调发展是数字经济发展的基本动力和重要标志。

  1．助力数字经济提质增效

  党的十九大报告强调，经济发展必须坚持质量第一、效益优先。数字人民币的研发有助于货币发行、流通和监管方式的创新，从而有效提高交易效率，降低交易成本。第一，在支付方面，数字人民币可以点对点即时支付，方便快捷，省去了中间对账、清算、结算过程，降低了支付成本和差错率，提高了支付效率。第二，数字人民币的智能脚本功能可以丰富货币的应用场景，从而大大拓展数字经济的内涵。第三，数字人民币的数字签名技术可以有效防止在交易时出现拒付的情况。第四，数字人民币的可控匿名性，很好地保护了合法用户的隐私，为数字经济创造良好的交易环境。第五，数字人民币技术是解决当下金融业"痛点"的最优路径，因为数字人民币不仅可以优化金融基础设施，还可以提高金融运行效率并且保障资金运行安全，从而助力数字经济提质增效。

2．助力数字经济产业融合

数字人民币改变了数字金融生态和金融科技的发展轨迹，将加速现代服务业和现金制造业的深度融合。高速发展的信息技术和网络技术具有极高的渗透功能，使得信息服务业迅速向第一产业和第二产业扩张，模糊了各个产业之间的界限，使第一、二产业和第三产业的融合模式也趋于多样化。新冠肺炎疫情下的零接触式服务推动了经济数字化、智能化发展，特别是实体经济和服务业的数字化、智能化发展，从而实现了先进制造业与生产性服务业的产业转型升级，实现了深度融合的数字产业高质量发展。

3．助力数字经济普惠共享

坚持普惠共享，为人民创造福祉，是数字经济发展的根本目的。普惠经济需要普惠金融的支持，数字人民币的试点运用是推动普惠金融发展的重要举措，也是各国积极研究数字货币的重要因素之一。数字人民币是数字经济时代实施普惠金融战略的重要着力点，数字人民币有助于降低数字金融的边际成本、提高普惠金融的准确性，帮助实现共同繁荣。从交易角度看，数字人民币可以充分利用先进数字技术来进行普惠金融服务的快速高覆盖，可以极大地提高农村地区、边远地区和弱势群体的金融服务覆盖面。"长尾用户"得以覆盖，金融排斥现象也就弱化了，这都有利于实现经济发展和福利的普惠共享，助力普惠金融、民生金融以实现共同富裕。

4．助力数字经济宏观调控

数字人民币的可控匿名性和可追溯性使得央行可以获取数字货币投放后的流通情况。在此基础上，央行可以运用大数据分析技术，对货币发行、流通与储存中的各类数据进行深入研究分析，探索新型数字货币体系运行规律，跟踪分析货币需求的变化。在社会宏观意义上，作为法定数字货币，数字人民币的发行和流通为数字经济提供了更加完整和透明的信息，这有利于数字经济的监管和调控，也使得央行的宏观调控可以得到更及时的反馈。实施更加精准、差别化的货币政策和宏观审慎管理，为数字经济高质量发展提供了重要保障，体现在以下三个方面。第一，数字人民币适应了大数据时代的发展需要，为灵活高效地运用经济政策创造了条件，可以加强财政和货币政策的渗透和执行，促进社会治理。第二，数字人民币可以有效支持数字经济的反洗钱、反恐怖主义融资、反逃税工作。监管部门可以运用数字人民币的可控匿名性、认证等级管理、可追溯性，加强对货币滥用违法犯罪行为的治理工作，营造诚信交易的社会氛围，建设社会诚信体系，提升金融监管部门的管理效率。第三，跨境结算的速度和安全性的提升将为人民币国际化和贸易清算体系的重塑创造有利条件。

5. 助力数字经济风险防范

新的经济形态和金融业态可能产生新的经济金融风险，特别是数字经济活动的虚拟化、网络化和智能化放大了金融风险，所以我们要建立完善的金融监管体系。数字人民币可以为数字经济时代的监管创造新的工具和手段。例如，通过数字人民币的流通监测经济行为，扩大监管覆盖面，构建高效、实时、智能的系统性风险监控、预警和管理体系，提高宏观审慎监管效率，有效防范金融系统性风险。

数字人民币的应用需要一个公平、公正、开放、平衡的法律环境，以保证数字人民币运行的合法性，从而对数字经济的发展起到积极的推动作用。数字人民币的发行对现行货币补偿、货币防伪、反洗钱和消费者权益保护等方面的法律制度和经济政策都提出了更高的要求。这也促进了数字经济相关法律法规的完善，使其更好地服务于我国数字经济的发展。

6. 助力数字经济畅通双循环

在实现双循环新发展格局的过程中，数字经济是重要的支撑力量。数字人民币时代的到来加快了数字经济的发展，打通了国民经济中生产、消费、分配与流通各个环节的堵点，连接供应链上下游、产业链的不同环节与服务链的各个节点，畅通国内循环主动脉，提高供应、生产、消费的整体协同性，助力畅通国内、国际双循环新发展格局的形成与发展。

第一，5G、数据中心、工业互联网等新基建布局提升了传统基建的数字化、网络化与智能化水平，催生出新需求和新供给。数字人民币的应用对于实现供需之间的动态平衡，构建有效的国内大循环体系有着极大的促进作用。第二，数字人民币所带来的"网络经济""定制消费"等新模式，挖掘出了国内市场新的消费业态，并逐渐形成我国参与国际竞争与合作的新优势。第三，数字人民币还发挥纽带的作用，促进数字贸易的发展，加强"一带一路"沿线国家之间的技术交流和数据共享，以及在市场贸易和信息消费方面的合作，将国内和国际循环更加紧密地联系在一起。

8.3.5 数字经济助推实现共同富裕

数字人民币时代下的数字经济可以带动均衡共享增长，促进区域协调、城乡一体化和公共服务均等化，从而促进共同繁荣。一是政策设计要扬长避短，放大正面效应，消除或减少负面冲击，促进数字经济健康有序发展，从而促进共同繁荣的稳步发展。二是加强数字经济监管，构建适应数字经济发展特点和规律的政策体系和监管规则，依法依规加强包容审慎监管，切实保护从业人员、企业和消费者的合法权益。三是拓展乡村振兴数字产业链，加快农村数字经济设施建设，积极发挥数字经济及相关平台企业作用，并将需要致富的农民带入现代产业链。四是消除"数字鸿沟"。对于农民、老年人、中小企业等数字化程度较低的人和企业，可以考虑提供有针对性的金融支持，拓展数字经济的应用场景，提高数字经济的包容性和共享性。具体而言，数字经济可以在以下两个方面助推实现共同富裕。

1. 助力国民经济发展

数字经济可以促进区域产业的分散发展。随着数字经济的发展，由于数据和信息的跨区域流动更加容易，上下游产业链和相关企业的空间集聚需求下降，且产业链较短、扁平化，产业布局将更加分散。无论是生产端还是消费端，都可以在数字平台上进行匹配，要么不靠近原材料，要么不靠近消费者，而是分散在不同的地区，全国各地的企业和居民都能以同样的低价买到产品和服务，而且不会因为地理位置的不同而有明显的差异。产业的分散有助于改善地区间发展的不均衡性。产业链的数字化可以将用户需求及时传递给上游供应商，保证产品的及时交付，并促进柔性和分布式生产，这导致价值链布局更加具有地域性和碎片化，并将出现大量的社区生产中心、微型工厂和消费者中心。

数字经济可以助推乡村振兴，推动农业供给侧结构性改革。农村是共同富裕的洼地，乡村振兴是共同富裕的必由之路。数字经济有力地推动了现代农业发展，催生了农村电子商务、网络微商等许多就业机会。以5G、大数据、人工智能为代表的新一代信息技术，日益赋能农业农村各个领域、各个环节，正在深刻改变着农业生产方式和农民的生活方式。

发展农村数字经济有利于绿色发展理念的贯彻落实。绿水青山主要集中在偏远农村。数字经济时代，绿水青山的旅游价值更容易提升，成为创收的重要资源，农民可以从外部获得农业生产技术，在不破坏自然环境的情况下将农产品推向市场。

数字经济有利于构建国内统一市场，促进区域均衡发展。建设统一的国内市场，不仅有利于国民经济增长，也有利于促进不同地区之间的均衡发展。数字经济可以规避基于地域分割的行政限制，在一定程度上打破行政垄断和地区分割。同时，数字经济有助于降低金融、交通等行业的准入门槛，迫使其放松行业监管，使民营企业获得更好的经营环境，带动更多的人创业致富。此外，数字经济下的平台型企业越来越具有公共性，且承担更多的公共职能，可以在一定程度上降低交易成本、物流成本、技术成本、营销成本。因此，数字经济的健康有序运行，不仅促进了线上统一市场的建设，还优化了线下营商环境，这有利于建设统一的国内市场。

2. 促进共享模式增长

(1) 数字经济可以提升政府服务水平，弥补公共服务短板

公共服务共享是群众最关心、最期盼、最有获得感的领域之一。数字企业不断嵌入政府公共管理及日常生活，弥补了优质公共服务供给的不足，可以提高居民的幸福感。数字治理是提高政府服务能力的重要手段，通过规则数字化、材料数字化、在线服务和信用监管，可以重新创建政府服务的整个流程，并以信用数据代替主观评估，用机器代替人，促进服务的自动化，实现准确直接的服务，不断地优化营商环境，在教育、医疗、健康、养老等公共服务领域建设更多更丰富的应用场景。

(2) 数字经济可以促使公共设施的提供更加充分和平衡

"要想致富，先修路。"在数字经济时代，"路"不仅指公路、铁路等交通基础设施，还包括信息高速公路。后者的重要性日益凸显，当前数字人民币的到来有助于数字经济中资本的高速循环，使我们修建"道路"的速度也大大加快了。完善的数字基础设施是实现共同富裕的坚实基础。人们能否充分享受数字基础设施已经成为当前和未来人们致

富的关键因素，也是公共设施均衡享受的重要考量。数字经济的发展可以促进数字基础设施的均等化，特别是使落后地区和农村地区可以充分享受现代化和数字化的基础设施，与富裕地区和城市站在同一起跑线上，同步进入数字经济时代，走向共同富裕。

本章小结

数字人民币的使用为数字金融发展注入了新鲜血液，在我国数字经济发展中起到了至关重要的作用。本章首先介绍了数字人民币下所产生的新货币生态体系——数字人民币生态体系，并从概述、内容及内部交互方面进行了重点介绍。在此基础上，本章介绍了数字金融生态体系，分析了数字人民币如何助力数字金融生态体系构建，帮助读者对数字人民币和数字金融生态体系形成更加全面的认识。

接着，本章节对数字经济的发展现状及数字人民币与数字经济的内在逻辑与现实联系进行了简单介绍，特别是从数字经济的提质增效、产业融合、普惠共享、宏观调控、风险防范、畅通双循环六个方面介绍了数字人民币如何助力数字经济建设，帮助读者对数字人民币与数字经济建设有一个更加清晰的认识。最后，探索了数字经济如何助推共同富裕，帮助读者深入理解数字人民币时代数字经济在共同富裕中的运用。

关键术语

数字人民币；数字金融；数字经济；共同富裕

思考题

1. 什么是数字人民币生态体系内部交互？
2. 试简述数字金融的数字化背景。
3. 数字人民币如何影响数字金融生态体系建设？
4. 请简述数字人民币与数字经济的关系？
5. 谈谈数字人民币对未来数字经济发展的作用。
6. 请简述数字金融生态体系的发展现状。
7. 什么是数字经济？数字经济如何助力共同富裕？

案例分析

合力打造"一生态、一平台"，助力区域数字经济生态建设

近年来，苏州工业园区紧抓数字金融发展机遇，积极开展央行数字人民币试点，通过分类施策、协同联动、倡导社会各方参与，争创数字人民币示范区。新建元控股集团与中国银行、银联商务以"一生态、一平台"合作协议的签署为契机，共同建设园区数字人民币生态体系，深化园区供应链金融服务合作，不断丰富园区数字人民币试点成果，助推区域数字经济发展。

省委常委、市委书记许昆林，中国银行董事长刘连舸，市委副书记、代市长吴庆文，中国银行副行长陈怀宇，银联商务董事长田林，市委常委、秘书长顾海东，市委常委、园区党工委书记沈觅出席签约仪式。

园区数字人民币生态体系建设项目由新建元控股集团旗下新建元数字科技公司、中国银行、银联商务联合打造，国创云联提供系统技术支持，依托园区国资企业丰富的线上线下商业场景，集成各类场景下企业端和消费者端的消费数据，重点打造数字人民币民生消费数字生态体系，将政府大数据管理能力的触角延伸到民生消费领域，更好更精准地服务园区消费人群。

以数字人民币生态体系建设不断累积的数据资产为基石，园区供应链金融服务平台的发展前景也将更加广阔。该平台围绕园区核心企业上下游产业链，以扶持园区中小企业发展为目的，以助力政府服务能力现代化为目标，结合人工智能、区块链、大数据等技术，通过接入政务数据、公共数据和各行业数据，后续作为园区"园易融"平台的重要产品和功能模块，重点关注中小企业"融资难""融资贵"难题，系统化提供综合性金融服务，加快推动园区政府普惠金融发展进程。未来，该平台还将依托数字人民币钱包体系，构建基于上下游的产融生态，助推园区实体经济发展。

当前，园区正全力落实苏州市数字经济"一号工程"，以系列举措扎实推动各项工作全面开花，努力跑出数字赋能高质量发展"加速度"。此次由新建元控股集团牵头，联合中国银行、银联商务搭建园区数字经济"一生态、一平台"，将实现新建元丰富商业载体和数字技术优势，与中国银行金融资源及银联渠道和商务资源的有效连接、充分融合，形成强强联合、同向共进的项目推动模式，助力园区更有活力、更具潜力的数字经济生态构建。

作为深度融入区域转型升级的国资国企力量，新建元控股集团以数字化转型为战略指引，整合组建新建元数字科技公司，全面进军数字科技服务新领域。目前，新建元数字科技公司已承接园区大数据公司职能，围绕数据治理核心，锚定产业数字化和数字产业化两大方向，为政府、企业及关联行业提供从规划、建设到运营的全过程、一体化综合服务。同时，新建元控股集团还在数字新基建、数字金融、金融科技等方面展开布局。

资料来源：苏州工业园区管理委员会

参 考 文 献

[1] 张泽平. 数字经济背景下的国际税收管辖权划分原则. 学术月刊，2015(2)：84-92.
[2] 张新红. 数字经济与中国发展. 电子政务，2016(11)：2-11.
[3] 蒋西功，张菊芝. 中央银行法定数字货币及其应用前景分析. 黑龙江金融，2018，474(08)：35-37.
[4] 钱姚明. 共识规则下的货币演进逻辑与合法数字货币的人工智能发行. 金融研究，2018，000(009)：37-55.

[5] 谢星,封思贤. 法定数字货币对宏观经济的影响机制——基于我国不同试点阶段的研究. 现代经济探讨,2020(11):82-88.

[6] 姚倩,等. 理解中央银行数字货币:一个系统框架. 中国科学:情报科学,2017,11(V.47):154-162.

[7] 张新建. 数字货币与中央银行支付系统关系研究. 北方金融,2019,470(08):34-37.

[8] 黄浩. 数字金融生态系统的形成与挑战——来自中国的经验. 经济学家,2018,4(4):80-85.

[9] 谢平,邹传伟,刘海尔. 互联网金融监管的必要性及核心原则. 国际金融杂志,2014,2000(3):3-9.

[10] 杨冰冰. 金融科技和数字金融风险管理. 银行家,2020,237(11):35-35.

[11] 秦凯. 金融危机背景下我国金融监管的现状与对策商业研究,2012(02):112-114.

第9章　数字货币风险与监管

【学习目标】

1. 了解数字货币风险带来的危害。
2. 掌握数字货币风险的来源、种类及特点。
3. 掌握数字货币风险防控的理论。
4. 了解当前各国对数字货币的监管措施。
5. 了解未来应对数字货币的新思路、新方法。

【能力目标】

1. 总结数字货币的相关风险知识。
2. 具备一定的数字货币风险的识别与防控能力。

【思政目标】

1. 思考数字货币的相关风险会给社会生产、生活带来哪些影响。
2. 对于个人投资和消费，如何防范数字货币相关的风险？
3. 数字人民币应当如何统筹数字货币市场？

【知识架构】

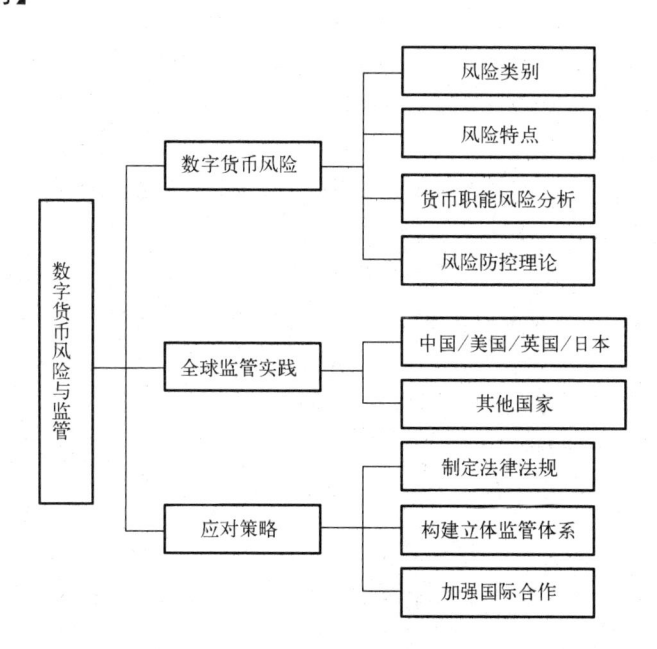

```
                          ┌── 风险类别
                          ├── 风险特点
              ┌─ 数字货币风险 ─┤
              │           ├── 货币职能风险分析
              │           └── 风险防控理论
数字货币风险与监管 ┤
              │           ┌── 中国/美国/英国/日本
              ├─ 全球监管实践 ─┤
              │           └── 其他国家
              │           ┌── 制定法律法规
              └─ 应对策略 ───┼── 构建立体监管体系
                          └── 加强国际合作
```

【导入案例】

央行有关负责人就《关于进一步防范和处置虚拟货币[①]交易炒作风险的通知》答记者问

央行等十部门发布了《关于进一步防范和处置虚拟货币交易炒作风险的通知》(以下简称《通知》)。央行有关负责人就相关问题回答了记者提问。

1. 《通知》的出台背景是什么?

近年来,比特币等虚拟货币交易炒作活动盛行,扰乱经济金融秩序,滋生洗钱、非法集资、诈骗、传销等违法犯罪活动,严重危害人民群众财产安全。按照党中央、国务院决策部署,央行会同有关部门出台一系列政策措施,明确虚拟货币不具有法定货币地位,禁止金融机构开展和参与虚拟货币相关业务,清理取缔境内虚拟货币交易和代币发行融资平台,持续开展风险提示和金融消费者教育,取得积极成效。为建立常态化工作机制,始终保持对虚拟货币交易炒作活动的高压打击态势,央行等部门结合新的风险形势,在总结前期工作经验的基础上,起草了《通知》。

2. 《通知》对虚拟货币和相关业务活动如何定性?

我国对虚拟货币的监管政策是明确的、一贯的。《通知》再次强调具有非货币当局发行,使用加密技术、分布式账本或类似技术,以数字化形式存在等特点的虚拟货币,如比特币、以太币等,包括泰达币等所谓的稳定币,均不具有与法定货币等同的法律地位,不能作为货币在市场上流通。《通知》明确指出,虚拟货币兑换、作为中央对手方买卖虚拟货币、为虚拟货币交易提供撮合服务、代币发行融资及虚拟货币衍生品交易等虚拟货币相关业务全部属于非法金融活动,一律严格禁止,坚决依法取缔;境外虚拟货币交易所通过互联网向我国境内居民提供服务同样属于非法金融活动。

3. 《通知》提出哪些工作措施?

一是建立部门协同、央地联动的常态化工作机制。中央层面,央行、中央网信办、公安部等十部门建立协调机制,整体统筹和推动工作落实;地方层面,各省级人民政府落实属地风险处置责任,依法取缔打击本辖区内与虚拟货币相关的非法金融活动。

二是加强对虚拟货币交易炒作风险的监测预警。央行、中央网信办完善虚拟货币监测技术平台功能,提高识别发现虚拟货币交易炒作活动的精度和效率。金融机构和非银行支付机构加强对涉虚拟货币交易资金的监测工作。各部门、各地区加强线上监控、线下摸排、资金监测的有效衔接,建立信息共享和交叉验证机制。

三是构建多维度、多层次的虚拟货币交易炒作风险防范和处置体系。金融管理部门、网信部门、电信主管部门、公安部门、市场监管部门密切协作,从切断支付渠道、依法处置相关网站和移动应用程序、加强相关市场主体登记和广告管理、依法打击相关非法金融活动等方面综合施策,有关行业协会加强会员管理和政策宣传,全方位防范和处置虚拟货币交易炒作风险。

4. 后续有什么工作安排?

打击虚拟货币交易炒作是党中央、国务院做出的重要决策部署,是贯彻以人民为中心

[①] 虚拟货币,即数字货币,在本章若无特殊说明均指私人发行的非法定数字货币。在本案例中,为与央行发布的通知保持一致,使用"虚拟货币"一词。

的发展理念、落实国家总体安全观的必然要求。各部门、各地区将认真贯彻落实《通知》提出的各项举措，构建中央统筹、属地实施、条块结合、共同负责的长效工作机制，始终保持高压态势，动态监测、及时处置相关风险，坚决遏制虚拟货币交易炒作风气，严厉打击与虚拟货币相关的非法金融活动和违法犯罪活动，依法保护人民群众财产安全，全力维护经济金融秩序和社会稳定。

资料来源：中国人民银行官方网站

近年来，数字货币相关的投机炒作盛行，价格暴涨暴跌，风险快速聚集，严重扰乱了经济、金融和社会秩序。此外，一些不法分子打着"金融创新""区块链"的旗号，通过发行所谓"虚拟货币""虚拟资产""数字资产"等方式吸收资金，侵害公众合法权益。那么，这些所谓的数字货币危害性有多大？风险来源是什么？都有何特点？如何进行防控？本章将介绍数字货币风险的相关知识，以解决上述种种问题，方便大家学习思考。

9.1 数字货币风险

近年来，比特币、以太坊等数字货币得到了全球范围的关注，更是被一些人视为等同于实体货币的有效资产。但是，由于没有健全的监管体系，因此这些数字货币存在着诸多风险，对现代金融制度的有效性和金融监管提出了新的挑战。

9.1.1 风险类别

风险作为感知的"负面"概念，无法用一句话来完整表达其定义，普遍认为风险与不确定有着极强的关联性。在数字货币背景下，风险管理是对使用数字货币可能引发的不利影响事件发生的可能性的研究。货币发行机构必须保障货币具备稳定价值，货币流通机构通过以往经验、市场地位和资本结构积极主动疏导风险。在绝大多数情况下，大家只对数字货币下行风险集中讨论，很少提及数字货币上行风险（获益的可能性）。目前学术界主流观点将数字货币的风险分为信息技术风险、市场风险、信用风险和法律风险四大类。

1. 信息技术风险

与学术创新一起，IT 技术变革在现代社会体系中不断地提高金融系统的运作效率，服务于集体、社会利益的同时也在不停扩大非系统风险的范围。鉴于信息技术迭代较快，由信息技术因素导致的数字货币安全事件时有发生。例如，黑客利用 DeFi（DeFi 来源于英文中的 Decentralized Finance，直译为"去中心化金融"，一般是指基于智能合约平台构建的加密资产、金融类智能合约及协议）协议攻击库币（KuCoin），导致 2.8 亿美元资金被盗。上述破坏方法并不难实现，原因是加密货币是一种基于节点网络和数字加密算法的虚拟货币，因此折射出数字资产面临的网络安全问题和对应的技术风险。信息技术风险主要来自以下几个方面。

（1）网络安全和技术应用风险

基于分布式账本技术的信息系统面临着信息传输被盗、通信窃听、篡改用户数据等风险。数字货币依赖于计算机网络、云计算、区块链等信息技术，部分技术停留在早期发展阶段，存在一定程度的缺陷和漏洞，如区块链技术的软硬分叉风险和密钥丢失风险，从而容易受到黑客攻击，导致系统瘫痪，或者系统中数据被窃取、篡改或资产被盗取。即使前沿技术已经很好地解决了账本篡改、可逆等问题，但个人信息安全性问题得不到根治，用户私钥依旧是黑客的靶子。

同一种信息技术可以衍生出多种其他类型的数字货币，这种同质化现象造成了金融乱象，不利于风险防控。自2015年美国首次推出采用稳定币理念设计的"泰达币"以来，截至2019年6月，市场上流通的稳定币共有66种，另有134个稳定币项目计划推出，这无疑将极大地降低数字货币的生命力。

(2) 密码算法并非绝对安全

当前区块链或数字货币技术中使用的哈希算法和数字签名算法，都是应对传统攻击模型的。比如，哈希算法MD5与美国标准技术局颁布的算法SHA-1，居于国际应用范围最广的重要算法之列，然而目前这两个算法被证明有重大安全漏洞。一方面，随着密码分析技术和计算能力的提升，现有算法将面临过去不曾有的威胁，如对密码算法的暴力碰撞破解。另一方面，密码算法本质上是数学问题，数学分析攻击是对基于数学难题的各种密码算法的主要威胁，随着量子计算时代的到来，这些数学问题更加容易被破解。由于这些系统承载了数字资产，底层算法的潜在问题一旦暴露，就会对资产安全构造严重威胁。

(3) 有限计算能力无法保证安全交易

以区块链技术为例，网络峰值交易通常在20笔/秒以内，远不能满足日常交易的需要，据测算，我国数字货币系统至少要达到10万笔/秒的交易处理能力。如果没有强大的系统并发处理能力和计算能力与数字货币系统配套，就会影响整个数字货币系统的安全稳定运行。

2. 市场风险

数字货币市场风险是指由于数字货币的市场价格剧烈波动而产生的风险，通常由其自身的流动性风险和估值误差造成。数字货币具有币值基础脆弱的天然劣性，币值波动较大，极不稳定。以比特币为例，2017年年初价格不到1000美元，2017年年底飙升至18000美元，2021年3月最高突破60000美元，同年7月又跌至30000美元。比特币作为一种虚拟货币具有投资品特征，最近几年的价格飙升更是引起个人、机构的投机热潮，进而衍生出以太坊、莱特币、五行币等虚拟货币，给社会公众投资带来迷惑性，骗局丛生，影响了金融市场的正常运行。

另外，ICO(Initial Coin Offering，数字货币项目筹措资金的常用方式)这种未经批准的非公开融资方式仅靠项目书就能募集百万资金，混淆公众视听，不但影响金融市场稳定，而且危害社会公众财产安全。

3. 信用风险

数字货币信用风险是指数字货币在交易流通时的履约风险，包括数字货币在结算过程中的信用支持，如果一方不能或不愿履行义务，就构成违约，而使另一方遭受损失。数字货币的信用风险具体表现在三个方面：(1)数字货币的去中心化特征缺乏国家和相关机构的信用背书，其价格完全依赖市场预期，极易出现大起大落的情况；(2)数字货币的使用必须

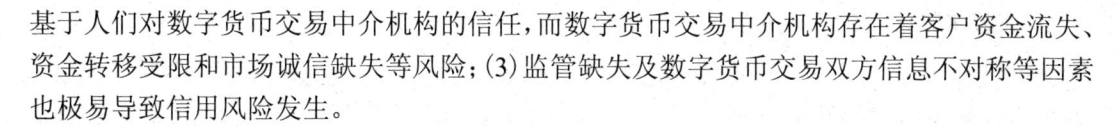

基于人们对数字货币交易中介机构的信任,而数字货币交易中介机构存在着客户资金流失、资金转移受限和市场诚信缺失等风险;(3)监管缺失及数字货币交易双方信息不对称等因素也极易导致信用风险发生。

4. 法律风险

数字货币法律风险是指数字货币的发展创新所带来的一系列法律方面的风险,主要发生在市场交易和场外交易中,包括无法可依、法律冲突等导致的法律关系效力不确定。微观上,法律风险贯穿在数字货币交易发生的任意流程环节;宏观上,法律风险也体现在数字货币各类风险之中,不是单纯的一种数字货币风险,涉及数字货币交易平台资产安全风险、数字货币交易平台投资风险、损害消费者合法权益风险、影响国家货币政策风险、危害金融稳定风险、洗钱犯罪风险、逃税犯罪风险、冲击数字货币法律信用风险等。

9.1.2 风险特点

1. 不确定性

我们所熟知的金融资产交易一般发生在中心化的证券交易所,证券公司通过购买交易席位和交易单元接受客户的委托进行交易,所有的认购与持有都有相应的风险释放工具。数字货币是通过区块链技术在网络上建立的一种特有机制,具有较强的匿名性和自主性,不需要中介机构的帮助,即可自主完成金融交易。无论是具有特定发行方的数字货币还是不具有特定发行方的数字货币,都可以自主完成金融交易,这就使得数字货币的风险具有不确定性,体现在不知道什么时候会有数字货币风险,不知道数字货币风险带来的后果是怎样的,是轻微还是严重。

2. 普遍性

人类的历史是与各种风险相伴的历史,货币的发展史也是伴随着各类风险的发展史,数字货币也不例外。越来越多的数字货币资产持有者怀有某种迷信——数字货币能够解决所有的问题,这让数字货币一定程度上超越自身职能进而存在溢价,同时产生了风险,对数字货币的发展和银行金融秩序的稳定造成了威胁。

3. 客观性

数字货币风险具有客观性体现在数字货币风险的产生是由数字货币的内部因素引起的,不是数字货币使用者主观意志所能控制的。数字货币风险是不可能被彻底消除的,但是我们可以通过改变数字货币风险产生的条件,来降低数字货币风险发生的概率,降低数字货币风险带来的损失。

4. 可测性

虽然数字货币风险的发生是不以人的意志为转移的,是不可预知的,但是通过对数字货币风险的观察分析就可以发现隐藏在数字货币风险中的规律,就能通过这些规律发现数字货币风险发生的概率,以及风险可能带来的损失后果,建立数字货币风险预测模型。

5．发展性

数字货币风险的发展性体现在随着人类社会的进步和发展，数字货币风险的表现形式也在不断发展，数字货币风险的危害程度也在不断提高，数字货币风险发生的时间和地点也在随着时间、地点的变化而不断发展变化。

9.1.3 货币职能风险分析

1．基于价值尺度和价值储藏的风险分析

从价值尺度来看，数字货币价格波动较大，而且目前和政策有较大的关联。随着数字货币的发展，后来出现了稳定币，其价格锚定法币，这种类型的数字货币可以作为价值尺度。实际上，稳定币目前也是由一些大型机构发行的，靠企业的市值和信用背书，但企业信用不具备法偿性和强制力。

从价值储藏来看，与法定数字货币相比，稳定币依然存在清偿风险，大部分稳定币是私企发行的，没有国家信用背书。ICO卷款逃跑事件频发，持币风险加剧。大部分数字货币由于不是货币主管部门发行的，不具有法偿性与强制性等货币属性，目前也没有存款准备金制度作为保障，因此从价值储藏的角度来说，不具备良好的价值储藏基础。

2．基于支付和流通手段的风险分析

区块链技术构建了可信任的点对点分布式环境，但在区块链上做了一笔交易后，对方可以直接看到来源方的地址，即Block地址，通过Block地址可以观察该地址的所有转账记录，存在着隐私泄露等诸多问题。

流通手段是指在商品交易流通中，数字货币充当交换媒介达成交易的功能。但大多非法定数字货币价值波动较大，且无宏观调控管理，用于支付和流通手段可能会给商户造成经济损失。

因此，使用数字货币作为支付和流通手段，需要注意两个方面的风险：一是转账信息的暴露风险；二是币值的剧烈波动风险。

3．基于世界货币的风险分析

数字货币可以跨境自由流动，从世界货币的角度看，数字货币天生具有世界货币的属性，因此对数字货币的监管需要国际组织和各国政府的合作。

社交巨头Facebook拥有近27亿个用户，日活跃用户高达18.4亿个。Facebook发行的天秤币旨在以一种低成本、安全高效的方式建立一套全球货币和基础金融服务体系，一旦广泛流通使用，其体量将非常庞大。沃尔玛是全球最大的零售商之一，控制着最大的供应链系统。沃尔玛也计划发行数字货币，一旦使用，将会在全球供应链系统和供应链金融中使用。如果上述两种数字货币实现了为广大用户提供简单高效的无国界货币服务，那么将会对主权货币产生巨大的替代效应，甚至对主权货币造成冲击，引发主权货币贬值，进而使经济体系崩溃。

9.1.4 风险防控理论

在现实经济生活中，随着数字货币在经济社会中的角色越来越重要，与之相伴的风险

管理引起了越来越多的学者和专家关注,数字货币风险防控理论取得了一定程度的进展。现将数字货币风险防控理论归纳如下。

1. 金融安全理论

金融安全对国家经济安全起着至关重要的作用,同时金融安全也是数字货币风险防范的理论基础。数字货币金融安全是和数字货币风险紧密联系在一起的,我们可以在用数字货币风险衡量数字货币金融安全程度的同时,用数字货币金融安全来评估数字货币风险情况。数字货币金融安全和数字货币风险是呈反比的,数字货币风险程度越高,数字货币金融安全程度越低;数字货币金融安全程度越高,数字货币风险越小。国家对数字货币风险防控的态度和能力,主要是取决于国家数字货币金融安全状况如何及安全程度的高低。也就是说,各国维护数字货币金融安全的能力与态度是数字货币风险防控的重点。

从整体上来看,影响数字货币金融安全的有两个方面的因素。一方面是内在因素,是指数字货币自身引起的风险,包括数字货币对现有银行货币体系和金融体系的冲击。首先,当数字货币出现时,数字货币最先冲击的是银行货币体系,甚至给国家经济体系带来不利影响;其次,数字货币能否融入现有的金融体系,保障金融体系的正常运转,以及数字货币能否适应金融监管等都将对现有金融体系产生影响。另一方面是外在因素,是指国际资本对数字货币的冲击。国际资本在冲击着外汇市场和资本市场的同时,也会对数字货币市场产生影响,最常见的是国际资本造成数字货币市场剧烈震动而引起市场恐慌,进而影响金融市场的安全与稳定。

2. 风险管理理论

随着金融科技的不断发展,数字货币风险日趋复杂化和多样化,风险管理显得尤为重要。风险管理对数字货币风险的重要性,体现在通过对数字货币风险的解析和认知,系统地选择最有利的方式减小数字货币风险后果。风险管理是目标明确的风险防控活动,显而易见,对数字货币风险进行防控,提出解决方案,降低风险发生的概率和减小风险带来的损失是数字货币风险防控的最终目的。数字货币风险管理包括对数字货币风险的识别、评估和处理,涉及多个方面,是一个系统的、庞大的工程。为了对数字货币风险进行精准识别、有效评估和严格防控,各国政府都在积极寻找数字货币风险防控的最有效的解决机制。

根据风险管理的职能划分,进行数字货币风险防控可以遵循以下原则。(1)经过对数字货币风险进行预测、归纳、总结,找到最适合处理数字货币风险的方案,并将其体现出来,形成数字货币风险防控方案。(2)根据数字货币风险防控方案,将防控的目的、重点及要达到的处理效果传达给数字货币风险防控机构,保证数字货币风险防控机构能准确地实施风险防控措施,达到预期效果。(3)将数字货币风险防控方案中的具体措施划分给各个数字货币风险防控机构,让数字货币风险防控机构彼此之间相互配合,达到风险防控效果的最大化。(4)在实施数字货币风险防控方案之后,将实施的情况和制定方案时预设的效果进行比较,针对执行数字货币风险防控方案中的不足,采取补救措施,以达到预期效果。

根据程序的划分,数字货币风险防控机制的设立可以恰当地将数字货币所面临的及潜在的风险进行分析、整理,并对风险的性质加以分析;在分析数字货币风险之后,数

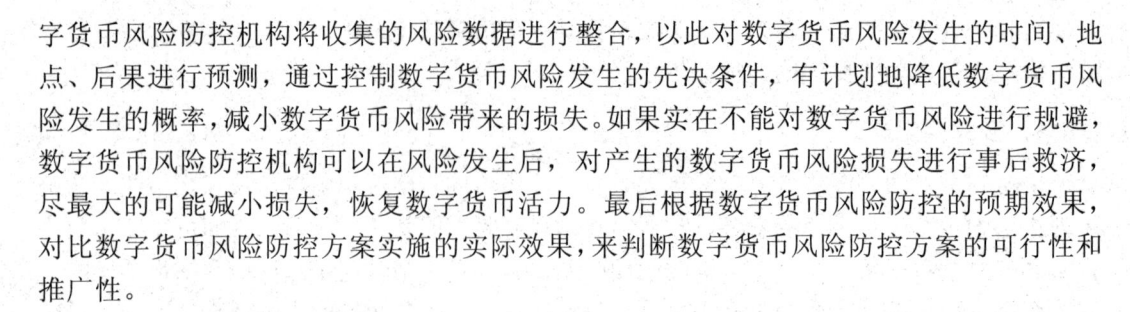

字货币风险防控机构将收集的风险数据进行整合,以此对数字货币风险发生的时间、地点、后果进行预测,通过控制数字货币风险发生的先决条件,有计划地降低数字货币风险发生的概率,减小数字货币风险带来的损失。如果实在不能对数字货币风险进行规避,数字货币风险防控机构可以在风险发生后,对产生的数字货币风险损失进行事后救济,尽最大的可能减小损失,恢复数字货币活力。最后根据数字货币风险防控的预期效果,对比数字货币风险防控方案实施的实际效果,来判断数字货币风险防控方案的可行性和推广性。

3. 金融监管理论

随着金融科技的不断创新,整个金融体系都是金融监管的对象,而数字货币风险自然也就属于金融监管范围。

数字货币风险金融监管的主要内容有:对数字货币买卖机构风险的防控;对数字货币资产业务风险的防控;对数字货币买卖市场风险的防控,如数字货币市场准入、数字货币资金流转等;对数字货币支付结算风险的防控;对数字货币跨境交易风险的防控,等等。数字货币风险金融监管的目的是:维护数字货币市场平稳运行,保障数字货币消费者的利益;降低数字货币风险发生的概率,促进数字货币的健康发展;防止数字货币资金混乱,降低欺诈犯罪、洗钱犯罪、逃税犯罪、走私犯罪等发生风险。数字货币风险金融监管可以降低数字货币风险,防止数字货币风险集中并向金融市场传递。

政府金融监管机构及金融机构内部监管机构在监管数字货币风险时,应当做到以下几点。(1)数字货币风险金融监管必须依据法律法规进行。(2)数字货币风险金融监管活动应处于社会监督之下,最大限度地保证公开。(3)政府金融监管机构及金融机构内部监管机构应当提高金融监管体系的监管效率,保障及时有效地参与数字货币风险监管。(4)政府金融监管机构及金融机构内部监管机构独立执行风险监管职能。(5)合作性原则,即政府金融监管机构及金融机构内部监管机构之间相互合作、相互配合,节约数字货币金融监管成本,提高监管效率。

9.2 全球监管实践

数字货币作为技术创新催生的新业态,或将成为新一代金融基础设施,它的出现是对传统金融制度和金融安全的挑战。对所有国家而言,数字货币是新生事物,如何对其实施有效监管、如何平衡数字安全与隐私保护、如何在金融创新和风险防范之间寻求平衡,都是各国政府在制定监管政策时需要考虑和解决的问题。

数字货币监管已成为全球性难题,根据代币网统计,全球有130多个国家对数字货币的发行、交易、流通没有限制,其余国家都将数字货币纳入本国监管体系,制定相应监管政策。各国根据国情和金融市场发展情况,对数字货币的监管态度不尽相同,但监管内容和监管框架有一定的相似之处,主要包括数字货币的定位、发行、交易、税收等方面(见表9-1)。其中,中国、美国、英国、日本、俄罗斯、新加坡等国家的监管政策具有一定的代表性。

表 9-1 全球主要国家数字货币监管政策比较

国　　家	定　　位	发　　行	交　　易	税　　收
中国	虚拟商品	禁止	禁止 ICO、反洗钱	无
美国	非法定数字货币	允许	反洗钱、反恐怖主义融资	有
英国	非法定数字货币	允许	反洗钱、反恐怖主义融资	有
日本	合法支付手段	允许	反洗钱	有
俄罗斯	虚拟商品	逐步允许	反非法融资、反洗钱	无
新加坡	非法定数字货币	允许	反洗钱	有
德国	合法支付手段	允许	纳入国家监管体系	有
瑞士	合法支付手段	允许	反洗钱	有
韩国	非法定数字货币	允许	反洗钱	有
加拿大	合法支付手段	允许	反洗钱	有
澳大利亚	合法,视为财产	允许	反洗钱	有
印度	非法定数字货币	禁止	反洗钱	有
萨尔瓦多	法定货币	允许	反洗钱	有

9.2.1 中国

中国对数字货币实施严厉的监管政策。2013 年,比特币价格飙升,央行等五部委联合发布《关于防范比特币风险的通知》,定位比特币为不具法偿性的虚拟商品,不是真正意义上的货币,不应作为货币在市场上流通。2017 年,比特币价格再次暴涨,ICO 活动风靡全球,央行联合其他部门发布《关于防范代币发行融资风险的公告》,明确指出代币(数字货币)发行是非法融资行为,禁止 ICO,由 ICO 延伸出来的 STO(Security Token Offering)、IFO(Initial Fork Offerings)、IEO(Initial Exchange Offerings)等均被认定为非法金融活动,并对数字货币交易平台进行集中整治,关闭国内所有数字货币交易平台。2018 年,银监会发布《关于防范以"虚拟货币""区块链"名义进行非法集资的风险提示》,提醒广大人民群众警惕数字货币的炒作,明文禁止金融机构开展数字货币相关业务。2021 年 6 月以来,中国政府开始全面禁止比特币等数字货币的"挖矿"行为,并要求银行与支付机构全面排查识别数字货币交易所及场外交易商的资金账户,及时切断交易资金支付链路,数字货币在中国的合法空间十分有限。相对而言,中国香港地区对数字货币监管较为审慎,数字货币的法律地位较为明确,监管框架相对完善。香港证监会先后发布《有关首次代币发行的声明》《有关针对虚拟资产组合的投资管理公司及交易平台运营者的监管框架的声明》等文件,明确监管内容和监管范围。

9.2.2 美国

美国对数字货币的监管实行联邦和州合作的监管模式,采取鼓励发展与监管并举的策略。在联邦层面,监管机构从金融创新角度规制数字货币及其衍生品。例如,金融犯罪执法网络(FinCEN)将比特币定义为"可转化的虚拟货币",规定比特币的"传递业务"要接受《银行安全法》监管,美国证券交易委员会(SEC)称私人数字货币是一种证券产品,比特币的"挖矿"合同属于"投资合同"等。在州层面,各州制定自己的数字货币监管规则,政策独立、多样,尚未统一。比如,纽约州率先推出牌照制度,对数字货币从业者实行监管,怀俄明州免除加密数字货币的财产税,亚利桑那州和佐治亚州允许居民使用加密数字货币支付税费等。随着数字货币市场的发展,美国构建了灵活的监管体系,SEC 在数字货币监管过程中发挥核心作用。SEC 要求 ICO 公司必须在证券交易所注册,发布了"数字资产"投资者合同框架,把数字货币定性为证券。2019 年 2 月,美国参众两院提交了《区块链促进法案》,明确区块链的产业政策,提出对数字货币加强监管。天秤币白皮书发布后,参众两院举办了两轮听证会,从天秤币的运作机制、治理结构、属性等方面,对其带来的监管问题进行严厉"问询"。2019 年年底,美国国会一共提出 21 个与区块链和加密数字货币有关的法案,其中,参议院提出的《加密币 2020 法案》将加密币分为三大类——加密商品、加密货币、加密证券,并由期货交易委员会、金融执法网络和 SEC 分别予以监管。2020 年以来,在新冠肺炎疫情冲击、多国央行及私人数字货币竞相布局的背景下,美国收紧对数字货币的监管,美联储、美国货币监理署(OCC)和联邦存款保险公司(FDIC)考虑成立"跨部门冲刺小组",创建统一的数字货币监管框架。

9.2.3 英国

英国对数字货币持开放态度,实施监管沙盒制度。英国财政部、英格兰银行和金融行为管理局(FCA)成立数字货币工作组,管控数字货币风险。2015 年,英国财政部发布《数字货币政府号召信息反馈》报告,指出英国政府采取《反洗钱法》监管数字货币,同时联合数字货币标准协会及数字货币行业共同制定一个监管框架。同年,FCA 提出监管沙盒制度,数字货币交易所可申请进入监管沙盒,申请通过后的数字货币交易所在英国合法存在。

沙盒(Sandbox)是一个计算机术语,其为无法判断意图和后果的应用程序创造了一个实验环境,在沙盒中对数字货币产业进行实验是比较安全的,在沙盒中可以对创新型的产品及服务模式进行测试,产生的不良后果不会危及沙盒之外处在正常监管下的企业。沙盒之内可能包括许多类型的金融科技公司,业务类型可能包括保险、货币兑换、基金管理、汇款业务、反洗钱、证券发行等。在沙盒之内能够为创新的金融产业提供有效的监管效果。从行业发展的角度,监管沙盒制度能够以更低的成本促进初创企业的成长,为其提供更好的融资渠道。作为一项创新的监管工具,监管沙盒制度与中国的试点制度一脉相承,因此许多中国学者也对监管沙盒颇为关注。有相关研究对英国监管沙盒的运作原理、本质特征及运行流程做了介绍,对不同国家的监管沙盒制度进行了比较,并为中国金融科技监管提出了建议。

英国对 ICO 的监管态度不像其他国家那样敏感,未出台具体的监管方案,只发布了 ICO 风险提示,提醒投资者注意 ICO 活动风险,ICO 也不在 FCA 监管之列。2018 年,英国央行表示对数字货币交易所采取与证券交易所相当的管理标准,严厉打击数字货币的金融犯罪。正如英国央行行长安德鲁·贝利在达沃斯论坛演讲中指出,数字货币的监管关键在于打击金融犯罪。英国税务及海关总署(HMRC)将数字货币视为一种资产，数字货币交易需缴纳资本利得税，从事"挖矿"工作也需要按英国相关法规纳税。2019年，FCA发布《加密货币资产指引》文件，拟定数字货币市场的监管框架，并指出交易性代币暂时不受监管。由于比特币等加密数字货币的价值波动性过高，2021年FCA禁止向零售型消费者出售加密数字货币资产的衍生品，以保护消费者利益。

9.2.4 日本

日本积极支持数字货币发展。日本拥有全球第二大数字资产交易市场，是全球第一个将数字货币交易合法化并推出交易牌照的国家。日本内阁在2016年签署《资金结算法》修正案，将数字货币纳入法律体系，规定比特币等数字货币可以用于支付。日本金融服务局(FSA)全方位监管数字货币交易所，制定了数字货币交易商监管条例，明确数字货币交易商的运营规则。FSA为全球各大数字货币交易商、区块链技术商办理营运牌照。FSA不断完善数字货币监管机制和法律体系，2019年颁布《新币发售规则及其指导意见》，加强对数字货币的规范、监管，使数字货币业务透明化和合规化。鉴于数字货币的跨境交易支付特征，日本监管机构通过经验分享、举办加密资产圆桌论坛等方式，加强与海外监管机构的合作，实施协同监管，在对数字货币的国际监管和协作治理中发挥主导作用。此外，日本国税厅(FAQ)正在研究数字货币的税收问题，拟颁布《虚拟货币的收益及其他所得》，对数字货币实施税收监管。

9.2.5 其他国家

1. 俄罗斯

俄罗斯对数字货币持怀疑态度。2014年俄罗斯发表声明，指出数字货币缺乏国家实体支持，存在较强的投机性和高风险特征。2015年，俄罗斯将涉及数字货币的活动列为非法活动，并宣布会进行相应的刑事处罚。2016年，政府规定禁止俄罗斯境内所有的私人数字货币交易。随着数字货币的快速发展，俄罗斯对数字货币的监管也逐渐加强，现已完成《数字金融资产》联邦法律的草案，其中规定了数字金融资产的创建、发行、存储及流通过程中产生的关系，以及智能合约下各方权利和义务。此外，该草案还对数字货币和"挖矿"进行了明确定义，同时合法化"挖矿"行为。

2. 新加坡

新加坡对待数字货币的态度较为积极、开放和包容。新加坡积极学习英国先进的监管理念，在国内使用监管沙盒制度来监管数字货币。2016年，新加坡金融管理局要求比特币公司在经营中必须确认顾客身份，并上报可疑交易，以遏制其违法活动。2017年，新加坡金融管理局发布《数字代币发行指南》，为数字货币的发行和流通提供指导。根据发行的数字货币的不同类型，对不同的机构实施监管，并提供一些监管豁免。在对数字货币服务提供商的监管方面，新加坡实行许可证制度，2019年新加坡议会通过了《支付服务法案》。

9.3 应对策略

我国已经明确，全面禁止非法定数字货币的发行、流通、交易等活动；与此同时，我国陆续开展了法定数字货币——数字人民币的试点工作。这需要我们完善法律法规和监管体系，加强国际合作，打击非法活动，为数字人民币营造良好的运营环境。

9.3.1 制定法律法规

1. 建立健全数字人民币法律体系

我国现行法律体系主要针对传统货币，其理论框架并不能很好地适用于数字人民币。《中华人民共和国中国人民银行法》（简称《中国人民银行法》）与《中华人民共和国人民币管理条例》（简称《人民币管理条例》）尚未对数字人民币做出明文规定，这会影响数字人民币在技术设计、流通应用及监管政策等方面配套法律制度的制定。

建立完善的法律体系对于保障数字人民币的法偿性与主体地位具有重要意义。必须明确数字人民币的顶层设计，尽快修订《中国人民银行法》及《人民币管理条例》等基础法律法规，将数字人民币正式纳入法定货币的范畴，并对数字人民币的表现形式、开发方式和流转规则做出详细的规定，建立相应的法律运行标准，出台相应的制度细则，将数字人民币的发行权及法偿性、所涉及的个人信息保护等问题予以明确，为数字人民币的开发设计、流通应用提供全面权威的法律支撑。

2. 明晰数字货币的术语使用与概念

我国应当明晰数字货币的术语使用。我国虽然在多处使用了"数字货币"的术语，但是同时也使用了"代币""虚拟货币"等术语，以至于对基于区块链技术的货币并无一个确定的名称。从技术的角度来说，对基于区块链技术的货币称为"代币""加密货币""数字货币"都是比较贴切的，但是法律上针对此等货币应当有一个统一的名称。本书建议：采用更加通俗易懂且不引起歧义的"数字货币"作为基于区块链技术的货币；而虚拟货币用来代指在网络游戏系统中使用的金币、点券等价值符号。同时，应当对数字货币的概念予以明确。在对数字货币定义时强调其基于密码学手段、采用分布式账本技术储存，并可以通过电子手段转移、交易、储存的特性。

3. 保护用户数据隐私安全

用户数据在数字经济时代变得更可易得，保护用户隐私成为数字人民币应用至关重要的一环。首先，要完善用户隐私制度建设，提高数字人民币数据隐私保护的立法水平，促进行业自律与他律，从政策层面保障用户的合法权益，在法律层面上明确用户的数据隐私权。对《中华人民共和国网络安全法》《中华人民共和国密码法》等法律法规进行修改完善，明确受保护数据的具体内容及制裁的具体措施。其次，数字人民币可通过"子钱包"实现"可控匿名"。一方面，对用数字人民币支付的用户数据进行加密处理，通过数字化技术实现交易的匿名性,防止电商平台利用用户数据进行收集、推送;另一方面,利用可控匿名有效打击洗钱、恐怖主义融资、逃税等违法行为。最后,建立数字人民币数据泄露责任机制,疏通流通节点的数据堆积,严防数据滥用与数据泄露。对于非法获取数据特别是恶意篡改、泄露用户隐私数据的行为要加大惩戒力度,最大程度保护用户数据隐私安全。

9.3.2 构建立体监管体系

1. 由传统监管制度向监管科技转型

数字货币是科技驱动的金融创新,传统的金融监管制度在其面前已经略显乏力。传统的金融监管机构依照具体的法律规则实施监管,常常无法应对日新月异的科技金融的发展,并且其监管具有滞后性,常常只能事后对金融违法行为予以处理。从监管政策制定的角度来看,陷入信息不对称的监管机关无法在数据、信息不足的情况下对现状做出合理的评估,及时做出准确的决策。面对传统金融监管的失灵,寻求监管体系的转型成为监管的必然选择。

科技的进步加大了监管者与监管对象之间的信息不对称,使技术风险与传统的金融风险产生了叠加效应。打破信息不对称的唯一选择是让监管者也掌控技术,科技就能成为监管者的工具,成为监管变革的机遇。监管科技是一种技术驱动型金融监管手段,是指将大数据、云计算、人工智能、区块链技术等科技运用在合规监管的场景中,为监管提出更好的解决方案。

监管科技能够帮助监管机关实现以下功能。(1)有效地获取监管数据。在分布式账本技术下能够建立平等而透明的信息共享机制,信息披露的主体也将更加丰富,实现监管者与被监管者平等地获取数据,并且无须被监管者的报告即可实现对其有针对性的监管。(2)实现对监管目标的实时动态的监管。监管科技可以通过将法律代码化,实现对数据的自动化监管、对金融风险的实时识别,并提出相应的解决方案。

2. 建立试点性的监管沙盒机制

监管沙盒是在现有法律之外为金融科技开辟的安全空间,能够助力金融科技的发展。从金融创新助力企业发展的角度而言,监管沙盒能够实现金融创新产品迅速出现在市场中,降低监管的不确定性带来的成本,能够使从事金融创新的企业获得市场的认可,提升企业估值,从而更易获得投资。从监管者的角度而言,监管沙盒能够在支持我国金融科技发展的同时,将风险控制在沙盒之内。监管机关能够在沙盒中深入了解创新金融产品带来的风险,积累监管经验,完善监管科技的技术手段与制度规则,为金融科技的发展建立坚实的制度基础。

我国可以在中央与地方金融管理部门的监管基础之上确定监管沙盒的监管主体,并建立监管沙盒的具体制度,确立沙盒的准入标准、运行规则、规模限制与消费者保护措施等机制。

9.3.3 加强国际合作

数字货币的诞生与世界经济一体化密不可分,数字货币的使用、监管和推广也必须依靠国际合作。数字经济是近年来经济增长的主要驱动力,而数字货币是数字经济的重要组

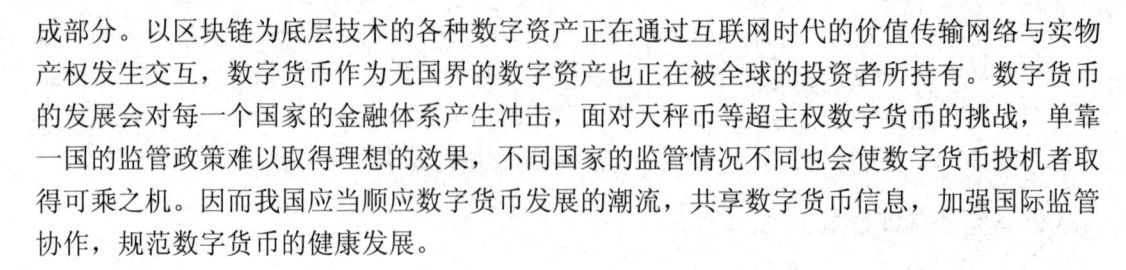

成部分。以区块链为底层技术的各种数字资产正在通过互联网时代的价值传输网络与实物产权发生交互，数字货币作为无国界的数字资产也正在被全球的投资者所持有。数字货币的发展会对每一个国家的金融体系产生冲击，面对天秤币等超主权数字货币的挑战，单靠一国的监管政策难以取得理想的效果，不同国家的监管情况不同也会使数字货币投机者取得可乘之机。因而我国应当顺应数字货币发展的潮流，共享数字货币信息，加强国际监管协作，规范数字货币的健康发展。

1. 努力推动数字人民币发行及国际化

我国应借鉴国际上已经发行的法定数字货币的顶层设置与发行机制，借鉴其他国家的先进经验和教训，探索我国数字人民币的发展路径。鼓励互联网企业使用数字人民币开展跨国业务，充分发挥中国在互联网金融、移动支付、电子商务等领域的优势，提升中国互联网企业作为数字金融平台的影响力，从而将境内先进的支付技术推广到境外，为数字人民币的国际化创造动力。

2. 积极行使数字货币监管规则国际话语权

当数字货币广泛用于各国交易时，数字货币需要满足除发行国以外其他国家的监管要求。倘若各国之间能够统一监管标准，制定标准化、协调一致的合规要求，那么将大大减轻金融机构的负担，提升金融科技跨境业务的效率。我国对数字货币的研究开始较早，数字货币的使用人数位居世界前列，产业体系也较为完整，应当抓住技术发展的机遇，把握经济发展的趋势，积极参与国际组织对数字货币的监管活动，在数字货币的国际监管层面掌握一定的话语权。

3. 先行布局超主权数字货币

超主权数字货币的出现不仅能够降低交易成本，加快创新要素在国际范围内的流动，也为打破美元霸权的国际货币体系提供了一种可能性。超主权数字货币是以多国共同参与的信用替代了某一国家的信用，避免某一国家的金融霸权。相较于主权货币之间的替代性竞争，超主权数字货币提供了一种中间化的货币合作机制。目前，超主权数字货币仍然处在初级阶段，我国电子商务与移动支付的发展为超主权数字货币的发展提供了一定的基础，应当对超主权数字货币先行布局，为未来国际金融秩序的变化做好准备。

本 章 小 结

数字货币的应用蕴含了新的金融风险，主要包括信息技术风险、市场风险、信用风险和法律风险，其有不确定性、普遍性、客观性、可测性和发展性五个特点。同时，本章分别从金融安全理论、风险管理理论和金融监管理论三个方面对数字货币风险防控理论进行了论述。为了防控风险，全球各个国家和地区对数字货币做出了不尽相同的监管措施，有的将数字货币作为类证券资产进行监管，有的对其进行高压监管，有的则创新金融监管方式对其进行监管。面对发展迅猛的数字货币，我们也需要取各家之长，转变监管理念，提升监管水平,从不断完善法律法规到构建立体监管体系,再到加强国际合作,让数字货币相关技术逐步发展的同时,将其装进制度的笼子里。

关 键 术 语

数字货币风险;数字货币风险防控;数字货币监管

思 考 题

1. 总结并简述数字货币的风险。
2. 数字货币的风险有何特点?
3. 结合风险防控理论,总结全球主要几个国家应对数字货币风险的措施。
4. 谈谈对数字货币风险防控未来发展趋势的看法。

案例分析

多部门联合围剿虚拟货币"挖矿"行为

虚拟货币不是真正的货币,不应该也不能作为货币在市场上流通使用。然而,近年来却流行起用虚拟货币进行交易的行为,有的甚至以此进行非法集资、诈骗、传销、洗钱等违法犯罪活动。

我国多部门联合开展全面全链条围剿虚拟货币"挖矿"行为。中国人民银行会同有关部门印发了《关于进一步防范和处置虚拟货币交易炒作风险的通知》,明确虚拟货币相关业务活动属于非法金融活动;国家发改委公开征求《市场准入负面清单(2021年版)》意见时,将虚拟货币"挖矿"活动列入淘汰类。

业内专家表示,虚拟货币在中国没有生存的土壤,在中国境内所有与虚拟货币有关的活动都将被列为非法金融活动,全面取缔或关闭。

国家发改委新闻发言人表示,发改委将持续做好虚拟货币"挖矿"全链条治理工作,以高压态势持续整治虚拟货币"挖矿"活动,建立长效机制,严防"死灰复燃"。对执行居民电价的单位,若发现参与虚拟货币"挖矿"活动,将研究对其加征惩罚性电价。

对此,业内人士评析,无论是存量的集中式"挖矿"项目,还是分散式的个人"挖矿",都是属于违法行为。此次,发改委对非法"挖矿"持续整治,不仅严查国有单位机房"挖矿",个央行为也存在风险。目前各省市区已开展对虚拟货币"挖矿"行为排查工作,包括 IP 地址总数、IP 地址归属和性质等。

所谓虚拟货币"挖矿"行为,以比特币为例,实质是以专用计算机节点为比特币系统计算随机哈希函数的正确答案,进而争夺区块的记账权,从而获得比特币奖励。

而非法虚拟货币"挖矿"活动带来的危害,首先就是扰乱正常的金融市场秩序。

专家分析指出，现如今比特币的价格主要是由投资者参与其中，通过大量资本的买进卖出来推动比特币的价值不断上涨。但这种虚拟货币具有极高的投资风险，如果有巨量、大额资本都抽身离场，那么比特币价格将会大幅下挫、缩水，众多散户投资者很有可能赔得一干二净，造成巨大财产损失。

更何况目前还有很多虚拟货币主要应用于灰色地带。近年来公安机关侦查发现，很多电信诈骗资金都流入虚拟货币市场，骗子用骗来的钱，去购买虚拟货币，因为虚拟货币是匿名的，造成的结果就是难以追回涉案资金。

这些违法犯罪的资金再加上其他大量投资资金聚集，成为推升虚拟货币价格一路飙升的"背书资本力量"，会给那些参与其中的，特别是中小投资者带来巨大的投资风险。

同时，虚拟货币"挖矿"活动还会消耗大量能源资源。据相关数据显示，全世界在虚拟货币的"挖矿"上耗电量为1340亿度电。每"生产"一个比特币，消耗的能量相当于三口之家一年的用电量。大规模的非法"挖矿"活动将对我国能源电力消耗造成很大冲击，不利于我国碳达峰、碳中和目标的实现。

为此，国家发改委指出，虚拟货币"挖矿"能源消耗和碳排放量大，对产业发展、科技进步不具有积极的带动作用，再加上虚拟货币生产、交易环节衍生的风险越发突出，其盲目无序发展为推动经济社会高质量发展和节能减排带来严重不利影响。整治虚拟货币"挖矿"活动对促进中国产业结构优化、推动节能减排如期实现碳达峰、碳中和目标具有重要意义。

资料来源：新华网

参 考 文 献

[1] 马慧. 数字货币法律风险防控研究[D]. 贵阳：贵州师范大学，2021.

[2] 陈伟光，明元鹏. 数字货币：从国家监管到全球治理[J]. 社会科学，2021(09)：13-27.

[3] 夏诗园. 数字货币风险及监管研究[J]. 区域金融研究，2020(09)：36-41.

[4] 袁紫薇. 数字货币的风险及其监管[D]. 南京：南京大学，2020.

[5] 王波，王轶玮. 区块链金融：场景运用、风险挑战与法律监管[J]. 西部金融，2021(07)：54-58.

[6] 张奎. 关于数字货币发展和风险管控的几点思考[J]. 金融经济，2021(01)：3-8.

[7] 李鸣，孙琳，王晨辉. 基于区块链技术的数字货币安全风险及应对措施研究[J]. 中国信息安全，2021(03)：48-50.

[8] 许多奇. 从监管走向治理——数字货币规制的全球格局与实践共识[J]. 法律科学（西北政法大学学报），2021，39(02)：93-106.

[9] 封思贤，丁佳. 数字加密货币交易活动中的洗钱风险：来源、证据与启示[J]. 国际金融研究，2019(07)：25-35.

[10] 田红. 数字货币新金融的风险防范与监管[D]. 上海财经大学，2020.

[11] 张苗. 数字货币监管制度研究[D]. 重庆：重庆大学，2019.

第10章 中国数字货币实践

【学习目标】

1. 了解中国数字人民币实践的最新进展和应用案例。
2. 理解数字人民币的智能合约等相关技术在应用场景中展现的具体作用。
3. 掌握数字人民币双层运营体系之下"2.5层机构"的含义。

【能力目标】

1. 熟悉数字人民币与人民币国际化的关系。
2. 了解数字人民币在未来时代的主要应用前景。
3. 了解未来数字人民币时代的产业生态。

【思政目标】

1. 熟悉数字人民币的推进可能给社会带来的变革。
2. 了解数字人民币与人民币国际化的关系。
3. 了解数字人民币在强化金融系统稳定、推动普惠金融发展、加快人民币国际化方面的作用。

【知识架构】

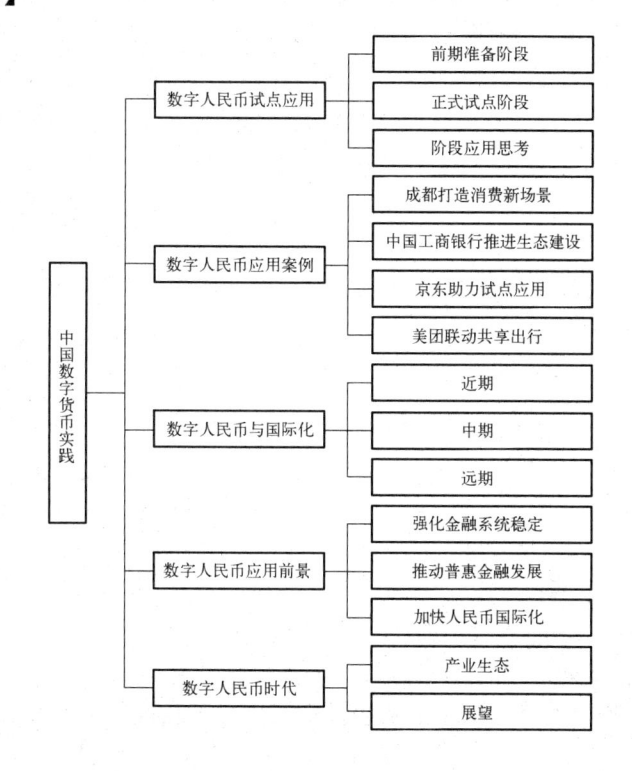

```
                              ┌─ 前期准备阶段
              ┌─ 数字人民币试点应用 ─┼─ 正式试点阶段
              │                  └─ 阶段应用思考
              │
              │                  ┌─ 成都打造消费新场景
              │                  ├─ 中国工商银行推进生态建设
              ├─ 数字人民币应用案例 ─┤
              │                  ├─ 京东助力试点应用
              │                  └─ 美团联动共享出行
中国数字货币实践 ─┤
              │                  ┌─ 近期
              ├─ 数字人民币与国际化 ─┼─ 中期
              │                  └─ 远期
              │
              │                  ┌─ 强化金融系统稳定
              ├─ 数字人民币应用前景 ─┼─ 推动普惠金融发展
              │                  └─ 加快人民币国际化
              │
              └─ 数字人民币时代 ──┬─ 产业生态
                                └─ 展望
```

【导入案例】

数字人民币研发工作稳步推进

2020年4月，数字人民币已经在中国农业银行开启内部测试，这引起了社会普遍关注。央行数字货币研究所相关负责人表示，目前数字人民币研发工作正在稳妥推进，先行在深圳、苏州、雄安新区、成都及冬奥会场景进行内部封闭试点测试，以不断优化和完善功能。

央行自2014年开始研究法定数字货币。央行数字货币研究所相关负责人介绍，数字人民币体系在坚持双层运营、流通中货币(M0)替代、可控匿名的前提下，基本完成顶层设计、标准制定、功能研发、联调测试等工作，并遵循稳步、安全、可控、创新、实用的原则向前推进。央行数字货币研究所相关负责人强调，当前数字人民币为研发过程中的测试内容，并不意味着数字人民币正式落地发行。数字人民币目前的封闭测试不会影响上市机构商业运行，也不会对测试环境之外的人民币发行流通体系、金融市场和社会经济带来影响。

数字人民币在我国的试点目前已经取得了阶段性成果，应用前景广阔，数字人民币时代即将到来。本章将介绍数字人民币试点的主要历程及相关案例、数字人民币与人民币国际化的关系、数字人民币的应用前景、数字人民币的产业生态等内容，方便大家学习思考。

10.1 数字人民币试点应用

数字人民币的试点主要分为两个阶段：一是前期准备阶段，在这个阶段数字人民币还处在研发和测试的过程中，央行联合大型商业银行、电信运营商、互联网企业作为参与研发机构，进行内部的试点场景测试；二是正式试点阶段，2020年8月14日，商务部印发的《全面深化服务贸易创新发展试点总体方案》指出，由深圳、苏州、成都、雄安新区和冬奥会场景首先进行数字人民币测试，标志着数字人民币正式试点阶段的开始，此后数字人民币正式面向大众进行广泛测试。

10.1.1 前期准备阶段

广义地来讲，从数字人民币筹备开始一直到正式试点阶段都属于试点的前期准备阶段；狭义地来讲，从2019年9月央行宣布数字人民币进入封闭测试到正式试点阶段为数字人民币的前期准备阶段。本书所指的前期准备阶段为前者。

在前期准备阶段的推进过程中，主要的标志事件有以下几个。2016年7月央行开始研发基于区块链技术的数字货币、数字票据交易平台，采用数字票据交易作为数字人民币的试点应用场景。2016年12月，央行联合几家主要的商业银行完成了基于区块链技术的首个试点，标志着数字人民币萌芽阶段的结束。2017年2月央行推动的基于区块链技术的数字票据交易平台通过测试。2019年9月央行宣布数字人民币进入闭环测试阶段，该阶段开始全面模拟支付场景。2020年1月央行发布《盘点央行的2019：金融科技》，表明基本完成数字人民币的顶层设计、功能研发、标准制定、联调测试等工作。

2020年4月开始，数字人民币开始小范围地进入公众视野，2020年4月15日，中国农业银行数字人民币内测图片在社交平台曝光,引起大家争相传阅,引爆了数字人民币的热潮(见图10-1)。

图 10-1 中国农业银行数字人民币钱包

此后,数字人民币在全国范围内开始了一些小规模封闭性的试点,主要的事件有以下几个。2020年4月16日,苏州部分企事业单位工作人员交通补贴的50%通过数字人民币的形式发放;4月17日,部分银行员工测试使用数字人民币缴纳党费、工会费用。2020年4月19日,央视新闻客户端发布了《什么是中国版数字货币?怎么用?央行回应!》,表示数字人民币研发正在稳步推进,率先在深圳、苏州、雄安新区、成都及北京冬奥会场景进行内部封闭试点测试。2020年7月16日,上游新闻报道,滴滴出行与央行数字货币研究所达成战略合作协议,研究数字人民币在出行领域的场景应用和智慧出行的创新,并且央行正计划在美团、哔哩哔哩、字节跳动等公司运营的平台上测试数字人民币。

10.1.2 正式试点阶段

从2020年8月开始,数字人民币在具有广泛代表性的地区进行试点,开始了各地试点测试投放,数字人民币进入正式试点阶段。此次试点的城市和地区综合考虑了各个地区的区位特征和区域协调发展战略等,涵盖了东北、京津冀、中西部、长三角、珠三角等不同地区,试点规模有序扩张,试点区域不断扩容。目前我国试点已形成"10+1"格局。

2020年10月12日,深圳在罗湖区发放第一轮数字人民币红包,每个红包金额为200元,红包数量共计5万个,总计1000万元,这是数字人民币首次面向公众个人消费市场发放的范围性测试体验。2020年11月24日,央行公布了第二批数字人民币试点区域,包含上海、长沙、海南、青岛、大连6地,试点范围不断扩大。2020年12月11日,苏州发放

"双12苏州购物节"数字人民币红包,每个红包金额为200元,红包数量共计10万个,总计2000万元,在这次试点中首次使用了"碰一碰"和"双离线"支付方式。2021年3月,中国工商银行、中国建设银行等六大国有商业银行全部推出并开始推广数字人民币钱包;5月,网商银行成为第七家参与数字人民币子钱包公测试点的商业银行。在全国各个地区政府部门的积极参与和支持下,完成了不同应用场景的用户真实试点和分批次大规模集中检测,全面检验了数字人民币的系统稳定性、易用性和场景适用性,在激发社会公众使用数字人民币的兴趣的同时加强了其对数字人民币的理解。数字人民币百度搜索指数趋势变化如图10-2所示。

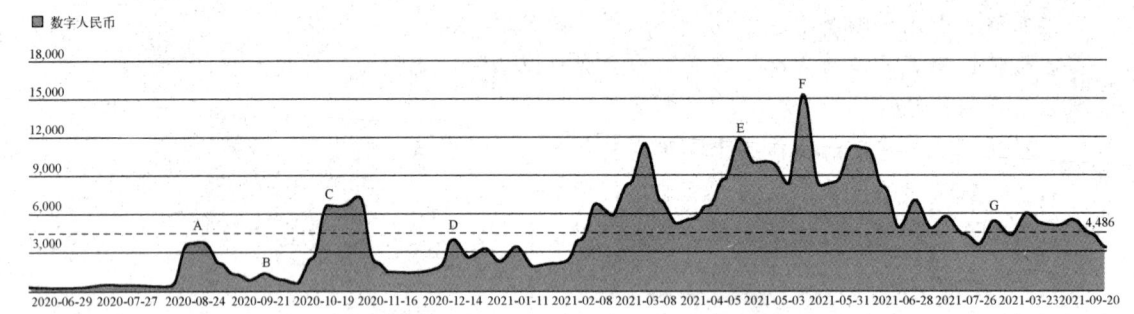

图10-2 数字人民币百度搜索指数趋势变化

在试点的同时各地企业也相继匹配数字人民币应用场景、参与数字人民币生态共建。2018年11月,腾讯组织专家团队深度参与央行端系统建设,相继完成两个版本的系统建设后,于2021年1月开展可控试点。蚂蚁集团也于2020年与央行数字货币研究所缔结协议,双方仅限于在技术领域开展交流合作,不涉及具体的产品选择。2020年10月30日,华为Mate40系列手机在遵守央行的标准规范下新增了数字人民币硬件钱包功能,是我国第一款支持数字人民币硬件钱包的智能手机。截至2021年2月,"红旗连锁"等成都连锁商超品牌的4400余个门店成功实现数字人民币收银,完成了对成都市包括所有社区和村镇在内的数字人民币民生消费领域覆盖。截至2021年3月,天府通平台已全部连接数字人民币试点机构钱包,完成成都市地铁、公交等公共交通出行消费终端改造累计近2万台,累计交易6.65万笔。2021年5月,数字人民币在海南跨境进口电商企业——国免(海南)科技有限公司使用并完成支付,开始在跨境支付领域使用。

央行发布的《中国数字人民币的研发进展白皮书》显示,截至2021年6月30日,我国数字人民币红包累计发放金额已逾2.6亿元,数字人民币试点场景已超132万个,覆盖餐饮服务、生活缴费、购物消费、交通出行、政务服务等领域。开立个人钱包2087万余个、对公钱包351万余个,累计交易笔数7075万余笔,金额约345亿元。目前数字人民币试点已经取得了阶段性成果,从2021年9月开始,数字人民币试点进程加快,工作进入冲刺阶段。在2021年9月2日至9月7日的中国国际服务贸易交易会期间,十几家数字人民币相关机构集中在"数字人民币大道"展区展示数字人民币的技术、产品及应用场景。2021年9月9日,北京、上海、深圳等9个城市同时试点美团共享单车支付场景,这也是迄今为止数字人民币首次在更广泛的区域范围中试点,这件事标志着数字人民币正在从各地孤立的"单点"试点模式逐渐向各地联动的"区域网"试点模式转变,意味着数字人民币的底层技术和运营体系已经能够满足中等规模稳健运行的基础需求。

10.1.3 阶段应用思考

在数字人民币试点测试的过程中,出现了一些新的值得思考的数字人民币体现出来的特征或作用,归纳如下。

1. 行业共建的数字人民币 App

数字人民币 App 是由央行数字货币研究所开发的,但其中数字人民币钱包的运营主体是商业银行。央行数字货币研究所负责为用户创立数字人民币 App 账户,并提供数字人民币钱包综合管理服务(包括协助开立、注销数字人民币钱包,记录数字人民币钱包信息、数字人民币钱包交易信息等)。而指定的商业银行作为运营机构,则通过数字人民币钱包向用户提供数字人民币转账、支付、兑换等服务。而其他企业也可以通过接入央行系统,在数字人民币 App 上实现某些功能,如 2021 年 7 月 OPPO 钱包成功在数字人民币 App 内上线子钱包,可以通过数字人民币 App 向 OPPO 钱包中的子钱包转账,可直接用于手机话费充值,这是目前手机行业唯一接入数字人民币 App 的手机钱包(见图 10-3)。在未来或有更多的企业接入,因此,数字人民币钱包 App 可以算得上是一个行业共建的应用。

2. 智能合约技术应用领域十分广泛

数字人民币红包测试采用了智能合约技术,通过加载不影响货币功能的智能合约实现可编程性,在确保安全与符合规范的前提下参与方基于协议来约束红包的使用范围、使用时间及使用规则,如不可转账(仅用于线下消费)、不可兑回(不能兑换回银行存款)、超时收回(指定时间范围内使用)等,从而确保数字人民币红包被消费者在规定范围内使用,而不是存储起来。从长远来看,智能合约技术让数字人民币红包可以是消费型补贴,政府可通过这种更精准的形式发放补贴、刺激消费,通过数字人民币红包发放补贴可以根据不同类型、不同情形、不同额度进行有针对性的发放。未来则非常有可能应用到其他特定的领域,实现特定用途,如政府财政、产业补贴、民生普惠项目等,避免款项的滥用和贪污腐败等现象的产生。

图 10-3 数字人民币 OPPO 子钱包

3. 硬件钱包和双离线支付想象空间巨大

硬件钱包由于形态多样,具备较大的想象空间。除基于手机安全芯片打造硬件钱包的方案之外,还有 NFC-SIM 卡(电话卡短距离接触交换信息)方案和实体智能卡方案,以及手环、手表、手套等可穿戴设备方案。2020 年 12 月 29 日,北京冬奥会试点应用场景已经测试了"滑雪手套"碰一碰,并展示了包括超薄卡、可视卡钱包和手表、手环、徽章等可

穿戴设备钱包在内的多种形式数字人民币钱包。2021年1月5日，中国邮政储蓄银行在上海交通大学医学院附属同仁医院部署了"可视卡"方案的数字人民币硬件钱包。硬件钱包理论上可以设计为实名和非实名形式，对于老年人、小孩等特殊人群，以及未来外国人的入境消费，都有很好的拓展空间。此外，双离线支付、支持双离线的硬件是硬件钱包发展的一大亮点。2021年9月，在中国国际服务贸易交易会上，美团展示了数字人民币硬钱包的NFC支付功能，不用联网、打开手机App及绑定银行卡，用手机"碰一碰"就能解锁共享单车。蚂蚁集团也展示了支持双离线支付的智能工牌、支付卡、POS机等硬件设备。

4. "2.5层"机构纷纷入局

在数字人民币的双层运营体系下，第一层为负责数字人民币发行的央行，央行先把数字人民币兑换给商业银行。第二层为中国工商银行、中国建设银行等商业银行，它们是数字人民币的运营机构，负责向公众兑换数字人民币。但在数字人民币测试期间产生了2.5层机构，其依托第二层运营机构的数字人民币钱包，进行应用场景多元化及技术开发，为客户提供资金流转、支付结算等金融服务。比如，2021年5月支付宝上线数字人民币钱包，支持用户转账、收款等服务，可以通过钱包编号、手机号或邮箱转账。随着数字人民币测试的深入，数字人民币整个产业链形态逐渐浮出水面，包括支付宝、京东数科、滴滴、美团、拉卡拉、银联商务等在内的多家2.5层企业纷纷参与到数字人民币的共建工作中来。为数字人民币提供流通服务(包括支付产品的设计和改进、系统开发、场景拓展、市场推广、业务处理和运行维护等)。

5. 数字人民币子钱包保护用户隐私

钱包持有主体可将主要的数字人民币钱包设为母钱包，并在母钱包下开立一些子钱包，通过数字人民币App向商家推送子钱包，在商户可以便捷免密支付。基于银行账户的每一笔线上交易都会在使用互联网时留下信息，这些信息容易被互联网企业和第三方支付机构获取，而其中最有价值的就是各类金融信息。一些互联网企业和第三方支付机构跟踪并取得大量用户的账户、信用、交易等信息，通过挖掘用户金融行为，有针对性地开发和营销金融产品。而用户使用数字人民币进行线上支付，支付信息会被打包进行加密处理后，以子钱包的形式推送给互联网平台。互联网平台无法直接获得用户个人信息，这有力地保护了用户核心信息的隐私。其实不只是互联网平台，就连提供支付服务的银行、线下收款的商家、收取转账的个人等都不会获得支付用户的个人信息。

10.2 数字人民币应用案例

10.2.1 成都打造消费新场景

通过内部先行试点，成都市机关生活服务中心与中国工商银行成都分行不断完善优化细节，使"食堂数字餐卡平台"与数字人民币钱包互联，实现了通过手机使用数字人民币进行付款就餐、饭卡充值、消费查询等功能，大幅提升了支付的便利性和体验感。

2021年6月21日,为增进机关干部职工对数字人民币的了解,培养使用数字人民币进行消费就餐和饭卡充值的习惯,数字人民币食堂消费新场景在成都市机关生活服务中心正式上线,就餐人员可以通过食堂一卡通平台使用数字人民币二维码扫码支付和充值,不少机关干部职工在中国工商银行成都分行工作人员的帮助下成功开通相关功能,尝鲜数字人民币消费支付。

2021年6月21日至7月5日,午餐使用数字人民币消费,补贴1.99元/人次,成都将在市机关5个集中办公区开展宣传、指导、答疑和互动体验等活动。安装成功的用户可现场体验数字人民币消费,以当日活动折扣购买指定商品。广大机关干部职工参与数字人民币活动的积极性很高,大家纷纷拿出手机开通体验,打趣地说"以后再也不怕忘记带饭卡了"。

成都市机关生活服务中心相关负责人介绍,数字人民币已作为市机关食堂餐费结算方式之一,中心还将不断优化消费体验,拓展应用场景,加大宣传力度,掀起更大的使用热潮。

10.2.2 中国工商银行推进生态建设

截至2021年8月29日,中国工商银行已累计开立数字人民币个人钱包近1500万个、对公钱包190余万个,实现了市场领先;试点36万余个数字人民币应用场景;与近60家同业银行建立了数字人民币战略合作。

1. 个人钱包

中国工商银行已实现在全国试点地区的营业网点,通过专属二维码、智能柜员机为个人用户一站式开立数字人民币个人钱包的服务,正在研发通过智能终端和VTM(远程视频柜员机)实现可视卡硬钱包领卡激活、充值提现、卡片注销等一体化服务功能。

2. 对公钱包

全面支持企业手机银行、企业网银、网点柜面、便携智能终端开立数字人民币对公钱包,创新支持非中国工商银行客户通过中国工商银行企业手机银行开立钱包,通过工商、税务、财政等第三方平台场景开立对公钱包。

3. 应用场景

中国工商银行加快拓宽场景覆盖面,深挖数字人民币优势,配合重大活动开展,构建起涵盖智慧民生、数字政务、商事赋能、同业代理四大领域的场景体系,形成35类普适场景解决方案。中国工商银行率先实现了春秋航空客运机票、吴江跨区域公交、深圳智能扶贫柜、北京航空航天大学学杂费缴纳、三沙"数字人民币消费岛"、长三角跨区域缴税、雄安建设者之家智慧园区、国家电网B端和C端支付、中石油线下收费、数字人民币兑换纪念币等应用场景;上线数字人民币子钱包场景36个,实现了业内领先。

中国工商银行支持四川天府通运用数字人民币智能合约特性推出交通预付卡,支持雄安公交实现硬钱包双离线支付,支持中石油加油站通过母子钱包体系实现营业款资金自动归集至集团公司库,支持湖南省总工会通过在支付平台应用数字人民币实现对资金流转过程的追溯等。

中国工商银行作为成都世界大学生运动会(简称为大运会)银行类官方独家合作伙伴，配合组委会围绕大运会综合服务区域建设数字人民币应用场景，推出形态多样的数字人民币软、硬钱包，使国内民众和短期来华的境外人士均可享受到数字人民币支付的安全便利。

10.2.3　京东助力试点应用

2021年2月24日8点，成都正式开启"数字人民币红包迎新春"京东专场活动。成都市政府联合京东面向市民发放20万份总共4000万元的数字人民币红包，红包金额为178元、238元两种，随机发放。京东为本次活动提供技术与服务。

成都市民在2021年2月24日8点至2月25日24点，通过天府市民云App、京东App登录指定活动页面，报名领取数字人民币红包，红包采取摇号抽签形式发放。中签用户的数字人民币红包于3月3日0点生效，3月3日至19日期间使用。数字人民币红包的使用范围包括线上线下消费场景，其中线上消费场景由京东专门提供支持，购买京东App内专场商品都可使用数字人民币进行支付；线下可在成都市指定商家进行消费，包括京东五星电器、京东电脑数码等实体门店，以及特色餐饮、热门景区、连锁商超等。

京东是业内首个跑通数字人民币红包测试从报名、抽签、发放到消费使用全流程的科技公司，在面向政府的处理方案和面向用户的消费场景构建与运营方面，都积累了丰富的实践经验。在为成都的数字人民币试点活动提供技术和服务之前，京东已经先后在苏州、北京两地的数字人民币试点中承担了综合技术服务商的角色。作为首批配合央行数字货币研究所展开数字人民币试点测试工作的科技公司之一，京东短时间内高效连接了运营机构与消费场景，成为第一个与中国工商银行、中国农业银行等六家商业银行均开展合作并对接数字人民币电商平台消费试点场景的科技公司。

此外，京东还支持数字人民币的对公结算场景及企业发薪场景。比如，京东使用数字人民币向两家上游供应商——紫光商务、海尔新日支付货款，实现了企业支付领域的首笔数字人民币交易；京东还首次为常驻上海、深圳、成都等试点城市的部分员工以数字人民币的形式发放了工资。

10.2.4　美团联动共享出行

对于想进一步扩大数字人民币应用场景的运营机构而言，随处可见、小额支付的共享单车是不错的选择。以北京为例，2020年北京市各互联网租赁自行车运营企业报备车辆共84.4万辆，全年累计骑行量6.9亿人次，日均骑行量188.9万人次。这样活跃的用户量和较高的使用频次，不仅可以验证数字人民币的适用性、易用性和稳定性，还能够增进公众对数字人民币的了解。

美团联合中国邮政储蓄银行、中国农业银行、中国建设银行共同启动"用数字人民币，享低碳骑行季"试点活动。从2021年9月9日起直到2021年年底，北京、上海、海南、深圳、西安、苏州、长沙、成都、雄安新区9个数字人民币试点地区的居民可报名参加活动，使用数字人民币支付美团单车骑行费用。这9地试点居民可通过美团App搜索"数字人民币"报名参与活动。只要报名成功，就能进入"白名单"，成为数字人民币钱包的受邀体验用户。如图10-4所示，某市民报名参加了体验活动，顺利下载了数字人民币钱包

App，并获得了 12.8 元数字人民币红包，可以用来支付美团单车的骑行费用。这种嵌入日常支付、报名就有机会体验的推广方式，更容易让数字人民币融入百姓生活。

数字人民币的智能合约功能可以按照交易双方商定的条件、规则进行支付交易。按约定，上述红包只能用于支付骑行费用，超期未用的资金会自动返还资金提供方。并且使用数字人民币支付还能够有效保护用户隐私，看似与使用第三方支付体验差异不大。但使用数字人民币支付拥有非常突出的优势——"子钱包"推送，这是数字人民币保护用户隐私、实现限额支付等功能的重要一环。

从多地独立试点到九地联动，表明数字人民币的技术和性能在前期测试中承受住了检验，也为接下来更大规模、更多场景的测试和应用打下了基础，将加速数字人民币走向居民生活的方方面面。

图 10-4　美团数字人民币骑行红包

10.3　数字人民币与国际化

2009 年起，国务院做出一系列加快促进跨境交易人民币结算的战略部署，人民币国际化正式启航。2016 年 10 月，人民币正式加入 SDR 货币篮子。目前，人民币国际化已经取得了巨大的成果，在全球支付市场中，人民币已成为世界第五大支付货币；在全球外汇市场中，人民币已成为第八大外汇交易货币、第一大新兴市场交易货币；在国际储备中，人民币已成为全球第五大储备货币。新生的区块链、智能合约等技术催生了数字人民币，数字人民币对人民币国际化有可能产生的影响是一个值得研究的问题。

对于数字人民币的发行能否促使人民币国际化程度的提高，主要分为两种观点：一种观点认为，数字人民币拥有很强的跨境支付与流动的能力，能降低交易成本，故数字人民币能够促进人民币国际化的进程，进而有利于变革目前的国际货币体系并且改进全球金融治理体系。也有观点认为，数字人民币的发行主要还是作用于我国零售端支付，对人民币国际化的促进作用微不足道，因此数字人民币与人民币国际化没有必要的联系，人民币国际化完全取决于国内经济的发展、国内经济和国际经济的接轨以及金融机构的安全等条件，数字人民币与人民币国际化只是一种共生的技术进步。但随着时间的推移，从较长时期来看数字人民币能够促进人民币国际化，它将与中国经济实力、金融基础设施、军事政治实力等一起成为决定人民币国际化程度的关键因素之一。

10.3.1 近期

根据央行对数字人民币的定义，数字人民币是一种零售型央行数字货币，立足于国内现代化支付系统，主要用于满足国内零售支付需求，提升支付效能，降低支付体系成本。因此在近期，数字人民币发行的主要影响范围在国内，其发行可能会对货币需求和货币创造、货币政策传导、国内支付系统等产生一些影响，但对人民币国际化的影响非常有限。从当前数字人民币的定义（替代 M0、没有利息）和试点情况来看，数字人民币发行的近期影响将主要集中于国内，可能会对不同市场主体产生不同影响。

从公众层面来看，数字人民币的发行可能主要有以下三方面的影响。第一，虽然微信支付、支付宝等第三方支付平台的普及为公众带来了便捷的支付体验，但由于这些支付平台之间是孤立的，人们在支付时仍需选择不同的平台，数字人民币则有利于不同支付平台之间的互联互通。第二，数字人民币在测试过程中展示的双离线支付等亮点，在某些支付场景比支付宝等第三方支付平台更加便捷（如地下商场等网络不便捷的地方）。第三，相比于传统纸币，数字人民币与银行存款相互转换的便捷性更高，因此公众可能会减少通货的持有，而增加银行存款。总之，数字人民币可以进一步提升公众的支付体验，提高支付效率和支付安全性。

从商业银行层面来看，鉴于数字人民币采取双层运营体系，因此对货币的投放及商业银行业务模式的影响非常小，但随着数字人民币技术不断成熟、对现金替代程度的不断提高、逐渐成为重要的金融基础设施时，市场主体所持有的资产比例将会发生一定程度的变化，商业银行与企业、公众及央行之间的信息不对称程度将会降低，因此可能会影响商业银行的信贷创造过程和利润。

从企业层面来看，数字人民币对第三方支付平台的影响比其他行业较大，其发行可能会改变电子支付行业的双寡头局面。这一方面是由于数字人民币以国家信用为背书，其发行将会对第三方支付平台造成强大的压力，使得这些平台让渡部分垄断利润、改进自身服务、完善用户体验。另一方面，数字人民币将减少这些平台在交易信息、用户信息等多方面数据的垄断，这将有利于央行全面掌握人民币流通速度、使用和分布情况等重要信息，进而提升货币政策的针对性和有效性，同时提升金融系统稳定性。

从宏观经济整体层面来看，数字人民币的发行在近期内对人民币的货币创造、货币政策传导、跨境资本流动、GDP 及总消费和总投资等影响并不会太大。第一，数字人民币主要定位于 M0，将与实体人民币长期共存，而中国的 M0 规模不大，占 M2 的比重低（2021 年 8 月末 M0 约为 8.5 万亿，占 M2 的比重约为 3.7%）。第二，数字人民币的推出对中国公众的工资发放、商业银行存贷款业务、商业银行之间的金融业务和结算/清算、商业银行与央行之间结算/清算、企业和政府部门的金融业务等进一步的影响不大，我国这些操作在很大程度上已经实现了电子化、信息化改革。第三，因为数字人民币暂时不计付利息、短期内存在某些技术障碍及央行的谨慎性态度等可能存在的原因，境外市场主体持有数字人民币的动机比起持有实体人民币的偏好并没有提高很多。

从货币国际化进程的规律和逻辑来看，一国货币国际化的决定因素包括多个方面：该国的经济实力、货币的稳定程度及央行的信誉、金融基础设施的完善程度、金融市场的深度和广度、该国央行对货币国际化的态度、该国军事政治实力、已在位国际主导货币已拥有的规模经济、公众长期形成的货币使用习惯、配套的国际支付清算体系等。每一个方面的突破都具有较大的难度，近期内数字人民币的发行与上述影响货币国际化的决定因素并无直接关系，也难以使得这些因素出现根本性的变化，因此，从近期来看数字人民币的发行不会对人民币国际化产生明显影响。

10.3.2 中期

在中期，数字人民币的广泛使用将会提高人民币的竞争力和便捷性，加上我国经济实力和综合国力的进一步提升、金融和贸易对外开放度的提升、跨境支付体系的改进，数字人民币在人民币国际化进程中能够起到一定程度的促进作用。

人民币国际化不单单是一个技术就能解决的问题，而是一个制度性问题，是一个十分复杂的议题，尽管技术改进可能在近期内无法对制度体系产生根本性影响，但在中期内可能会对改进制度起到促进作用。当前的货币体系是以美元为中心的，美国在占主导地位的支付领域拥有软实力，通过 SWIFT 等支付渠道进行的跨境交易最终以美元结算，或者至少有一项交易涉及一家美国金融机构。美国经常将制裁作为一种工具，以实现其在世界各地的外交政策目标和经济利益，美国可以指示 SWIFT 等机构停止被制裁国家的清算交易。这使得美国有权拒绝其他国家使用美国的支付和清算基础设施，从而将它们与世界市场隔离开来。一个被美国制裁的国家被切断了现有占主导地位的跨境支付通道，就无法与世界其他地区做生意，这个国家就会被孤立，并陷入财政困境。如 2013 年，美国通过了对伊朗的制裁，禁止伊朗向国外出售石油，这导致伊朗的石油出口减少了一半，经济迅速下滑。

近年来以美元为中心的货币体系正不断受到欧盟、俄罗斯、中国等货币的挑战。从外部环境来看，一方面，随着美国霸权主义行为的愈演愈烈，以及美元在国际上的信用不断下降，欧盟等众多经济体正在试图摆脱美元占主导的货币体系导致的国际贸易公平问题和福利损失，各国强烈希望国际货币体系变革成为更加公平公正的货币体系。另一方面，中国发起的"一带一路"倡议的逐步推进和亚洲基础设施投资银行的建立，给人民币国际化带来了巨大的提升，人民币在跨境交易和国际实体经济投资等领域中的使用程度和地位逐渐提高。并且由于中国经济体制改革，国内金融市场和体系逐步完善，中国金融市场加速开放，以及众多国内互联网企业开拓海外市场，甚至海外营业收入占业务收入的很大一部分，随着这些企业在全球市场的占有率不断增加，跨境交易的场景越来越丰富，各国对于人民币的需求也越来越大，如何将这部分需求转变为人民币实际市场占有率的提升是人民币国际化中的关键步骤，而数字人民币的发行在中期可以为这关键步骤提供重要支持。以上因素都为人民币国际化塑造了良好的内外部环境。

但是数字人民币在促进人民币国际化和提高中国在全球货币与金融体系影响力的同时，也必然会迎来针对人民币和中国全方位参与国际货币与金融体系的激烈角逐。事实上，在美元主导的国际货币与金融体系中，最顶层的是全球主导货币美元，其次是美、英、加、瑞、日、欧央行之间的常设且没有额度限制的 C6 货币互换协议，人民币位于 C6 货币互换协议之下，人民币在国际上一度被排斥在主流之外。中美作为全球经济规模最大的两个经济体，但中国未加入美元的货币互换网络，中美之间既没有常设的货币互换协议，也没有临时性的货币互换安排。2021 年 1 月，中国央行缺席 BIS 与日本、英国、加拿大、欧盟等六家央行创立的，用来评估法定数字货币的使用案例和跨境互操作性的法定数字货币工作小组。在很大程度上说明人民币与美元在当前的国际货币体系中竞争大于合作。目前数字美元的发展又呈加速态势，在以美元为主导的货币体系下，数字美元的推出必然对数字人民币和人民币国际化发展带来巨大挑战和影响，可能会挤压数字人民币国际化空间的拓展。

因此如果想使数字人民币支付方式对传统的跨境贸易支付方式进行代替并提升数字人民币的国际化程度，那么需要达到以下两个前提条件。一是数字人民币的相关技术、支付便捷性和安全性进一步提高，相比于其他国家的法定数字货币(如将来的数字美元、数字日元等)更有竞争性，或者至少不掉队。二是决定数字人民币国际化的因素确实得到提升，包括中国经济实力和综合国力的进一步提高、跨境支付结算体系的进一步完善、贸易和经济开放程度的进一步扩大等。数字人民币虽然是一种崭新的数字化支付工具，但实质仍然是主权信用货币，仍然符合货币金融的基本发展理论。金融科技的发展使人民币摆脱了货币实体的物理束缚，有助于降低支付成本、提升交易效率，同时为央行带来了更加丰富的数据资源和更精准有效的政策实施手段，因此如何更好地利用这一优势显得极其重要。换而言之，经济实力与综合国力的提高为数字人民币走向世界提供了经济基础和重要支撑，而设计的创新和技术实现则为数字人民币走向世界提供了动力和实现方式。

10.3.3 远期

在远期，随着法定数字货币在全球的广泛应用，法定数字货币的设计方案竞争、技术竞争及应用场景竞争可能会异常激烈，届时数字人民币的技术实力将与中国经济实力、金融基础设施、军事政治实力等一同成为决定人民币国际化程度的关键因素。

尽管各国关于法定数字货币的技术选择、方案设计仍在不断探索之中，但无可置疑的是法定数字货币为国家间货币竞争提供了更加宽阔和开放的平台。相较于传统货币而言，法定数字货币将更加集中展现一国的科技发展程度、经济实力和金融系统完善程度，未来它将是一国关键的金融基础设施和金融系统的重要组成部分，而一个国家的综合实力提升也将借由法定数字货币更加直接地渗入国家间竞争的方方面面。例如，由于法定数字货币在全球主要经济体的广泛应用，以及数字技术、互联网经济、跨境企业等的进一步发展，计息法定数字货币可能成为各国央行的普遍选择,法定数字货币的底层技术和应用场景也会不断突破和增加,届时综合国力较弱国家的货币或安全便捷性不高的法定数字货币将面临很大的压力。一方面这是由于法定数字货币的成效依赖于法定数字货币的使用规模,只有当整个金融生态体系可以进行良好互动时,法定数字货币的优势才可以得到最大化体现。另一方面,当法定数字货币代替传统货币之后,央行的货币政策实施工具将得到极大的完善,央行获得的数据信息也将成为巨大的数据资源,综合国力强的国家将利用数字技术优势、庞大的数字资产、先进的设计理念来提升自己国家法定数字货币的国际地位。

法定数字货币的引入可能会使本已不稳定的全球货币金融体系的碎片化加剧,包括国际货币基金组织(International Monetary Fund,IMF)、金融稳定委员会(Financial Stability Board,FSB)等在内的全球金融稳定和监管组织都期望各国政府和央行在开发各自法定数字货币的过程中,能够在技术、标准和架构上保持一致,以防止全球货币金融体系进一步碎片化。因此一定程度上来讲,法定数字货币的发行可能会具有先发领跑的优势。法国、英国央行都已公开表示将加快法定数字货币的研发速度并稳步提高本国法定数字货币在国际上的地位。而美联储也在 2021 年 6 月表示,不论近期内是否发行法定数字货币,美国都将致力于在制定法定数字货币的国际标准方面发挥主要作用。面对未来主要经济体之间可能发生的法定数字货币国际竞争,未来的数字人民币需要统筹人民币信用,不断更新已有版本的底层技术及设计方案,以适应越来越完善和广阔的应用领域,提升数字人民币在国际上的接受和使用程度。

10.4 数字人民币应用前景

根据《中国数字人民币的研发进展白皮书》,中国研发数字人民币的愿景是创建一种满足数字经济条件下公众现金需求的新型数字形式人民币,匹配支持零售支付领域公平、效率和安全的金融基础设施,助力中国数字经济发展,提高普惠金融发展水平,提升货币及支付体系运行效率。央行坚持"安全普惠、创新易用、长期演进"设计理念,在多地开展不同应用场景的用户真实试点和分批次大规模集中测试,完全验证了数字人民币业务系统鲁棒性、产品易用性和应用适用性,取得了阶段成果。下一步央行将坚持开放包容原则,从供需两方面发力,组织持续优化数字人民币底层业务能力和基础技术平台,积极对外赋能,打造数字人民币生态体系;并且还将在充分保障双方货币主权的情况下,积极响应二十国集团等国际组织改善跨境支付的号召。

10.4.1 强化金融系统稳定

我国一直支持多种支付方式协调发展,数字人民币为大众供给了一种新的通用支付方式,是关乎金融体系稳定和安全的关键金融基础设施。它与一般电子支付工具处于不同维度,既互补又有差异,可以增强支付方式多样性,能够完善基础支付体系,提升支付体系的效率和安全,有效提升金融系统应对突发状况的能力,未来或将凭借技术优势成为金融稳定的重要抓手。

2010年我国非现金支付业务277.04亿笔，资金总额为905.18万亿元；2020年我国非现金支付3547.21亿笔，资金总额达4013.01万亿元，10年间分别增长近12倍和4倍。随着第三方支付等电子支付方式不断发展，行业乱象逐渐日益显现，虚假和非法交易、违法采集和买卖客户信息、违反限额管理、未尽客户调查义务等诸多违反规章制度和法律的现象充满行业，给金融监管带来极大挑战。2020年，央行对支付机构开出总计68张罚单，其中对商银信支付服务有限责任公司的处罚金额为1.16亿元，打破国内对支付机构处罚金额的最高纪录。我国非现金支付不断增加的市场需求和行业监管难题需要我们改进支付体系、监管手段和科技工具。数字人民币作为更加便捷、安全的支付工具和监管手段应时而生。

第一，数字人民币将提高支付系统的鲁棒性和效率，使得人民币支付与交易体系具有更低的支付成本、更高的运行效率、更好的数据与信息保护。数字人民币能够打破现有电子支付的局限性，拓宽电子支付的应用场景，在离线支付、跨境支付、普惠金融等方面更有作为。数字人民币与当前集中式结算系统是互为补充的。央行负责人介绍，要发挥好指定运营机构各自优势和专业经验，持续开展技术迭代保持整体先进性，充分利用现有金融基础设施，支持与传统电子支付系统间的交互，推动不同运营机构钱包间、数字人民币钱包与银行账户间的互联互通，实现安全与便捷的统一。

第二，数字人民币发行将提供面向社会公众的无差别数字化支付结算工具，可以有效解决目前零售电子支付领域结算风险、用户隐私安全和欺诈等问题。支付系统是公共产品，目前零售电子支付服务主要由私营企业提供，存在供给不平衡、不充分的问题，也容易产生结算风险、用户隐私安全和欺诈等问题。数字人民币支持可控匿名，是国家法定货币，是安全等级最高的资产。在提升支付系统效率与安全性的同时，进一步兼顾社会公平，提升社会福利，克服了由于支付行业的规模经济和网络外部性使得私营企业拥有垄断地位所导致的系统性风险，有助于维护我国金融安全与稳定。

第三，数字人民币作为面向公众的金融基础设施，可与更广泛的金融基础设施有效协调，随着数字人民币发行量和发行范围的增加，数字人民币将在我国支付清算体系中处于基础性公共支付结算地位。其他支付工具作为个性化支付结算工具，与数字人民币一起协调发展，提供差异化的应用场景和增值服务，形成各尽其责、各安其位、良性运行的支付生态体系。

总之，数字人民币在货币形态、货币发行和流通体系等多方面的改革创新将进一步提升和改善数字金融基础设施建设，加快金融生态系统重构，提高我国金融稳定性，增强经济体应对突发状况的能力。

10.4.2 推动普惠金融发展

数字人民币的发展，将促进金融数字化创新发展，还能够促进和扩大金融的普惠性。相较于传统实体形式的货币(纸币、硬币)，数字人民币能够降低货币发行、流通和回收过程中的成本，公众不用到各个商业银行的网点兑换纸币，只需通过互联网(或离线)就可以进行便捷、可靠的交易支付。数字人民币在设计上采用与银行账户松耦合机制，公众无须开立银行账户便可运用数字人民币钱包进行支付，享受方便的服务。数字人民币的发行也让金融服务拓展到传统商业银行网点及第三方支付服务没有触及的地区和场景(如飞机)，公众完全可凭借数字人民币的双离线支付功能，完成实时便捷的支付。

数字人民币作为我国关键的金融基础设施，能够帮助小微企业降低获取金融服务的门槛。尤其在我国农村地区，金融基础设施建设薄弱，许多农业合作社、小微企业(甚至包括农户)的金融服务需求不能得到满足。稳步推进数字人民币建设，可更加安全、高效地提供点对点交易、转账支付等基本金融服务，促进和提高金融普惠性。实体企业，尤其是小微企业面临着融资贵和融资难的问题，主要原因是融资主体信用难以判断、抵押物价值管理难度较高和价格波动较大、违约后对抵押物难以处置等。数字人民币系统可提供数字化的风险与成本控制手段与工具，减小小微企业融资过程中由于转账周期、风险控制等产生的额外成本负担，有效地缓解融资贵和融资难问题。例如，利用数字人民币的可追踪特点，金融机构可把控小微企业资金用途和提升小微企业资金使用效率，从而对小微企业各类风险(包括市场风险、担保风险等)进行准确评估，同时，也提高了金融机构推广普惠金融、服务小微企业的能力和信心。

数字人民币体系将进一步降低公众获得金融服务的门槛，保持对广泛群体和各种场景的法定货币供应，弥合城乡间、特殊群体与数字化建设间的数字鸿沟。没有银行账户或开立银行账户不便(如残障人士)的社会公众可使用数字人民币钱包享受基础金融服务，短期到我国的境外人士可在不开立中国商业银行账户的情况下使用数字人民币钱包，满足在我国的日常支付需求。数字人民币"支付即结算"的特性也有利于企业等在享受支付便捷性的同时，提高资金周转效率。

数字人民币的技术和风险控制等基础设施的安全性高，其成功发行会促进区块链、物联网和人工智能等高新技术与金融业在技术应用和设计创新方面的深度互通，为金融服务实体经济和提高普惠金融发展程度创造更加丰富的解决方案。例如，数字人民币具有可控匿名性，央行仍然可以通过技术手段实时采集信息，并通过大数据等数字技术分析，达到货币政策效果评价和反洗钱等作用。同样，金融机构也可以使用相似技术和手段，通过对央行允许采集的数字人民币流通信息进行脱敏处理和分析，实现对小微企业和实体企业的信用评估、精准性融资贷款和风险预警等目的，从而增加金融服务范围，提高金融服务包容性。

10.4.3 加快人民币国际化

数字人民币具备跨境使用的技术条件，当前主要用于满足国内零售支付需要；但根据我国数字人民币研发的目标愿景，在接下来一段时间内，我国还将会积极响应国际社会倡议，探索改善跨境支付。跨境支付涉及货币主权、外汇管理政策、汇兑制度安排和监管合规要求等众多复杂问题，在这个过程中，数字人民币在跨境使用方面能够增强人民币的使用便捷性和竞争力。从长期来看，伴随着我国综合国力的进一步提升、金融和贸易对外开放度的提升、跨境支付体系的改进，数字人民币在人民币国际化进程中可以起到促进作用。

根据《中国数字人民币的研发进展白皮书》，央行将从国内试点情况和国际社会需要出发，在充分尊重双方货币主权、依法合规的前提下探索跨境支付试点，这有利于保障货币主权，预防数字经济时代失去货币发行权的风险，确保货币发行始终为国家发展大局服

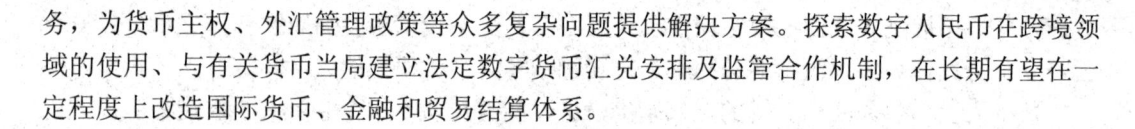

务，为货币主权、外汇管理政策等众多复杂问题提供解决方案。探索数字人民币在跨境领域的使用、与有关货币当局建立法定数字货币汇兑安排及监管合作机制，在长期有望在一定程度上改造国际货币、金融和贸易结算体系。

10.5 数字人民币时代

随着各种互联网技术的进步和数字经济的蓬勃发展，全世界的社会公众对支付的便捷性、隐私性、普惠性、安全性等方面的需求都在日益提高，同时私人数字货币和金融科技的不断发展对各国经济发展也带来了巨大的风险和影响。因此许多国家的央行或货币当局都在积极研究法定数字货币相关理论和金融科技。法定数字货币在广泛发行之后，将成为重要金融基础设施，将会对宏观经济造成巨大影响，如提升货币政策传导效率等。近年来，数字经济正成为我国由高速增长转向高质量发展的重要创新动力，公众数字支付习惯也得到了极大的培养。我国一直高度重视数字人民币的研发，数字人民币目前的试点工作已经有了阶段性成果，正在加速冲刺，数字人民币正在向全社会渐渐走来，数字人民币时代也正在缓缓拉开序幕。

10.5.1 产业生态

目前数字人民币试点工作虽然已取得初步阶段性成果，但是相对于广大的应用场景和各个产业来说，数字人民币只形成了"发行—流通—交易场景"的初步链条，生态体系仍不完善。通过对合作方的梳理，我们可以发现，合作机构几乎覆盖了兑换流通的各个环节（见表10-1）。

表 10-1 数字人民币试点部分合作机构

承担角色	合作机构	合作内容
运营机构	中国工商银行、中国农业银行等六大国有商业银行	开立不同类型的数字人民币钱包，负责向公众兑换数字人民币，对接线上平台
通信运营方	中国移动、中国联通、中国电信	参与数字人民币研发及试点工作
应用场景	京东、滴滴、中国石化等企业	参与试点数字人民币在各消费领域场景的应用
软硬件技术	华为、拉卡拉等企业	开发数字人民币支付硬件钱包，进行软件系统、POS 机具等配套升级
支付生态	蚂蚁集团(支付宝)	其旗下网商银行是第七家参与公测试点的商业银行；支付宝首先开通个人账户数字人民币公测等
	银联商务	为线上线下支付场景提供支付服务
跨境支付	香港金融管理局	央行数字货币研究所已与香港金融管理局签署合作备忘录，开展跨境支付合作
	国际清算银行创新中心	参与国际清算银行创新中心牵头的多边央行数字货币桥项目

在数字人民币产业生态中，央行广泛链接金融机构、互联网企业和零售商户等，将数字人民币的发行、流通与交易场景进行有机结合，将技术创新与运用实践、设备改进与制度建设同步推进（见图 10-5）。硬件侧、软件侧、支付侧是最基础的三个方面，为数字人民币的应用场景服务提供技术、软硬件和环境支持，扩展数字人民币涉及的产业，赋能更加广阔的产业，做到服务数字经济发展，提升普惠金融发展水平。

图 10-5 数字人民币产业生态

硬件侧主要包含硬件钱包铺设、ATM 机改造两个方面。硬件钱包即"数字货币芯片卡"，是双离线支付必备硬件，可辅助进行数字人民币兑回、圈存、交易、查询等功能，形态多样、想象空间巨大，接下来硬件钱包将在个人端、商户端全面铺设。头部上市厂商已启动 ATM 智能化改造，以支持数字人民币兑换、交易等系列功能，传统 ATM 设备将全面升级为具备数字人民币交易功能的智能 ATM 机。兴业证券《证券研究报告》测算，每年硬件侧市场规模可达 347 亿元。在软件侧，银行加速系统升级，原有的银行 IT 系统需要升级到适合数字人民币及以数字化交易为核心的新系统，我国六大国有商业银行将逐步进行支付及清算系统升级改造，从大行向中小行、从总行向分支行进行全面系统升级，股份制银行、城市商业行系统建设陆续启动。在支付侧，数字人民币会提高移动支付天花板，目前除银联外，商业银行的 POS 机具以招标及采购为主，支付终端设备的新需求将有利于智能收单设备龙头厂商的发展。

数字人民币产业生态的构建仍然存在着较大的困难。零壹智库的《数字人民币概论：特征、应用与产业图景》梳理了"互动易""上证 e 互动"平台上各企业针对数字人民币的 3000 余条回复，发现至少 54 家上市企业都公开表示了参加的意愿或公布了一些研究的进展，大致包含了监管技术、安全技术、银行科技、钱包与支付技术、传统设备改造和支付场景对接六类企业。其中钱包和支付技术、传统设备改造这两个领域进展较大，监管技术、安全技术、银行科技的相关企业大多处于旁观和技术储备阶段，这说明我国要形成一个完善的数字人民币生态系统还有很长的路要走。

10.5.2 展望

根据《中国数字人民币的研发进展白皮书》，央行继续积极稳妥推进数字人民币试点工作，进一步实现试点区域应用场景全覆盖。与包括指定的运营机构在内的社会各界共同努力，充分发挥各方优势，在实践中动态优化数字人民币体系设计、完善相关制度规则，进行理论政策研究、生态圈规划。

在接下来的数字人民币时代，数字人民币主要在国内零售支付领域应用，实现支付场景对日常生活的全覆盖，社会多数公众习惯数字人民币这一新的支付方式的使用，数字人民币的便捷性、安全性、普惠性得到广泛的认同，如在线上或线下消费的时候，数字人民币成为使用较多的支付方式。数字人民币相关管理办法得到完善和制定，如现行法律、业务规则、技术标准及个人信息保护等。越来越多的数字人民币产业链相关企业参与到数字人民币生态建设中来，服务数字经济发展，通过"数据+科技"赋能数据服务、金融贷款服务、供应链服务等产业。数字人民币经过发展最后达到：数字人民币成为我国重要金融基础设施，应用新模式与我国经济社会不断相适应，促进我国数字经济发展，为经济高质量发展注入强劲动力，数字人民币生态体系不断完善，取得初步成果。

数字人民币在成为可靠稳健、快速高效、持续创新、开放竞争的金融基础设施，提升我国货币和支付体系运行效率的同时，在国际跨境支付方面得到较为广泛的使用，提高人民币国际化程度。

本 章 小 结

随着我国对法定数字货币的积极探索，对数字人民币试点工作的稳步推进，数字人民币的试点工作取得了阶段性的成果，运营体系更加贴合实际经济社会，应用场景逐渐丰富，支付技术变得更加便捷、安全，在激发社会公众使用数字人民币兴趣的同时加强了社会公众对数字人民币的理解。我国数字人民币试点工作取得的成果不仅在国内引起了巨大的反响，还引起了国外众多研究机构和政府的兴趣，对其他国家的法定数字货币研究有着借鉴意义。我国积极参加法定数字货币国际交流，以开放包容的态度研究制定法定数字货币标准和规则、解决现有跨境支付问题，共同推动法定数字货币发展。目前我国的数字人民币试点工作正在加速推进，数字人民币研发推广将会更加有力、产业生态体系更加完善、风险防控体系更加智能。数字人民币在稳妥推进的过程中，还将逐渐为人民币国际化提供新的助力，为我国在国际上塑造新的竞争优势，数字人民币时代序幕正在缓缓拉开。

关 键 术 语

数字人民币试点；数字人民币与国际化；数字人民币应用；数字人民币产业生态

思 考 题

1. 数字人民币试点有哪几个阶段？目前处于什么阶段？

2. 简述数字人民币与人民币国际化的关系。
3. 阐述数字人民的应用前景有哪些。
4. 描述数字人民币的产业生态。

案例分析

海南提出打造数字人民币体系

在数字人民币的使用与普及上，海南有着先天性的优势。海南拥有国际自由贸易港、著名旅游目的地等多个身份，都非常适合充分发挥数字人民币在免税消费、跨境消费等特殊情景下的优越性。

2020年11月，海南作为全国第二批数字人民币试点区域，同时也是目前中国国内仅有的在全省试点的区域，从具体落地执行情况来看，试点工作已经小有成就。

海南在普及数字人民币消费行为上可以说是花了很大力气。2021年4月，三沙市永兴岛举办了"数字人民币三沙畅游行"，明确提出进行超市、酒店、政务餐厅等消费场景的全方位覆盖，助推海南成为真实含义上的"数字人民币消费岛"。2021年5月，海南跨境贸易电子商务公司-国免(海南)科技有限公司运用数字人民币进行支付并成功完成付款，这也是数字人民币第一次运用于跨境进口的电子商务支付行为。2021年9月，三亚市人民政府和中国人民银行海口中心支行共同发起了"天涯任我游"数字人民币红包消费活动。此次活动共拿出了总计1000万元的2.8万份数字人民币红包，共吸引了大约11.76万人报名参加。海南在2021年11月前已完成了数字人民币在免税消费、文化旅游、出行交通、零售商超等多个消费场景的落地实施。根据海南的统计显示，截至2021年11月，在海南全省免税购物、国家2A级以上景区、省重点高校等众多消费场景已有5万多商家支持数字人民币付款，64万多人已经开通了数字人民币钱包。

2021年11月23日，海南省人民政府办公厅印发《海南省金融业"十四五"发展规划》更是指出，将在全域进行数字人民币试验，探究富有海南自身特点的数字人民币使用场景，如海南作为自由贸易港在跨境贸易和投资方面对数字人民币的使用，并建立数字人民币生态系统。在促进科技和金融深化融合上，将进行数字人民币跨境支付试点，以研究提高海南自由贸易港的跨境支付效能；在对绿色金融发展体系创新上，进行运用数字人民币技术推动绿色消费的试点。

参 考 文 献

[1] 中国人民银行数字人民币研发工作组. 中国数字人民币的研发进展白皮书[R/OL]. http://www.pbc.gov.cn/goutongjiaoliu/113456/113469/4293590/index.html.

[2] 王作功，韩壮飞. 新中国成立70年来人民币国际化的成就与前景——兼论数字货币视角下国际货币体系的发展[J]. 企业经济，2019，38(8)：11.

[3] 谢星，封思贤. 法定数字货币对我国货币政策影响的理论研究[J]. 经济学家，2019(9)：10.

[4] 孙兆东. 发挥数字人民币在超主权货币中的作用[J]. 清华金融评论，2016(5)：3.

[5] 石建勋，刘宇. 法定数字人民币对人民币国际化战略的意义及对策[J]. 社会科学文摘，2021(9)：4-6.

[6] 龙白滔. 全球数字货币竞争的政治经济学分析——公共数字人民币 DC/EP 与私人数字美元 Libra[J]. 东北财经大学学报，2020(4)：66-78.

[7] 黄国平. 数字人民币发展的动因、机遇与挑战[J/OL]. 新疆师范大学学报(哲学社会科学版)，2022，43(01)：129-138+2.

[8] 黄国平，丁一，李婉溶. 数字人民币的发展态势、影响冲击及政策建议[J]. 财经问题研究，2021(06)：60-69.